집으로 가는, 길

집으로 가는, 길

시설사회를 멈추다

장애와인권발바닥행동 × 인권기록센터 사이 기획·기록
홍은전·홍세미·이호연·이정하·박희정·강곤 글 | 정택용 사진

집으로 가는, 가깝고도 먼 길

오월의봄

4월 20일 장애인차별철폐의날 결의대회(2008) 낭송글

장애를 갖게 된 순간 죄인처럼 쫓겨서 시설에 들어와 수십 년을 보내고 몸뚱이는 늙었습니다. 그러나 늙은 우리는 여전히 아이 같은 대접을 받습니다. 이곳이 바로 시설입니다.

해가 뜨지 않은 이른 아침에 밥을 먹고, 해가 채 지지 않은 저녁에 잘 준비를 합니다. 하루 세끼 이렇다 할 반찬도 없이 시어빠진 김치를 밥에 올려 입에 욱여넣는 것이 우리가 할 일의 전부입니다. 매일을 같은 자리에서 현관 밖을 지켜봤습니다. 하루를 1년처럼 수십 년을 하루처럼 살아왔습니다. 이것은 사람이 사는 모습이 아니라고 생각했지만 그래도 갈 곳 없는 몸뚱이를 의지할 데는 이곳밖에 없다고 생각했습니다.

그러던 어느 날 우리가 겪은 설움이 당연한 것이 아니라는 사실을 알게 되었습니다. 우리를 돌봐주고 있다며 온갖 거드름을 피우고 생색을 내던 원장과 이사장이 뒤로는 우리를 짐승마냥 돈으로 셈하고 있었습니다. 우리의 삶이 서러우면 서러울수록 그들은 더욱더 부자가 되었습니다. 설움이 밀려왔습니다. 쫓겨나도 갈 곳이 없는 앞으로의 삶이 두려웠지만 그럼에도 죽을힘을 다해 싸웠습니다. 그러나 이사장의 사위가 다시 이사장이 되었고 우리의 처지도, 시설도 여전합니다. 제발 우리의 말을 들어달라고, 우리도 사람처럼 살고 싶다고, 김포에서 서울까지 오며 가며 여덟 시간 동안 버스를 타고 지하철을 타며 시청과 구청을 찾아다녔습니다. 그러나 누구도 우리의 이야기를 들어주지 않았습니다.

더 이상 할 수 있는 것이 없어서 우리는 머리카락이라도 잘라내기로 했습니다. 이따위 머리카락은 수백 번도 잘라낼 수 있습니다. 단지 내 몸뚱이 하나 편하자고 원장을 바꾸고 시설 밖에 나와 살고 싶다고 이야기하는 것이 아닙니다. 누구라도 그렇듯 인생의 당연한 과제인 내 몫의 삶을 내가 책임지며 살고 싶습니다.

우리에게 자유를 주십시오.
우리도 사람처럼 살고 싶습니다.

—석암재단 거주인 인권쟁취를 위한 비상대책위원회

석암재단 산하 시설*
(현 사회복지법인 프리웰)

석암베데스다요양원
(현 향유의집)

중증장애인 거주시설
1985년 설립.
2009년 시설명 변경.
2021년 폐지.

수산나노인전문요양원

노인요양시설
2002년 설립.
2008년 폐지.

김포수산나의집

노인요양시설
2003년 설립.
2014년 폐지.

석암재활원
(현 누림홈)

석암베데스다아동요양원
(현 해맑은마음터)

재암마을
(현 샘직업재활시설)

성인지적장애인 거주시설
1982년 설립.
2009년 시설명 변경.

중증장애인 거주시설
1996년 설립.
2009년 시설명 변경.

장애인 보호작업장
1999년 설립.
2009년 시설명 변경.

* 2008년, 석암재단 산하 석암베데스다요양원의 거주인과 직원들은
재단 내부의 비리와 거주인에 대한 인권유린을 폭로하며 문제 해결을
촉구하는 운동을 조직했다. 그 후 5년간 시민사회의 끈질긴 개입을
통해 재단의 운영진이 완전히 교체되면서, 석암재단은 인권과 사회통
합을 기치로 내건 사회복지법인 프리웰로 다시 태어났다. 프리웰은
향유의집(구 석암베데스다요양원) 폐지를 시작으로 점진적으로 나머
지 거주시설들도 폐지할 계획을 갖고 있다.

- 3층: 공실
- 2층: 여자 생활실
- 1층: 여자 생활실
- 지하 1층: 물품보관창고

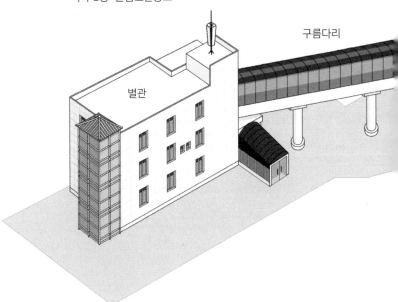

구름다리

별관

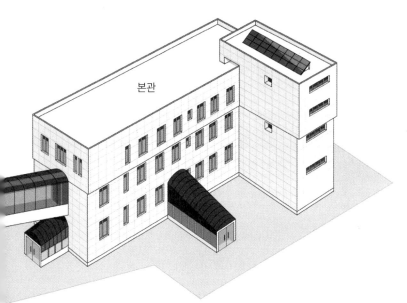

본관

- 3층: 사무실, 물리치료실, 회의실
- 2층: 남자 생활실, 작업치료실
- 1층: 남자 생활실, 언어치료실
- 지하 1층: 강당, 식당

생활실 내부 구조

욕실 하나를 양쪽 생활실에서 공동으로 사용했다.

시설 안으로

마흔넷에 다쳤으니까 마흔여섯 여름에 여기 온 거지. 밤 아홉 시에 어두운 길을 가는데 혹시 어디 팔려가는 건 아닌가 싶어 운전사한테 이거 어디로 가는 거냐고 물었어.

"벽제(화장터) 가죠."

"아유, 벽제 가는 거면 노자나 좀 달랠걸."

"아줌니 우스운 소리 잘하시네요. 돈은 왜요?"

"죽게 되면은 노잣돈이라도 놔야죠."

그랬더니 깔깔 웃어. 한참 가더니 차를 세우고는 그래.

"저기가 베데스다요양원인데, 벽제보다 훨 낫죠."

"그때는 시설에 어떻게든 적응하고 열심히 살려고 했어요. 그렇지만 그런 삶이 무슨 의미가 있었겠습니까? 꿈도 미래도 없이 죽어야만 벗어날 수 있는 그곳에서……"

―거주인 한규선

"엘리베이터가 없어요. 경사로가 있긴 한데 경사가
급해 휠체어 타고 혼자 내려가시다가 다치시는 분이
많았어요."

―사무국장 강민정

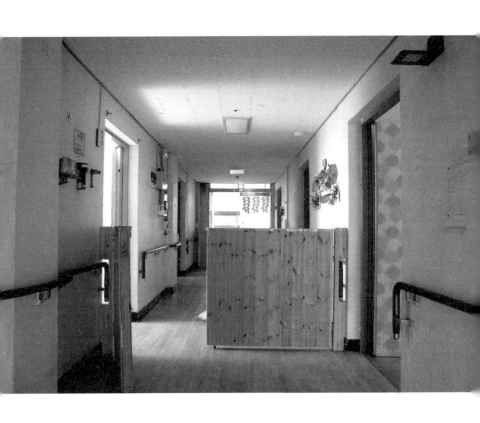

"교도소처럼 좁은 복도를 가운데 두고 양쪽에 나란히 방을 뒀어요. 다 같이 모일 거실 하나가 있기를 하나, 거주인들이 활동할 수 있는 공간이 있기를 하나. 좁은 복도에 방만 탁탁탁탁 있어요. 장애인은 사람이 아니라 물건이니까 머릿수가 많아야 돈이 될 거잖아요."

―생활재활교사 김만순

"휠체어를 개조해서 배식할 때 썼어요. 그 배식차가
돌면서 식사를 나눠주는데, 잠깐 기다렸다가
내려가면서 식판을 걷어 가요. 그러니 5~10분 사이에
밥을 다 먹어야 하는 거예요."

—사무국장 강민정

"문은 하루 종일 열어둬야 해요. 잘 때만 닫았어요.
어떤 방은 방 주인이 못 닫게 해서 밤에도 문을
열어놓고 자야 했어요. 주인처럼 행세하는 사람이
방마다 있었거든요."

—거주인 황인현

"거주인 중에 소리 지르시는 분이 계셨는데, 원장 지시하에 직원 숙직실로 쓰던 방에 밤새 가둔 적이 있어요."

—사무국장 강민정

"방과 방 사이에 화장실 겸 목욕탕이 하나씩 있어요.
양쪽 방에서 쓰게끔 해놓은 거예요."

─거주인 양남연

"빨래를 한꺼번에 하다보니 자기 빨래가 없어지는
일이 생겨요. 그래서 어떤 분은 모든 옷을, 속옷까지도
다 빨간색으로 입으셨어요."

─사무국장 강민정

"시설에서의 하루는

먹고, 목욕하고, 싸고 끝이에요."

—거주인 황인현

차례

임직원이 말하다

하나의 시설이 사라지기까지

실패한 자립은 없다

두려움을 넘어 시도할 때

그들과 나 모두를 변화시킨 투쟁

들릴 때까지 듣는 태도

탈시설 당사자가 보여준 길

탈시설이라는 시작점

여는 글

그들이 온다

1.

2009년 6월 4일 오전 김포에 있는 장애인 거주시설인 석암베데스다요양원(현 향유의집)에 살던 장애인 여덟 명이 시설을 퇴소했다. 죽기 전엔 끝나지 않을 줄 알았던 시설생활에 스스로 종지부를 찍은 것이었다. 대부분 20년 이상 그곳에서 살았던 이들이었다.

같은 날 오후 서울 대학로 마로니에공원에는 이들을 맞이하기 위해 많은 활동가들이 모였다. 그중 한 명이었던 나는 이날을 위해 제작한 현수막을 꼭 안고 있었다. 김포를 출발한 여덟 명이 우리를 향해 오고 있다는 소식이 전해지자 화창한 초여름 햇살이 눈부신 공원에는 팽팽한 긴장감이 감돌았다. 그들을 기다리는 건 우리뿐만이 아니었다. 방패를 든 전투경찰이 공원을 에워싸고 있었다. 무언가 엄청난 일이 일어날 거라는 예감으로 심장이 두근거렸다.

1시경 공원 앞에 작은 트럭 한 대가 도착했다. 무전기를 든 사복경찰들이 바짝 다가왔다가 짐을 확인하고선 금세 물러섰다. 활동가들이 긴장한 얼굴로 짐을 내렸다. 작은 장롱 두 개, 소형 냉장고 하나, 전자레인지 하나, 서랍장 하나, 그리고 옷가지와 이불, 자잘한 가재도구를 담은 종이박스였다. 박스엔 그 주인의 이름이 적혀 있었다. 여덟 명의 장애인이 30년 동안 지녀온 살림의 전부였다. 사람들은 공원 한편에 빠르게 짐을 부리고 서울시를 향한 노숙 농성 채비에 들어갔다. 앙상했던 시설생활을 증언하는 초라하고 궁상맞은 세간들이 도심 공원의 평화와 낭만, 질서를 사정없이 깨뜨리고 있었다.

여덟 명에게 그날은 해방의 날이었다. 축포를 터뜨리듯 공원 여기저기서 시위대와 경찰이 충돌하는 가운데 커다란 현수막이 내려졌다.

"더 이상 우리를 시설에 가두지 마십시오. 여기서 당신들과 함께 살겠습니다. 같이 삽시다. 같이 싸웁시다."

훗날 '마로니에 8인'으로 불리며 두고두고 회자될 이들의 이름은 김동림(48세, 시설생활 23년), 김용남(51세, 시설생활 20년), 김진수(59세, 시설생활 20년), 방상연(38세, 시설생활 28년), 주기옥(63세, 시설생활 21년), 하상윤(37세, 시설생활 27년), 홍성호(56세, 시설생활 26년), 황정용(53세, 시설생활 2년)이었다.

이들은 한 해 전 석암베데스다요양원의 비리와 인권유린에 맞서 싸운 거주인들이었다. 이들이 바깥의 시민사회단체와 연대해 비가 오나 눈이 오나 서울과 김포를 오가며 1년 내내 집회와 농성을 이어간 결과 비리의 책임자들은 처벌받거나 자리에서 물러났다. 시설을 더 외곽으로 이전하려던 계획도 막아냈다. 각고의 투쟁 끝에 무말랭이만 나오던 반찬은 나아졌고 냉난방 온도는 적절해졌으며 직원들에 의한 노골적 학대나 멸시도 점점 줄어들었다. 그리하여 시설은 인권이 보장되는 곳으로 거듭났고 장애인들은 행복하게 살게 되었다……라고 마무리될 줄 알았던 이야기는 2009년 이날을 기점으로 갑자기 판이 뒤집힌다. 문제 해결을 위해 싸우던 사람들이 문제가 해결되자 보란듯 시설을 박차고 나가버린 것이다. 이들은 이렇게 외쳤다.

"좋은 시설은 없다!"

"자유로운 삶, 시설 밖으로!"

노숙을 할지언정 내 삶의 주인으로 살겠다는 장애인들의 탈시설운동이 시작되었다.

2.

처음 이 노숙 투쟁이 기획되었을 때 나는 눈이 휘둥그레지고 입이 떡 벌어졌다.

"시설에서 나와서 탈시설 권리를 요구한다고요? 그, 그, 그러니까 집에, 아니, 시설에, 안 돌아간다고요? 컨셉이…… 장산곶매인가요? 싸움에 나설 때 자기 둥지를 부순다는 그 전설의 매……?"

그런데 생명을 건 혼신의 싸움을 결의한 이들은 사냥의 명수가 아니라 수십 년 동안 시설에 살았던 중증장애인이었다. 먹고 자고 씻는 일과 그것을 지원하는 일이 모두 투쟁인 그런 싸움이 될 것이었다. 생각만 해도 벌써 고단한데 눈치 없는 심장이 쿵쿵 뛰었다. 뭔가 아주 과격하고 획기적이고 아름다운 일이 벌어질 것 같았다. 심지어 농성의 장소가 마로니에공원이라고 했다. 맙소사…… 그것은 그 공원에서 엎어지면 코 닿는 곳에 있는 노들장애인야학이, 그러니까 내가 교사로 일하는 곳이 이 싸움의 후방부대가 될 거라는 뜻이었다. 불길한 예감은 틀리지 않아서 한 달 뒤 나는 노들야학의 밥솥, 밥그릇, 숟가락, 젓가락, 테이블 등과 함께 이 싸움에 투입되었다.

느닷없이 들이닥친 농성이었지만 야학 사람들 모두 제 일처럼 발 벗고 나섰다. 시설에서 살지 않을 권리가 장애인에게 얼마나 절실한지 너무나 잘 알고 있었다. 야학 학생 누구도 시설에 가고 싶어 하지 않았으나 중증장애를 가진 그들에게 시설은 시시각각 다가오는 구체적 공포이자 예견된 재난이었다. 하지만 나는 탈시설권리를 열심히 외치면서도 정작 그것이 무엇을 의미하는지는 몰랐다. 그 뜻을 안 건 농성이 시작되고 며칠이 지났을 때였다. 이 농성의 책임자였던 탈시설운동단체 장애와인권발바닥행동 김정하 활동가의 말을 듣고 나는 큰 충격을 받았다.

"탈시설운동은 주거권운동이야. 집을 달라는 투쟁이지."

2006년 중증장애인들이 활동지원서비스 제도화를 요구할 때 어느 복지 관료는 이렇게 말했다고 전해진다.

"아니, 장애인한테 비서를 붙여달라는 말입니까? 비장애인한테도 없는 비서를요?"

무지한 관료처럼 나도 생각했다.

'장애인한테 집을 달라고요? 집은…… 나도 없는데요?'

지인의 집에 얹혀사는 비장애 동료가 떠올랐다. 욕실이 없는 집이라 싱크대에서 머리를 감고 출근하던 친구였다. 열심히 일하는 비장애인도 못 가지는 집을 일도 하지 않는 장애인한테 달라니…… 익숙하게 흐르던 생각의 회로가 갑자기 엉켜버린 채 멈춘 기분이었다. 나는 할 말을 잃고 눈을 끔뻑거리며 김정하를 바라보았다. 그때 김정하가 기본권으로서의 주거권이나 유럽에 있다는 사회주택 제도에 대해 설명해주었는지 아닌지는 기억나지 않는다. 다만 무언가 내 안에서 와르르 무너졌던 감각만은 생생하다. 미처 의식하지 않았지만 나는 '능력 있고' 돈 있는 사람이 돈을 주고 집을 사는 게 당연하다고 여기는 사람이었고, 그 논리대로라면

'능력 없고' 그래서 돈도 없는 이들이 집을 가질 수 없는 것 역시 당연했다. 그건 바로 장애인들이었다. 나의 생각이 장애인을 시설에 가두고 있음을 깨달은 것이다. 그게 무엇인지도 모른 채 세상을 향해 마구 던져댔던 짱돌의 실체를 알았던 순간 균열이 간 건 내 안의 어떤 세계였다. 멈추었던 생각의 회로가 방향을 바꿔 다시 흐르기 시작했다.

'와…… 그게 당연한 게 아니라고? 이 운동 너무 어이없고 너무 신나네?!'

내가 겪어본 가장 빡센 여름이었다. 둥지를 부수고 싸움에 나선 이들은 시설을 나온 장애인뿐만이 아니었다. 이 투쟁을 이끌었던 장애와인권발바닥행동의 비장애 활동가들 역시 돌아갈 집이 없는 사람들처럼 헌신적으로 싸웠다. 그 뜨거웠던 여름을 생각하면 애처롭게 쉰 목소리로 하루 종일 같은 말을 반복하던 그들의 충혈된 눈과 허옇게 뜬 얼굴이 떠오른다. 집회가 있으니 사람들을 조직해달라고 단체마다 연락을 돌리고, 기자들에게 탈시설이 왜 중요한지 끝없이 설명하고, 서울시장이 가는 곳마다 쫓아다니면서 면담을 요구했다. 그들과 함께 싸우면서도 그들이 가리킨 미래가 실현될 것을 믿지는 않았다. 믿기지 않는 말들이었다. 수많은 장애인들이 시설에 묶여 살고 맞아 죽어도 눈 하나 깜짝 않는 세상이었다. 하지만 믿어지지 않는 말을 진지하게 자꾸 반복하는 그들을 믿었다. 그런 이들을 따라가다보면 어느샌가 믿어지지 않는 세계를 살아가게 된다는 것을 나는 경험적으로 알았다. 이동권 투쟁이 그랬고 활동지원서비스 제도화 투쟁이 그랬다. 탈시설운동은 바로 그 경험과 성과 위에서 시작된 것이었다.

중증장애인들의 노숙농성이 두 달을 넘어가자 서울시는 마침

내 이들의 요구를 받아들였다. 시설을 나와 자립을 준비할 수 있는 '체험홈', 길게는 5년(2022년 현재 4년)까지 살 수 있는 '자립생활 주택' 등이 그 내용이었다. 한국사회 최초의 탈시설 주거정책이었 다. 시설 수용 일변도였던 장애인 정책에 균열을 낸 놀라운 성과였 다. 그 후 마로니에 8인방은 자신들이 만든 길을 딛고 지역사회로 나와 집을 얻고 평범한 시민으로 살아갔다. 그 길을 따라 더 많은 사람들이 시설을 나왔고 그 길을 넓히기 위한 싸움의 대열에 합류 했다. 탈시설운동은 장애인 차별에 맞서는 가장 강력한 운동이 되 어 2013년 서울시 탈시설화 추진계획과 2021년 중앙정부의 탈시 설 로드맵을 이끌어냈다.

바깥에서 이런 변화가 이루어지는 동안 마로니에 8인방이 박 차고 나갔던 석암재단 내부에서도 치열한 투쟁이 계속되었다. 2009년 석암재단은 '사회복지법인 프리웰'로 이름을 바꾸고 과거 의 역사와 단절하고자 했다. 그러나 옛 비리 세력은 여전히 요직을 차지한 채 영향력을 행사했다. 인권과 통합을 기치로 내건 진보적 운영진들이 옛 비리 세력을 완전히 몰아내는 데 성공한 것은 2013 년이 되어서였다. 지난한 산통 끝에 프리웰은 새롭게 태어났다. 2008년 석암재단의 비리에 맞선 거주인과 직원의 비리척결 투쟁 으로 시작해 5년간 이어진 시민사회의 끈질긴 개입과 투쟁을 통해 새롭게 태어난 사회복지법인이 바로 프리웰인 것이다. 그 후 프리 웰은 거주인의 탈시설을 적극적으로 지원하기 시작했다. 2018년 엔 탈시설운동을 최전선에서 이끌었던 김정하 활동가가 프리웰의 이사장이 되었다. 그는 부임하자마자 산하 시설인 향유의집(구 석 암베데스다요양원) 거주인 모두를 안전하고 빠르게 탈시설시킨 뒤

시설을 폐지할 것을 의결했고, 3년 후 정말로 그렇게 되었다.

　나는 장애운동을 하면서 놀라운 변화들을 많이 보았지만 이만큼 멋지고 아름다운 드라마는 보지 못했다. 한때 120명이 빽빽하게 살고 있던 향유의집엔 이제 아무도 살지 않는다. 그들 모두 지역사회로 돌아와 자기만의 집에서 자유롭고 위태로우며 기쁘고도 슬픈 자기만의 삶을 향유하고 있을 것이다. 2009년 여름, 시설을 박차고 나왔던 사람들을 맞이하기 위해 바깥의 활동가들이 준비했던 것은 침낭과 천막, 구구절절한 사연을 담은 피켓, 그리고 구호가 쓰인 커다란 현수막이었다. 2021년 마지막으로 그 시설을 빠져나오는 이들을 위해 지역사회 활동가들이 준비한 것은 24시간 활동지원서비스, 지원주택, 그리고 각자의 이름이 새겨진 작고 아름다운 문패였다. 200년은 걸릴 줄 알았는데 12년밖에 걸리지 않았다.

3.

이 책은 장애와인권발바닥행동이 《나를 위한다고 말하지 마》(2013), 《나, 함께 산다》(2018)에 이어 세 번째로 기획한 탈시설 이야기다. 앞의 두 책이 시설을 나와 자립한 장애 당사자들의 이야기를 담았다면, 이 책은 인권유린과 비리를 저질렀던 문제의 법인이 스스로의 의지로 거주인을 탈시설시키고 그 문을 닫은 최초의 시설이 되기까지의 과정, 그 전례 없는 역사를 통과한 사람들의 경험을 통해 탈시설의 의미를 듣고자 했다. 임직원 인터뷰는 향유의집이 문을 닫기 직전인 2021년 1월에 이루어졌고 거주인 인터뷰는 탈시설 직전에 한 차례, 탈시설 후 생활의 안정을 어느 정도 찾은 6

개월 뒤에 또 한 차례 진행되었다.

이 책에는 '시설은 감옥'이라고 외치며 척박한 조건 속에서도 용감하게 탈시설을 감행했던 장애인뿐 아니라 '시설은 나의 마지막 집'이라며 탈시설을 거부했던 장애인의 이야기, 거주인의 '자립'은 응원하지만 '탈시설'이라는 단어엔 자괴감을 느끼고 시설의 민주적 운영을 위해서는 투쟁했지만 시설 폐지에는 끝내 흔쾌할 수 없었던 직원의 이야기, 그리고 이 갈등들을 조율하며 안팎에서 변화를 견인했던 원장(시설장), 이사장, 탈시설운동가의 목소리가 함께 담겨 있다. 각자의 위치에서 보이는 서로의 얼굴과 시설의 모양은 조금씩 다르다. 덕분에 우리는 시설의 구조와 그 안의 복잡다단한 관계, 그리고 그 관계가 점점 변해가는 모습을 입체적으로 들을 수 있다.

시설에서 거주인과 직원이 맺는 관계가 바로 우리 사회에서 장애인과 비장애인이 맺는 관계이다. 그 관계가 변하고 있다는 것은 사회 전체의 관계가 변하고 있다는 뜻이다. 탈시설운동은 이 차별적 관계를 급진적으로 바꾸려는 운동이다. 탈시설운동에서 가장 중요한 건 장애 당사자의 목소리다. 그럼에도 이 책에서는 임직원들의 이야기를 먼저 배치했는데, 그 이유는 석암재단에서 사회복지법인 프리웰까지 격동과 혼란을 겪으며 시설 안의 관계가 변해가는 모습이 그들의 이야기에서 잘 드러나기 때문이다. 시설 폐지 후 흩어졌던 직원들이 다시 한자리에 모여 이야기를 나눈 집담회 기록도 책의 마지막에 실었다. 시설에서 자신이 지원했던 장애인이 자립한 뒤 동료 시민으로 살아가는 놀라운 근황을 공유하면서, 지난날 그들을 보호의 대상으로만 여겼던 스스로가 얼마나 큰 편견을 가지고 있었는지 기쁘게 깨닫는 모습을 독자들에게 생생히

전하고 싶어서다. (거주인의 이야기가 뒤쪽에 배치된 것, 그들 이야기가 직원들 이야기보다 분량이 적은 것은 끝내 마음에 걸린다. 부디 독자들이 거주인들의 이야기까지 무사히 도착하길 바란다.)

프리웰 이사장이자 탈시설운동가인 김정하의 이야기는 이 책의 문을 연다. 그는 이 역사의 처음과 끝, 안과 밖을 모두 조망할 수 있는 유일하고도 상징적인 존재이다. 그의 이야기가 중요한 이유는 '모든 거주인의 탈시설과 시설 폐지'가 운영진의 결단이나 직원들의 선의, 장애 당사자의 용기만으로 이루어진 것이 아니라 시설 바깥에서 수많은 장애인이 벌였던 지난하고 치열한 투쟁과 사회 전체의 변화 속에서 가능했음을 보여주기 때문이다. 그의 분량이 다른 구술자보다 확연히 많다는 사실이 마음에 걸려서 내내 방법을 궁리하기도 했다. 다른 구술자들과의 균형을 맞추기 위해 긴 긴 투쟁의 역사를 김정하로부터 분리해 객관적 사실들만 추려서 별도로 정리할까도 심각하게 고려했지만, 결국 그렇게 하지 않기로 했다. 사람들의 기쁨과 슬픔, 분노와 번뇌, 두려움과 용기를 뺀 역사는 가장 중요한 것이 빠진 기록이기 때문이다. 이 모든 역사를 몸에 새긴 한 사람이 있다는 건 얼마나 고맙고 다행한 일인가. 그가 있었기에 이 기록이 시작될 수 있었다. 향유의집은 지난 15년간 계속 요동쳐왔기에 보통의 시설들과는 다른 복잡한 맥락이 존재한다. 직원과 거주인들의 이야기를 듣기 전에 그의 안내를 받는 것이 도움이 될 것이다.

2021년 3월, 우리 기록자들은 모든 거주인이 떠난 향유의집을 둘러보았다. '시설은 감옥'이라고 입버릇처럼 말해왔는데 그 감옥이 텅 빈 것을 눈으로 확인하니 실감이 나지 않고 얼떨떨했다. 100

만 명이 모인 광장보다 더 혁명적인 현장이었다. 마치 서대문형무소나 소록도 같은 구시대의 역사관을 견학하는 기분이었다. 그리 멀지 않은 미래에 분명 이 땅의 수많은 장애인 거주시설도 과거의 역사가 될 것이다.

2009년 6월 4일 마로니에공원에서 여덟 명의 장애인이 우리를 향해 오고 있다는 소식을 들었을 때의 긴장과 설렘, 피로의 예감이 아직도 생생하다. 그것은 우리가 생각했던 것보다 훨씬 거대한 물결의 시작이었다. 여덟 명이 개척한 길을 따라 모험과 자유의 여정을 시작한 사람이 80명이 되고 800명이 되자, 그들의 목소리가 마침내 저 견고했던 차별과 억압의 성城을 무너뜨리기 시작했다. 그 꿈 같은 일이 실현되는 데 12년밖에 걸리지 않았다. 향유의집 폐지는 더 큰 물결의 시작이 될 것이다. 2021년 4월 30일, 한국사회 최초로 시설이 (탈시설을 향한) 스스로의 의지로 문을 닫았다. 마지막 시설이 문을 닫기까지는 얼마의 시간이 걸릴까.

그들이 온다. 가슴이 뛴다.

2022년 4월 모든 거주인이 떠난,
해방된 향유의집에서 기록자들을 대신하여
홍은전

용어 설명

탈시설 장애인 거주시설에 거주하는 장애인이 시설에서 나와 개
인별 주택에서 자립을 위한 서비스를 제공받으며 지역사회에서
자율적으로 살아가는 것(장애인탈시설지원법안 제2조 5항).

시설 장애인, 홈리스, 노인 등 사회적 약자를 지역사회에서 분리해
서 수용하는 집단적인 생활공간으로, 장애인 거주시설, 정신요
양시설, 요양원, 그룹홈, 쉼터, 보호생활가정 등 다양한 형태가
있다. 일상생활·프라이버시 통제부터 심각한 수준의 인권침해
가 빈번히 발생한다.

시설 폐지 법인 자체적으로 시설 폐지를 결의하여 운영을 종료하
고 폐지 승인을 완료하는 것. 민간이 주도해 거주인의 탈시설을
지원하고 자발적으로 시설을 폐지한 곳은 사회복지법인 프리웰
산하 '향유의집'과 직원들이 주도해 탈시설을 추진한 발달장애
인 거주시설 '도란도란'이 있다.

시설 폐쇄 장애인복지법 및 사회복지사업법에 따라 시설의 회계 부
정이나 시설 거주인에 대한 인권 침해 등과 같은 불법·부당행위
들이 확인될 때 관할 지자체에서 시설 폐쇄 행정처분을 받고 시
설 운영을 종료하는 것.

거주인 장애인 거주시설에 살고 있는 장애 당사자를 지칭하는 말
로, 이용인 혹은 생활인이라고도 한다. 일부 시설에서는 시설을
장애인의 '집'으로 여겨 거주인을 '가족' '식구'라 칭하기도 한다.

생활재활교사 시설에서 거주인의 생활 전반을 지원하는 직원으로, 생활지도인이라고도 한다. 중증장애인 4.7명당 평균 2명의 교사가 고용된다. 장애인 거주시설 1446개소에서 근무하는 노동자(교사 포함)는 1만 9040명에 이른다. 시설에 따라 생활재활교사를 '선생님', '엄마' '이모' 등 다양한 명칭으로 부른다.

사회재활교사 생활재활교사가 거주인의 일상생활을 직접 지원한다면, 사회재활교사는 사회복지사로서 거주인의 복지 프로그램 등을 담당한다.

체험홈 탈시설하거나 탈가정하여 지역사회 자립생활을 희망하는 장애인이 일정 기간 동안 거주하며 일상생활 및 사회적응을 체험하는 주거 공간. 시설과 장애인자립생활센터 모두 체험홈을 운영할 수 있지만, 시설에서 운영하는 체험홈에 있는 장애인은 시설 거주인으로 등록된다.

자립생활주택 장애인이 지역사회에서 자립생활을 할 수 있도록 지원하는 주거정책으로, 2009년 석암베데스다요양원(현 향유의 집)에서 탈시설한 마로니에 8인의 투쟁으로 시작되었다. 입주인이 운영기관과 임대계약을 맺고 최장 4년(서울시)까지 거주할 수 있다. 주택별로 2~3명이 함께 산다. 거주 기간과 지원 내용은 지역별로 조금씩 다르다.

지원주택 개인 명의 계약이 가능한 주거와 지원서비스를 결합한 주거 모델. 발달장애인, 정신장애인, 신체적·정신적 어려움을 겪고 있는 노인, 홈리스, 위기 상태의 청년 등이 거주한다. 국내에는 2019년 서울시가 처음으로 도입했다. 서울시와 경기도에 관련 조례가 제정되었고, 국회에는 관련 법이 계류 중이다.

장애수당 우리나라는 장애 정도 및 연령(만 18세 이상의 경증)과 경제적 수준(수급자 및 차상위)을 기준으로 장애인에게 월 2~4만 원의 비용을 지급한다. 장애인연금법상 중증장애인이 아닌 장애인을 대상으로 지역사회에 거주하는 장애인에게는 4만 원을, 시설에 거주하는 장애인에게는 2만 원을 지급한다.

장애인활동지원제도 장애인활동지원서비스라고도 한다. 장애인에게 일대일로 개별 활동지원을 제공하는 서비스로 가족의 부담을 줄이고 사회적 책임을 확대한 제도. 2006년 서울시 활동지원 제도화 투쟁이 전국 투쟁으로 확산되면서 2011년 장애인활동지원에관한법률이 제정되었다. 장애계는 장애등급제에 따라 활동지원서비스를 제한적으로 시행하는 정부에 맞서 2012년부터 장애등급제 폐지를 요구하는 광화문 농성을 1842일간(5년간) 전개했다. 이에 따라 보건복지부가 2019년 7월 1일부터 장애등급제 단계적 폐지를 시행하고 있으나, 24시간 활동지원·탈시설 장애인 활동지원 확보 및 본인 부담금 폐지 등의 문제가 여전히 남아 있다.

장애인자립생활센터 IL_{Independent Living}센터라고도 한다. 장애인이 지역사회에서 주체적으로 자립생활을 할 수 있도록 정책 및 제도 확보 운동, 권익옹호활동, 각종 서비스를 지원한다. 전국 250여 개에 이르는 센터 중 75개가 보건복지부의 지원을 받는다. 탈시설 당사자들 역시 센터에서 다양한 서비스 및 교육을 받으며 인권활동가로서 동료상담, 권익옹호활동 등을 한다.

동료상담 장애 당사자가 자신감을 회복하고 자립생활을 펼칠 수 있도록 지지하는 당사자 상담. 장애인이 자립생활을 하고자 할 때 필요한 것들을 함께 고민하고 실질적인 도움을 준다. 대개 장애인자립생활센터에서 장애 당사자를 교육하고 시설에서 자립에 관심이 있는 당사자와 매칭한 후 진행한다.

권익옹호활동 장애 당사자가 지역사회의 동등한 시민으로 살아갈 수 있도록 이동권, 교육권, 노동권, 자립생활 권리 등을 확보하고, 이를 위해 구체적인 제도 및 정책을 요구하는 활동. 다른 소수자들과의 연대활동도 포함된다.

장애인콜택시(약칭 '장콜') 휠체어 이용자가 탑승할 수 있는 특별 교통수단. 장애인콜택시(서울), 두리발(부산), 나드리콜(대구) 등 지역에 따라 명칭이 다르다. 2001년 시작된 장애인 이동권 투쟁의 결과 만들어진 이동수단으로, 교통약자의이동편의증진법에 명시되어 있다. 차량 대수가 부족하고, 지역별로 운영 기준이 상이해 다른 지역으로의 이동이 어렵다는 문제가 있다.

장애와인권발바닥행동(약칭 '발바닥행동') 2005년 설립된 한국 최초의 장애인 탈시설운동 NGO로, 전국적인 시설조사에 참여한다. 석암재단을 비롯해 사유화된 대형 사회복지법인들의 인권침해 사실을 폭로하고, 비리 척결 투쟁과 탈시설운동을 전개해왔다. 2009년 석암베데스다요양원의 탈시설 당사자 마로니에 8인과 함께 탈시설에서 자립생활로 이어지는 정책을 수립했고, 현재 장애인탈시설지원법 제정과 탈시설 당사자 지원 모델 도입을 위해 고군분투하고 있다.

전국장애인차별철폐연대(약칭 '전장연') 장애인을 비롯한 사회적 소수자들이 인간답게 살 수 있는 세상을 장애 대중이 직접 만들어 나간다는 취지로 2007년 출범했다. 3대 적폐(장애등급제, 부양의무제, 장애인 수용시설) 투쟁, 장애인 이동권 및 노동권, 자립생활, 장애인활동지원제도, 장애인권리보장법 및 장애인탈시설지원법 제정 등 다양한 투쟁과 행동을 주도해왔다.

일러두기

- 이 책은 중증장애인 거주시설 향유의집 거주인과 직원을 인터뷰한 기록물이다. 인터뷰는 구술의 형태로 2021년 1월부터 10월까지 이루어졌다. 거주인 인터뷰의 경우 두 차례에 걸쳐 이루어졌다. 첫 번째 인터뷰는 (시설 폐지 전) 향유의집에서 이루어졌고, 두 번째 인터뷰는 (시설 폐지 후) 지원주택에서 이루어졌다.

- 인터뷰에 참여한 거주인들의 이름과 '마로니에 8인' 이외에 책에 등장하는 모든 장애 당사자의 이름은 가명임을 밝힌다.

- 맞춤법이나 외래어 표기법에 맞지 않는 표현일지라도, 구술자의 입말을 살리기 위해 유지한 표현이 있다.

- 향유의집에 거주했던 장애인은 '거주인'으로 표기했고(용어 설명 참조), 임직원은 직종에 따라 '이사(장)' '생활재활교사' 등으로 각기 다르게 표기했다.

- 책에 수록된 사진 중 별도의 저작권 표기가 없는 것은 모두 정택용의 사진이다.

구술자 소개

임직원

김정하 2001년 장애우권익문제연구소 인권팀에서 활동을 시작하며 시설 내부의 비리와 폭력, 인권침해 문제에 대응해왔다. 2005년 탈시설운동 전문 단체인 장애와인권발바닥행동을 창립한 이후 대형 사회복지법인들의 비리에 맞서 싸웠다. 2009년 석암베데스다요양원에서 뛰쳐나온 장애인들과 함께 탈시설 투쟁을 벌였다. 2018년 사회복지법인 프리웰(구 석암재단)의 이사장이 되어 향유의집(구 석암베데스다요양원) 거주인의 탈시설과 시설 폐지를 추진했다.

강민정 2002년 석암베데스다요양원에 생활재활교사로 입사했다. 시설 내부에서 회계 문제가 생겼을 때 해결사 역할을 자처했다. 탈시설 장애인의 자립지원 업무를 맡으며 돌봄의 책임에 대해 치열한 고민과 실천을 해왔다. 향유의집의 마지막 사무국장으로, 끝까지 남아 시설 폐지 과정을 마무리했다.

박종순 2001년 석암베데스다요양원에 생활재활교사로 입사했다. 거주인 한규선의 부탁으로 석암재단의 비리를 고발하는 데 참여하여 직원 노조 결성에 핵심 역할을 하게 된다. 2021년 6월 30일 정년퇴직했다.

김만순 2001년 석암베데스다요양원에 생활재활교사로 입사했다. 시설 비리 투쟁에 적극적으로 참여한 직원 중 한 명이다. 2021년 4월 30일 폐지 직전까지 향유의집에 근무했고, 현재 지원주택에서 장애인 활동지원사로 일하고 있다.

권영자 1995년 석암베데스다요양원에 생활재활교사로 입사했다. 몇 년 뒤 간호조무사 자격증을 살려 역할을 바꾸게 된다. 동료 직원들은 그를 거주인이 가장 깊이 신뢰하는 사람으로 꼽는다. 2019년 12월 정년퇴직했다.

정영미 2010년 장애인의 지역사회생활을 꿈꾸며 향유의집 산하 자립생활 체험홈에 입사했다. 이후 10년간 사회재활교사(사회복지사)로서 향유의집에서 장애 당사자의 탈시설과 자립생활을 지원했다. 2021년 4월 30일 향유의집 폐지와 함께 퇴사했고, 프리웰 산하 중증장애인 거주시설 해맑은마음터에 입사해 탈시설을 지원하고 있다.

박숙경 장애운동 현장에서 일하다 2005년 시설 문제를 연구하기 위해 사회복지 대학원 박사과정에 들어갔다. 2013년부터 2018년까지 프리웰의 초대 이사장으로 활동하며 석암재단의 옛 비리 세력이 벌인 문제들을 해결했고, 2015년 거주인 전원의 탈시설을 추진하기 위해 지원주택 모델을 시작했다. 탈시설과 중증의 장애가 있는 사람의 소통에 대해 꾸준히 연구하고 있다.

정재원 2014년 9월 문을 연 한국 최초의 노숙인 지원주택 행복하우스에서 활동했다. 2018년 새로운 지원주택 모델을 시도할 수 있는 기회라 여겨 향유의집 마지막 원장에 취임했다. 향유의집 폐지 이후 인천사회서비스원 장애인주거전환지원센터로 자리를 옮겨 탈시설과 지원주택에 대한 고민을 계속하고 있다.

거주인

한규선 1962년 서울 출생. 뇌성마비로 인한 지체장애인. 어머니 그리고 형의 가족과 함께 살다 1988년 석암베데스다요양원 입소했다. 2006년 석암재단의 장애수당 갈취를 최초로 고발하고, 2007년 석암 비상대책위원회 대표를 맡아 비리 투쟁에 함께했다. 2008년 광진장애인자립생활센터 체험홈으로 이전해 자립생활을 시작했고, 2012년부터 직접 설립한 김포장애인자립생활센터에서 활동하고 있다.

김동림 1962년 전남 광주 출생. 중학교에 입학한 뒤 뇌위축증이 발병했다. 1987년 어머니를 설득해 스스로 석암베데스다요양원에 입소했다. 한규선과 함께 시설 비리를 고발하는 석암 비상대책위원회 활동에 참여했다. 그 이후 탈시설하여 혜화역 마로니에

농성에 참여했다고 해서 마로니에 8인으로 불린다. 현재 김포장애인자립생활센터에서 활동하고 있다.

황인현 1971년 강화도 출생. 뇌병변장애인. 가족과 함께 살다 17세에 삼육재활원에 입소해 2년간 거주했고, 1993년 가족의 결정으로 석암베데스다요양원 입소했다. 2007년 시설 비리 투쟁을 시작으로 각종 투쟁 현장에 빠지지 않고 참석해왔다. 2010년 향유의집 체험홈에서 자립생활을 시작했고, 2008년부터 장애인권 활동가로 활동하고 있다.

문영순 나이를 정확하게 밝히지 않아 50대 중반 또는 60대로 짐작되고 지체장애가 있다. 열여덟에 결혼했고 딸이 초등학교에 다닐 때 남편이 세상을 떠났다. 그 이후로 집을 나와 몇 년간 부녀자보호소에서 생활했다. 이후 제복만 원장의 소개로 석암베데스다요양원에 입소했다. 2021년 3월 탈시설했다.

양남연 1950년 6·25 전쟁 중 전북 진안에서 태어났다. 서울에서 양복점을 하며 생계를 꾸려가던 중 1991년 사고로 장애를 갖게 되었다. 1992년 180일의 의료보험이 만료된 후 석암베데스다요양원에 입소했고, 30년간 거주했다. 2021년 71세의 나이에 탈시설을 결정해 서울 은평구의 장애인 지원주택에서 자립생활을 시작했다.

이정자 1939년 서울 출생. 21세에 결혼해 아들 하나를 두었고, 남편과는 일찍 사별했다. 봉제공장을 운영하던 중 기차 사고로 심각한 부상을 당해 2년간 병원에 있었다. 하반신이 마비되어 휠체어를 이용한다. 46세에 석암베데스다요양원에 입소했다. 시설 폐지에 가장 마지막까지 반대하던 거주인 중 한 명이었으며, 2021년 3월 탈시설했다. 현재 서울 은평구의 장애인 지원주택에서 살고 있다.

임직원이

말하다

하나의 시설이 사라지기까지

: 프리웰 이사장이 된 탈시설운동가 김정하

홍은전 글

이 모든 일의 시작

2007년 3월 서울역 앞에서 사회복지사업법 개정을 요구하는 농성을 하고 있을 때 김선민이라는 젊은 여성분이 저를 찾아오셨어요. 자신이 일하는 김포의 석암베데스다요양원(베데스다요양원, 2009년 향유의집으로 명칭 변경)에 비리가 있는데 어떻게 해야 하느냐고 물었어요. 서울시가 몇 개의 장애인시설에 특별감사를 실시하고 있을 때였는데 요양원 측이 장부를 자동차 트렁크나 치료실 천장을 뜯어서 숨기고 있다고 했어요. 또 김포시에서 명절에 장애인 앞으로 준 2만 원짜리 농협상품권을 실제로는 다 빼돌렸으면서 마치 당사자가 직접 수령한 것처럼 서류를 만들었다고 했어요. 직원들이 지장을 찍었는데 한 손가락으로 찍으면 다 똑같으니까 손가락 열 개를 돌려가며 찍게 한 거죠. 시키니까 어쩔 수 없이 하긴 했지만 그렇게 한 이상 자신도 저들의 비리 행위에 동참하게 된 것이 아닌가, 너무 괴롭다고 했어요. 그 말을 듣고 속으로 만약 이 사람이 비리를 목격하기만 하고 그 행위에 동참하지 않았다면 여기까지 안 왔을 수도 있었을까 생각했던 기억이 나요.

저는 바로 직전까지 A재단의 비리에 맞서 싸우느라 법적 처벌을 받은 상태였어요. 그 법인은 이사장이 1984년 서울의 작은 방에 장애인 몇 명을 모아 살며 시작되었어요. 점점 규모를 확장하면서 강원도에 장애인시설, 정신병원 등의 시설 13개를 설립했고, 1년에 받는 정부 보조금이 100억이 넘었어요. 거기서 횡령, 성폭행, 강제노동, 폭행 사망 같은 문제가 발생했을 때 직원들이 노조를 결성해서 이 문제를 알렸고, 2004년부터 시민단체가 연대체를 구성해 싸우기 시작했어요. 법인이 서울 종로구에 있었기 때문에 관리감독의 책임이 있는 종로구청 앞에서 6개월간 농성을 했어요. 피 터지게 싸웠는데 결과적으로 다 실패했어요. 종로구청이 재단에 임원 해임 명령을 내렸는데 시설 측에서 그 명령에 대한 효력정지 가처분 신청을 하고 종로구청이 패소한 거죠. 당시 장애인들의 생계비를 횡령한 돈은 미국으로 보내졌어요. 그때 이사장 아들이 뉴욕에서 사회복지학을 공부하고 있었거든요. 그 아들이 지금 버젓이 법인 이사장을 하고 있어요. 저로선 꽤 충격이었는데 그들의 세계에선 전혀 문제가 아닌가봐요. 내가 이상한 건지, 그들이 이상한 건지 참 모르겠어요. 법인이 크면 지킬 게 많고 지킬 게 많으면 수단과 방법을 가리지 않고 지키려 들죠. 정말 열심히 투쟁했는데 비리 재단의 임원을 해임조차 못 시키는 그런 시대였어요.

김선민씨가 찾아왔을 때의 저는 한마디로 시설 싸움에 징하게 데인 상태였어요. 그런데 석암재단 이야기를 들으니 이건 단순히 상품권 횡령 수준이 아니라 총체적인 문제가 있다는 생각이 강하게 들었어요. 순간 두렵더라고요. 하지만 비리를 제보하러 찾아온 사람에게 침묵하라고 할 수는 없으니까, 선민씨에게 혼자 싸우면 위험하니 뜻 맞는 직원들과 거주인을 모으라고 조언했죠. 제가 탈시설운동을 하니까 선민씨처럼 제보하는 분들이 많이 찾아오시는데 보통은 흐지부지돼요. 그런데 놀랍게도 그분이 그 일을 굉장히 빠르게 시행하셨어요.

투쟁의 연판장을 돌리다

직원들이 어느 정도 모였을 때 간담회를 했어요. 그 자리에 전국장애인차별철폐연대(전장연) 박경석 대표와 민주노총 사회복지 노동조합 신현석 활동가도 불렀어요. 박경석 대표가 투쟁하자는 기조로 이야기했고 신현석 활동가는 비상대책위원회 같은 임의조직은 공격당하기 쉽다며 노동조합 결성을 권유했죠. 선민씨는 직원들이 이렇게 문제를 제기하면 그다음은 어떻게 되는 거냐고 솔직하게 물었어요. 본인들은 생계를 걸었는데 아무것도 이루지 못하면 어떡하느냐고요. 그런데 그게 한마디로 답하기가 어려워요. 해고를 당하기도 하고 싸워서 복직되기도 하고 복직한 후에 사측에서 괴롭힘을 당해서 결국 스스로 그만두기도 하거든요. 그 싸움이 얼마나 지난하고 고통스러운지 알기 때문에 너무 힘들 것 같으면 안 싸우셔도 된다고 말씀드렸어요. 물론 그분들이 용기를 내주길 바랐지만 그래도 그런 말을 해야 할 것 같았어요. 나중에 보니까 그분들 사이에 의리가 있었더라고요. 저같이 사회운동을 한 사람은 부정부패와 인권침해를 묵과할 수 없으니 싸워야 한다는 입장이라면, 그분들은 거주인의 삶을 무척 아끼셨던 것 같아요. 신변에 어떤 위협이 생기더라도 감수하겠다고 생각하신 거죠. '이거 계란으로 바위 치기 아니야?' 하다가도 '그거라도 해야지' 하셨어요. 참 감사했죠.

얼마 후엔 베데스다요양원의 거주인 한규선·김현수씨가 저를 찾아오셨어요. 한규선씨 말씀이, 시설이 자신들의 돈을 다 빼앗아갔다고 했어요. 당시 장애수당이 한 달에 7만 원씩 나왔는데 자기는 돈을 받은 적이 없어서 보건복지부 게시판에 그 사실을 올렸대요. 그랬더니 원장(시설장)이 자기를 불러내 왜 그런 걸 썼느냐고 다그치면서 컴퓨터 사용을 금지했다고 하소연하셨어요. 이야기 도중에 한규선씨가 시설 직원한테 걸려온 전화를 받더니 에버랜드에 놀러 왔다고 거짓말을 하시더라고요. 한규선씨의 이야기는 그뿐만이 아니었어요. 발달장애와 신체장애가 중복으로 있는 분들에 대한 폭력과 학대도 비일비재했어요. 좁은 공간에 과밀한 상태로 수용되어 계셨는데 복도에 누워 있거나 기어 다니는 분들을 직원이나 원장이 걸리적거린다고 발로 찼고, 발달장애인을 문고리에 묶어두거나 팔다리를 묶는 일도 다반사였어요. 이건 딱 들어도 큰 사건이었어요. 아…… 이 싸움을 또 하는 건가, 두렵더라고요. 그날은 적극적으로 뭔가 해보자는 말은 못 했고 일단 계속 만나서 이야기를 나눠보자고만 했어요.

그분들이 몇 번 더 우리를 만나러 왔을 때 제가 물어봤어요. 만약 당신들이 들고 일어섰을 때 내부의 장애인 중에 뜻을 모아줄 사람들이 몇 명이나 되겠느냐고요. 그랬더니 20명이 넘는다는 거예요. 오!!! 눈이 휘둥그레졌어요. 장애인시설이라는 곳이 구조적으로 그러기가 정말 힘들거든요. 그러면 그 스무 명으로 조직을 만들라고 제안했어요. 그 후 한규선씨가 시설에 사는 신체장애인들에게 몰래 연판장을 돌렸죠. '우리는 더 이상 못 참겠는데 너도 같이 폭로할래?' 그렇게 해서 스무 명이 넘는 분들이 모이셨어요. 당사자들의 그런 움직임을 보고 우리도 더 용기를 낼 수 있었어요. 기존의 시설 싸움은 직원들의 내부고발로 시작해서 외부의 사회단체가 결합하는 식으로 이뤄졌어요. 피해 당사자인 시설 거주인이 싸움의 주체가 되었던 적이 없었죠. 그런데 석암재단은 달랐어요. 당사자들이 조직을 결성하고 문제를 제기하고 나서니까 굉장한 시너지가 나더라고요.

제일 먼저 한 일은 증거를 모으는 일이었어요. 직원들이 사무실에서 나온 종이란 종이는 모조리 긁어모았어요. 밤에 몰래 들어가서 천장 속에 감춰놓은 회계장부들을 꺼내서 사진을 찍기도 하셨고요. 거주인들도 자신이 찍어놓은 사진들, 몸에 시퍼렇게 멍이 들고 팔다리가 묶여 있는 사람들의 사진을 주셨어요. 그 자료를 모아 2007년 4월 대검찰청에 내사를 의뢰했어요. 검찰이 내사를 진행하는 동안 우리도 싸움을 위한 준비에 들어갔고, 세 개의 조직이 만들어졌어요. 장애 당사자 조직 '석암재단 거주인 인권쟁취를 위한 비상대책위원회'(석암 비대위), 직원 조직 '민주노총 공공운수연맹 공공노조 사회복지지부 석암재단지회'(석암 노조), 그리고 시민사회 연대조직 '석암재단 비리척결과 인권확보를 위한 공동대책위원회'(석암 공대위)까지. 그 후 2008년 1월 비리 책임자들 13명이 검찰에 고발됐어요. 그동안 비밀스럽게 움직이던 세 조직이 2008년 1월 4일 양천구청 앞에서 기자회견을 열어 존재를 드러냈죠. 우리가 석암재단을 고발했음을 알리고 책임자 처벌과 이사진 전원 교체를 요구하면서 싸움이 시작됐어요.

비리와 횡령의 수법들

석암재단의 설립자이자 이사장이었던 이부일이 곧 구속됐어요. 검찰이 우리가 넘긴 서류를 보고 곧바로 계좌 추적에 들어갔는데 비리와 횡령의 흔적들이 와르르 쏟아진 거죠. 석암재단의 역사는 1981년 이부일과 동업자 오 씨가 서울에서 강서재활원이라는 장애인시설을 설립하면서 시작되었는데, 2007년 당시엔 (베데스다요양원을 포함해) 장애인 거주시설 세 곳, 장애인보호작업장 한 곳, 노인요양시설 두 곳을 운영하고 있었어요. 연간 국고보조금만 70억 원이 넘는 대형 재단이 되어 있었죠. 그중 문제의 베데스다요양원은 1985년 김포 양촌면에 설립된 초대형 시설이었어요. 거주인 116명, 직원 66명이 있었으니까요. 뚜껑을 열어보니 시설 이전 계획도 진행되고 있었어요. 요양원 주변이 김포 신도시 개발로 묶이면서 법인 일가가 보상금을 챙기고 시설은 외지로 옮기려던 거였어요. 거주인들의 분노가 더욱 커졌죠.

시설 비리는 어딘가에 그 방법을 알려주는 학원이 있는 게 아닐까 싶을 만큼 그 수법들이 비슷비슷해요. 설립자 일가가 재단 산하 시설의 원장과 사무국장 같은 요직을 차지하고 국고 보조금을 수시로 횡령하죠. 석암재단은 회장으로 불리던 설립자 이부일과 그의 부인, 딸, 처제, 처남, 사위까지 그 일가 전체를 먹여 살린 '집안 사업'이었어요. 부원장은 없는 직책인데 처제를 부원장직에 앉혔어요. 이부일의 사위가 중증장애인 거주시설(베데스다요양원) 원장이고 처남이 장애아동 거주시설 원장, 공동설립자의 딸 오 씨가 노인요양시설 원장이었죠. 실제로 근무하지 않는 이부일의 부인과 딸이 직원으로 이름을 올려놓고 1억 원이 넘는 인건비를 가져가는가 하면 시설에 거주하는 경증의 장애여성을 직원으로 등록해서 일을 시키고는 임금은 주지 않았어요. 그 여성은 자신이 직원으로 등록되어 있다는 사실도 몰랐어요. 또 거주인 다섯 명이 이부일의 양자로 입양이 되어 있었어요. 문제가 될 것 같으니 급하게 파양시켰는데 한 사람은 끝까지 파양을 안 시켰더라고요. 알아보니 그분 앞으로 인천 검단 신도시에 50평 아파트가 있었어요. 의사능력이 없는 장애인을 재산 세탁을 위해 이용한 거죠. 그분의 친부모님이 자식을 시설에 넣는 조건으로 시설 측의 그런 행위를 묵과해주기로 약속한 거예요.

시설 비리의 가장 흔한 수법은 시설을 새로 짓거나 고칠 때 건설사들로부터 리베이트를 챙기는 거예요. 난방유와 주·부식 재료를 대는 업체와 짜고 돈을 빼돌리고 자기네 집안에 필요한 물품을 여기에 얹어서 사요. 온갖 치사하고 더러운 방식으로 국고보조금과 거주인들의 장애수당을 탈취하는 거죠. 후원 들어온 물품을 갖다 파는 일도 다반사였죠. 2001년부터 7년간 밝혀진 횡령액만 14억에 달했어요. 베데스다요양원은 기초생활수급자만 입소할 수 있었는데, 수급자가 되기 어려운 장애인 부모에게 자녀를 평생 책임져주겠다면서 영구 입소비를 요구해 현금 수천만 원을 챙긴 뒤 수급자로 탈바꿈시켜서 (입소를) 받았어요. 이들 일가에게 장애인은 철저히 돈벌이의 수단이었죠.

절대권력이었던 이부일이 구속되자 그 사위이자 베데스다요양원 원장이었던 제복만이 그 자리(이사장직)에 앉아 자기 세상이 온 것마냥 행세했어요. 제복만은 목사였어요. 평소 장인과 사이가 안 좋았는데 직원들이 장인을 내쫓으면 자기가 권력을 차지할 심산이었죠. 장인의 잘못된 행위를 우리 쪽에 슬쩍슬쩍 흘리면서 자신은 그 일과 상관없는 깨끗한 사람인 것처럼 직원들에게 말하고 다녔어요. 우리 입장에선 말도 안 되는 일이었죠. 그런데 직원들의 의견이 갈렸어요. 이부일은 나쁘지만 제복만은 괜찮다고 생각한 사람들이 있었던 거죠. 이부일이 평소 장애인과 직원을 막 대했다면 제복만은 상대적으로 그렇지 않았고, 목사인 데다 장애인과 예배도 하니까 그에 대한 감정이 남달랐던 사람들이 있었어요.

족벌 일가 전원이 물러나야 한다는 입장을 명확히 하기 위해 시설 앞에서 집회를 한 적이 있었어요. 그런데 제복만씨가 나타나 마이크를 달라고 했어요. 자기 집안의 비리를 고발하는 기자회견에 와서 자기도 한마디 하겠다길래, '저 사람 뭐지? 어떻게 저런 캐릭터가 있을 수 있지?' 싶었죠. 좀 충격이었어요. 마이크를 잡더니 자기가 이 비리와 조금이라도 연관되어 있으면 자기 발로 나가겠다고 했어요. 우리가 그랬죠. 비리를 저질렀으면 당신 스스로 나가는 게 아니라 쫓겨나게 될 거라고요. 지금 생각해보면 그 사람은 영웅심리에 빠져 있었던 것 같아요. 악당 이부일을 몰아내면 거주인들이 '선한' 자신을 지지해 줄 줄 알았던 거죠. 자신을 지지하는 사람도 있긴 했지만 소수이고 대다수의 거주인이 바깥의 장애인단체와 힘을 합해 족벌 일가를 물리치려 하니까 자기도 충격이었나봐요. 어느 날 머리를 빡빡 깎고 왔어요. 좀 독특하고 이상한 사람이구나 생각했어요. 얼마 안 가서 그도 비리에 연루되었다는 사실이 밝혀지면서 자연스럽게 퇴출됐죠. 그렇게 석암재단 이사회가 무너져 내렸어요.

석암 투쟁의 연대 세력들

이사회라는 건 절대 저절로 무너지지 않아요. 바깥에서 우리가 계속 힘을 행사했어요. 2008년 3월엔 서울시청 앞에서 시설 폐지를 요구하는 농성을 했어요. 시청광장에서 천막을 치려고 경찰들과 막 싸우다가 협의한 게 어두워지면 천막 치고 해가 뜨면 걷는다는 조건이었어요. 우리는 장애인이라 천막 못 걷는다고 했더니 그럼 자기들이 걷어주겠다고 했어요(웃음). 농성장에서 자다가 눈이 부셔서 잠을 깨곤 했어요. 시계를 보면 아침 7시 반이고 경찰이 천막을 걷고 있어요. 거대한 플라자 호텔이 보이고 시청광장 허허벌판에 우리가 누워 있어요. 출근하던 시민들이 놓고 간 도넛도 보이고요. 50일 동안 그렇게 싸워서 새로운 이사회를 꾸릴 수 있었죠.

새 이사회는 우리 쪽 이사 여섯 명, 기존 재단 쪽 이사 일곱 명으로 배정됐고, 이사장직에는 제복만의 측근이었던 윤 씨가 선임됐어요. 서울시와 양천구청이 과거 비리 세력의 편을 들어준 거예요. 공무원들은 시설 비리가 터지면 자기네 책임 피하기에만 급급했어요. 양천구청이 제일 먼저 한 일도 주무관 교체였어요. 면담하려고 주무관을 만나면 주무관이 꼭 이렇게 말해요. "저는 배정된 지 얼마 안 돼서 앞의 일은 잘 모릅니다." 그게 그들의 작전이에요. 임시이사회를 구성해서 5년 정도 버티면 비리 세력들이 감옥에 갔다가 출소해서 슬슬 이사로 들어오는 거예요. 제복만은 물러났지만 자기 측근을 요직에 앉혀놓고 배후에서 수렴청정하다가 몇 년 후 다시 돌아올 게 뻔했죠.

9월에 이사진 전원 해임을 요구하면서 양천구청 앞에서 또다시 농성을 했어요. 그때 재밌는 사건이 하나 터졌어요. 양천구청에 새로운 주무관이 왔는데 그 사람이 전임자가 저지른 비리를 발각한 거예요. 기초생활수급자 명단을 허위로 만들고 수급비를 보내는 척하면서 자기 통장에 1억 원이 넘는 돈을 넣었어요. 이 사건이 언론에 크게 보도되는 바람에 양천구청 공무원들이 한동안 옷깃에 반성한다는 뜻의 리본을 달고 구청 앞에 서서 허리 굽혀 인사했죠. 그게 하필 우리 농성할 때 터져서 구청으로선 뒷걸음질 치다 똥 밟은 격이었는데 우리로선 '너희가 석암재단과 뭐가 달라!' 하면서 큰소리칠 절호의 기회였던 거예요. 처음엔 경찰들이 우리를 다 뜯어내고 행패를 부렸는데 그 사건 이후로는 안 건드리더라고요(웃음).

사회복지법인은 이사회 결정 없이 사업이나 예산 집행을 할 수 없기 때문에 이사회를 어떤 사람으로 구성하는지가 매우 중요해요. 그래서 비리 법인이 이사회를 족벌로 구성해왔던 거죠. 2011년 영화 〈도가니〉로 유명해진 광주 인화학교 사건 이후 이사의 3분의 1을 외부에서 추천한 이사로 선임하도록 법이 바뀌었지만 우리가 싸웠던 2008년엔 외부에서 이사를 들여보내기 위해 엄청나게 투쟁해야 했어요. 당사자들이 목소리를 내야 했고 그러려면 김포에 사는 장애인들이 서울로 매일같이 왔다 갔다 해야 했죠. 그 수가 열다섯 명 정도 됐는데 한 분 빼고 모두 남성이어서 '형님들'이라고 불렀어요.

전장연과 장애와인권발바닥행동(발바닥행동)이 이 투쟁판을 벌이기 위해 해야 했던 일들이 어마어마했어요. 발바닥행동은 그 싸움을 하려고 리프트가 달린 특장차(봉고차)를 한 대 샀어요. 그래봤자 서너 명밖에 못 태우니까 전장연 소속 단체들의 특장차도 모조리 동원됐죠. 김포에서 서울로 올 수 있는 버스 노선에 저상버스가 딱 한 대밖에 없어서 두세 분은 버스로 이동하셨고 나머지는 봉고차로 모셔왔다가 집회 끝나면 다시 모셔다드려야 했어요. 오전 오후 왕복해야 하니까 하루에 봉고차 여섯 대, 운전자 여섯 명이 필요했어요. 운전할 수 있는 사람도 모조리 이 판에 동원되었죠. 당일 운전을 맡은 사람과 차는 어디에 있고, 차 키는 누구한테 받아야 하며, 반납할 땐 차를 어디에 둬야 하고, 누구한테 차 키를 맡겨야 하는지 세세하게 조율해야 했어요. 농성할 때는 일주일 내내 이동지원을 했는데 그게 진짜 보통 일이 아니었어요(웃음). 실무자들은 매일 회의를 하는데 일단 형님들을 김포에 데려다드리고 와야 하니까 늦은 밤이 되어야 할 수 있었어요. 나중에는 너무 힘들어서 장애인 자녀를 둔 아버님이셨던 정종훈님께 얼마간의 비용을 드리고 고정적으로 운전을 부탁드렸어요. 자동차 한 대만 고정적으로 돌아가도 실무자의 부담이 크게 줄거든요.

마침 그때가 전장연이 막 출범한 시기였어요. 전장연은 이동권, 활동지원서비스 같은 중증장애인의 권리를 위해 투쟁하는 조직이었는데, 당시가 활동지원서비스 제도화 투쟁이 어마무시하게 치열했던 때였어요. 그런 조직에 시설 비리 투쟁에 힘을 실어달라고 하기가 저로선 아주 미안하고 조심스러웠죠. 지역사회에 살고 있는 장애인에게 이동권이나 활동지원서비스는 본인의 삶과 직결되는 권리이지만 시설 문제는 '다른 영토'에서 일어나는 일이잖아요. 활동가들이야 탈시설이라는 이념에 동의할 수 있겠지만 장애 대중들이 과연 이것을 자기의 싸움으로 여겨줄까 걱정됐어요. 그런데 여기도 또 의리의 조직이더라고요(웃음).

결정적으로 제가 잘못 생각한 거였어요. 대부분의 중증장애인들은 시설 문제를 자신의 문제로 인식하고 계셨죠. 제가 비장애인이라 잘 몰랐을 뿐 웬만한 장애인은 기도원이든 특수학교 기숙사든 한번쯤 시설에 살아본 경험이 있었어요. 그렇지 않더라도 수십 년간 방 안에 갇혀 사셨으니까 격리되고 배제되는 삶이 무엇인지 저보다 잘 알고 계셨어요. 시설이 장애인을 대하는 우리 사회의 가장 노골적인 표현이라는 것도요. 저의 우려와 다르게 시설 문제는 너무나 자연스럽게 중증장애인들의 운동과 맞물려 들어갔죠.

세계가 달라지는 시간

놀라웠던 건 형님들이 갑자기 이런 활동을 시작하셨으니 한번쯤 몸살이 날 법도 한데 마지막까지 이루 말할 수 없이 성실하셨다는 거예요. 오히려 매일매일 봉고차가 오기를 기다리셨던 것 같았어요. 수십 년 무료하게 살던 삶에 한 번도 일어나지 않았던 일들이 매일같이 일어났으니까요. 나중에 알았는데 운전을 해주셨던 정종훈님께서 일정이 없는 주말이면 형님들을 모시고 놀러 가기도 하셨대요. 봉고차에 버너, 맥심 커피, 라면, 냄비, 물 등을 챙겨서 강화도 바닷가에 앉아 라면 끓여 먹고 커피 마시고 드라이브하면서 사람들의 이야기도 들어주시고요. 참 감사했어요. 석암 투쟁이 싸우는 만큼 승리하고 성과를 얻을 수 있었던 건 다 이렇게 보이지 않는 곳에서 많은 사람들이 진심으로 애써줬기 때문이라는 걸 느꼈어요.

형님들이 그런 얘기를 하신 적이 있어요. 집회가 끝나면 사람들은 포장마차 가서 소주 한잔하자고 하는데 자기들은 시설로 돌아가야 한다고요. 매일 외출은 할 수 있게 되었지만 저녁 시간의 여유 같은 건 없었죠. 저희가 비용 문제 때문에 바깥에서 저녁을 같이 먹기가 어려웠어요. 모금도 하고 분담금도 걷고 사람들 많이 모이는 데 가서 오뎅도 팔고 별거 별거 다 했는데도 항상 쪼들렸어요. 각자 장애수당 받은 걸로 각출한다고 해도 몇 끼 먹으면 끝날 돈이었어요. 그래서 저녁식사는 시설에 돌아가서 드시게 하자고 했는데, 문제는 시설 저녁식사 시간이 4시 반이라는 거예요. 우리가 늦게라도 먹을 수 있게 남겨두라고 시설 측에 요청했더니 식사 시간에 외출한 게 잘못이라면서 거절했어요. 국가인권위원회에 진정을 넣어서 그 뒤부턴 식판에 남겨두긴 했지만 그래도 너무 식은 밥이었죠.

하루 종일 추운 데서 고생하신 분들을 한창 배고플 시간에 시설로 돌려보낼 때마다 참 죄송했어요. 배고프다고, 지금 돌아가면 식은 밥밖에 없다고, 불만을 표하실 법도 한데 한 번도 그러신 적이 없었어요. 그게 더 마음이 아팠어요. 형님들은 외부에서 자기들의 문제로 싸워주는 것만으로도 고마우셨던 것 같고 또 너무 예상치 못한 일들이 한꺼번에 벌어지니까 일종의 문화충격도 받으셨던 것 같아요. 처음에는 기자회견을 하면 현수막 뒤에 얌전히 계셨는데 전장연의 중증장애인들이 막 항의

하고 발언하고 경찰과 싸우는 모습을 보면서 점점 목소리를 내고 따지기도 하고 드세지는 게 눈에 보였어요. 발언도 뭔가 운동권스러워졌다고 할까(웃음). 나중엔 전장연이 광화문 사거리를 점거할 때 선두로 나서기도 하셨죠.

처음엔 노조분들이 휴무 날 따라 나와서 형님들의 활동지원도 하고 의사소통도 도와주셨어요. 도시락도 어마어마하게 싸오시고요. 그런데 어느 순간부터 노조와 형님들 사이의 분열이 생겼어요. 제복만씨가 이사장이 되었을 때였어요. 저희는 그도 연루자라고 주장했지만 그를 지지하는 일부 직원들은 절대악을 내쳤으면 됐지, 어차피 그 집안의 사업이고 그래도 사위라고 생각했어요. 결정적 분열은 노조위원장이 시설의 사무국장이 되었을 때 생겼어요. 당시 운영자 쪽에서 노조의 핵심인 사람을 자기 옆에 두는 게 좋다고 판단한 거죠. 제가 노조위원장한테 그 자리로 가시면 안 된다고 했는데 일방적으로 결정하셨어요. 그 후부터 노조 활동은 중단되었고요.

법인 운영진이 바뀌었다 해도 이사회는 불안정했고 시설이전 계획을 막는 것이 무엇보다 시급했기 때문에 거주인들의 싸움은 계속됐어요. 그러면서 노조와 형님들 사이에 국지전들이 일어났죠. 노조 쪽에서는 형님들에게 할 만큼 했으니 이제 그만하고 평화롭게 살아보자고 했지만 바깥의 저 자유로운 삶을 똑똑히 목격해버린 사람들은 그걸 받아들일 수 없었어요. 직원들에게 시설은 일터니까 좀 더 민주적이고 일할 만한 조직이면 충분했던 거예요. 하지만 거주인에게 그곳은 삶터였죠.

프라이버시도 없고 스스로 결정할 수 있는 게 하나도 없는데 이게 사는 건가 하는 생각이 든 거예요.

1년 동안 형님들과 함께 서울과 김포를 오가는 차 안에서 많은 이야기를 나눴어요. 싸우면 싸울수록 권리의식이 높아지고 그러니까 보이는 게 달라지는 거예요. 어떤 발달장애인이 방 안에서 사망했는데 자기가 보기에는 오랜 시간 방치해서 그런 것 같다는 이야기들이 막 터져 나오는 거죠. 노조의 활동은 점점 쇠퇴해서 노동조건에 관한 이슈만 남은 반면 형님들의 활동은 점점 활기차지고 넓어지고 깊어지면서 무한정 뻗어나갔어요. 구체적 사건과 계기를 통해 분열하고 멀어진 것처럼 보이지만 사실은 장애 당사자들의 권리의식이 높아지면서 더 이상 시설 직원들과 같은 선상에 있을 수 없는 시기로 들어갔다는 생각이 들어요.

집을 만드는 싸움

2008년 12월 엄동설한에 시설 이전을 막기 위해 시청광장에서 2박 3일간 노숙농성을 했어요. 죽을 만큼 추웠지만 결국 이전을 막아냈죠. 지은 죄에 비해 경미한 처벌이었지만 비리 책임자들도 사법 처리가 되면서 2009년에는 어느 정도 투쟁이 일단락되었어요. 그때 우리 내부에서는 형님들을 계속 시설에 살게 할 수 없다는 생각이 모이고 있었어요. 아무리 싸운다 해도 그 삶이 근본적으로 바뀌는 건 아니니까요. 투쟁을 하면 할수록 결국 대안은 시설에서 찾을 수 없다는 걸 더 절실히 알아갔어요. 형님들이 시설을 박차고 나와 노숙농성을 하면서 탈시설 권리를 외친다면 얼마나 획기적일까, 하는 이야기들이 있었지만 함부로 미래를 약속할 수 없으니 무언가를 제안하기에는 너무 막막하고 막연했어요.

그런데 2009년 봄 평원재단이라는 사회복지재단이 혜성같이 나타났어요. 평원재단은 오랫동안 장애인야학 학생들에게 장학금을 준 단체였는데 그즈음 서울 혜화동에 장애인의 자립을 위한 집인 '평원재'를 짓고 개소를 앞두고 있었어요. 우리가 노숙농성을 하면 그 기간 동안 평원재를 이용해도 좋다고 했어요. 돌아가면서 씻고 쉬는 공간이 있는 것과 생짜 노숙은 천지 차이거든요. 그렇다면 이 싸움을 한번 해볼 수도 있겠다는 생각이 들었어요. 농성 장소는 대학로에 있는 마로니에공원이 좋을 것 같았어요. 근처에 평원재와 노들장애인야학(노들야학)이 있거든요. 만약에 평원재가 안 되면 노들야학에서라도 잠을 잘 생각이었어요. 시설에 사는 장애인이 지역사회로 나오기 위해선 세 가지가 필요해요. 활동지원서비스, 소득, 그리고 집. 2007년 활동지원서비스가 제도화되어서 조금씩 확대되고 있었고 수급자인 경우엔 생계비도 받을 수 있었어요. 남은 건 집이었어요. 탈시설 권리의 핵심은 주거권이에요. 가장 중요한 건 이 권리를 외칠 주체인데 1년간의 석암 투쟁으로 형성된 당사자들이 있었죠. 두 번 다시 오지 않을 결정적 순간이었어요.

투쟁의 판을 구상한 후에 석암 형님들에게 제안하기로 했어요. 이분들이 과연 수용해주실까? 마음이 조마조마했어요. 중증장애인에게 기약도 없는 노숙이라니, 혹여 노여워하진 않으실까? 농성하면 진짜 집이 생기냐고 하시면 뭐라고 답하지? 모르겠다, 그냥 말이라도 해보자는 마음으로 요양원을 찾아갔어요. 시설 앞에 있는 조그마한 3·1운동 기념공원에서 맥심 커피를 타놓고 둘러앉았어요. 열몇 분이 모였어요. 제가 말했어요. "이제 나오셔야 하지 않겠습니까. 그런데 지금 바깥엔 아무것도 없어요. 우리가 그걸 만드는 싸움을 해봅시다. 시설을 박차고 나오세요. 믿고 함께해주시면 우리도 끝까지 가보겠습니다."

제 얘기가 끝나자마자 그중 여덟 명이 '오케이!' 하셨어요. 뭔가 많은 걸 설명해야 될 거라고 생각했는데 전혀 그럴 필요가 없었죠. 마치 '그걸 왜 이제 얘기해? 기다렸잖아'라고 말하는 것 같았어요. 형님들은 농성 뒤에 뭔가 계획이 있을 거라고 생각하셨을지도 모르겠어요. 하지만 안 물어보셨어요. 농성은 얼마나 걸리는데? 그다음엔 어떻게 되는 건데? 그런 질문 하나 없이 좋다고 하시면서 디데이가 언제냐고만 물으셨어요. 그날의 이야기는 맥심 커피가 식기도 전에 끝났어요. 우리를 너무 믿는 거 아니냐고 웃으면서 말하고 서울로 돌아오는 길에 과연 이 일을 감당할 수 있을까 고민했어요. 그전에 A재단과 싸우면서 활동가들이 많이 지치고 힘들어했거든요. 그래도 막상 일이 시작되니까 발바닥행동 활동가들은 신나 했어요. 비리척결 투쟁을 넘어 탈시설 투쟁으로 나아가는 첫발을 떼는 거니까요. 우리 조직이 워낙 작으니까 전장연의 자원들을 어떻게 모을지 많이 고민했어요.

2009년 6월 4일 수십 년간 시설에 갇혀 살았던 여덟 명의 장애인이 옷과 세간들을 싸서 시설을 퇴소해 마로니에공원으로 향했어요. 도착했을 땐 수백여 명의 경찰들과 활동가들이 그들을 기다리고 있었어요. 시위대와 경찰이 하루 종일 대치하다가 결국 공원 한편에 농성장을 꾸렸어요. 거기서 서울시를 향해 탈시설 권리 보장, 주거 대책 마련을 요구하면서 본격적인 탈시설 투쟁이 시작됐죠. 시설을 박차고 나온 여덟 명이 마로니에공원에서 노숙 투쟁을 했다고 해서 '마로니에 8인의 투쟁'이라고들 불렀어요.

투쟁하면 주거 대책이 마련될 거라는 확신이 그때 제게 있었냐 하면, 없었어요. 무모했죠. 그렇지만 될 때까지 하겠다는 생각은 있었어요. 시설을 나온 당사자들이 있으니 한 발도 물러설 수 없는, 정말로 양보할 수 없는 그런 투쟁이었죠. 이 일이 엄청난 사건이 될 거라는 생각도 못 했어요. 다만 저의 오랜 죄책감을 조금이라도 만회할 수 있다는 게 좋았어요.

저는 2001년 장애우권익문제연구소 인권팀에서 일하면서부터 장애인시설에 대한 제보를 무수히 받았어요. 2002년 강원도에 있는 믿음의집에 찾아갔던 적이 있어요. 발달장애인들이 여기저기 기둥이나 문고리 같은 데 묶여 있었어요. 어떤 분이 묶인 채로 방에서 볼일을 보니까 또 다른 장애인이 옆에 세워져 있던 마대자루로 스윽 닦더니 다시 그 자리에 세워뒀어요. 방바닥에 커다란 구멍이 있어서 쥐가 왔다 갔다 하는 처참한 곳이었어요. 조사가 끝나고 돌아오려는데 제 신발이 없어졌어요. 한참 찾고 있는데 스무 살 된 발달장애 여성분이 자기가 감췄다면서 다시 갖다주시더라고요. 제가 가지 말았으면 하셨던 거예요. 우리가 따뜻하게 말을 시키고 친절하게 물어보니까 자기를 도와줄 사람이라고 생각했던 거 같아요.

하지만 후속 조치를 하기 위해서라도 저는 돌아가야 했어요. 선뜻 남을 용기도 없었고요. 그분들을 거기에 두고 오려니 정말 기가 막혔어요. 그 시설은 이후 SBS 〈그것이 알고 싶다〉에 보도됐고, 정부 부처에서도 난리가 나서 폐쇄됐어요. 거주인들은 다른 시설로 흩어지셨죠. 그리고 저는 오랫동안 죄책감에 시달렸어요. 나중에 일본으로 연수를 갔다가 '장애인 차별과 싸우는 전국공동체연합'에서 활동하는 사이토 겐조라는 분을 만났어요. 젊은 시절 학생운동을 했던 비장애인이었는데 장애인시설에 갔다가 그 열악한 환경을 보고 너무 분노했다고 했죠. 그리고 다음 날 리어카를 끌고 그 시설에 다시 가서는 장애인 네 명을 태우고 그냥 나와버렸대요. 그리고 공동체를 이뤄함께 살면서 그 조직을 만들었다더라고요. 그 이야기를 들었을 때 얼마나 찔렸는지 몰라요. 나는 왜 그렇게 하지 못했을까, 나는 좀 겁쟁이다, 생각했죠.

두 번 다시 오지 않을 결정적 순간

중증장애인 여덟 명이 집도 시설도 없이 노숙을 하다보니 먹고 씻고 자는 게 전부 투쟁이었어요. 장애운동판의 인적, 물적 자원이 투쟁에 총동원됐죠. 많은 단체에서 활동가를 파견해줬어요. A재단과 맞서 싸울 땐 실무자가 몇 없어 기자회견이라도 할라치면 제가 현수막도 잡고 마이크도 잡고 기자들 오면 보도자료도 나눠주고, 그러면서 장애인 활동지원도 해야 했거든요. 이번엔 오직 투쟁에만 집중할 수 있었어요. 이렇게 많은 사람들이 함께해주는 게 참 놀라워서 더 신나게 싸웠어요. 매일 서명운동하고 집회하고 거리에 드러눕고 오세훈 시장이 가는 곳마다 쫓아다녔죠.

마로니에공원 한복판에 테이블을 펼쳐놓고 매일 함께 밥을 먹었는데 그게 참 좋았어요. 돈이 없어서 식사 전담해주시는 분한테 식재료 구입비로 한 끼에 2~3만 원밖에 못 드렸는데도 아주 알뜰하게 장을 보셔서 열댓 명이 먹을 수 있게 만들어주셨어요. 공원 옆에 일주일에 한 번 노숙인 무료급식 버스가 왔는데 돈도 아껴야 하고 우리도 노숙하는 거니까 먹을 자격 있다면서 그걸 타서 먹었어요. 밥줄이 아주 길었는데 노숙인분들이 우리 먼저 받으라고 양보해주셨어요. 미안하고 고마웠어요. 없는 사람들끼리 서로를 더 챙겨준다는 걸 느꼈죠.

제일 신났던 건 '오세훈 따라잡기 투쟁'에 성공했을 때예요. 오세훈 시장이 대선 가도로 나갈 꿈을 갖고 있어서 대중 앞에 설 자리를 많이 만들 때였어요. 우리에겐 절호의 기회였죠. 사회복지사의날 행사를 하던 날이었어요. 객석에 앉은 사람이 1000명도 넘었는데 오세훈 시장이 단상에 올라 인사말을 하자마자 벌떡 일어나서 외쳤어요. "탈시설 권리 보장하라!" 세종문화회관에서 서울시 공무원들이 행사를 할 때도 그렇게 했죠. 제 목소리가 엄청 커요(웃음). 진행요원들에게 끌려나오면서도 끝까지 외쳤죠. 가는 곳마다 소리치고 우리랑 면담 좀 하자고 오세훈 차 위에 막 드러눕고, 그러다보면 서로 멱살잡이도 하게 됐어요.

그렇게 쫓아다녀서 오세훈 시장과 두 번 면담했어요. 처음엔 2008년 크리스마스이브였는데 '동천의집'이라는 장애아동 거주시설에 오세훈 시장이 산타 복장을 입고 짠 하고 나타나 선물을 주려고 했어요. 우리가 그 앞에 진을 치고 있었죠. 장애아동들을 따뜻하게 보듬는 시장의 이미지를 연출하려고 왔는데 장애인을 시설에 가두고 억압하는 시장이 되어버려서 억울하고 화가 났는지 표정 관리를 못 하더라고요. 너무 열받아서 하려던 행사를 취소하고 그 자리에서 우리와 면담을 했어요. 그때 오세훈 시장이 돈이 벌려야 그다음에 복지도 할 수 있는 거라는 논리를 펼치더라고요. 서울시가 돈을 벌기 위해선 관광도시로 가야 하고 그러려면 동대문디자인플라자, 오페라 하우스, 한강 유람선 같은 사업에 돈을 쏟아야 한다고 했어요. 한강 유람선에 쓸 돈은 있지만 장애인에게 쓸 돈은 없다는 거죠. 그날은 엄청 싸우다가 끝났어요.

그다음 해인 2009년 마로니에 투쟁을 할 때는 우리가 꼴도 보기 싫었는지 서울복지재단 이사장을 통해 너희들 요구안이 뭐냐고 묻더군요. 어떻게든 농성을 접게 만들고 싶다는 마음이 정말 강했어요. 그땐 우리의 요구가 제법 큰 것이라고 생각했는데 지금 생각해보면 사실 예산이 많이 들어가거나 설계가 어려운 대책도 아니에요. 복지재단 이사장이 봤을 땐 빨리 들어주면 되는 일이었던 것 같아요. 우리가 요구하는 걸 뚝딱뚝딱 설계하고 그 책임을 복지재단이 지는 것으로 정리해서 쉽게 끝났어요. 그리고 오세훈 시장과 만나 사인했죠. 시설에서 나온 사람들이 자립을 준비할 수 있는 체험홈과 5년까지 살 수 있는 자립생활주택 도입이 발표됐어요. 농성 두달 만에 한국 사회 최초의 탈시설 정책이 마련된 거죠.

그 후 마로니에 8인은 평원재의 첫 입주자가 되었어요. 제도가 시행되기까지 시간이 걸리니까 그 기간 동안 평원재에서 이분들을 정식으로 받아주신 거예요. 평원재는 40평짜리 빌라 두 채였는데 여덟 분은 거기서 한두 해 살다가 각자 자립하셨어요. 생각해보면 평원재라는 어마어마한 자원이 어떻게 그때 마침 우리 곁에 왔을까, 너무 놀라워요. 평원재단 이종각 이사장님이 이 투쟁에 정말 큰 기여를 하셨는데 대외적으로 알리지 못했어요. 어떻게든 트집 잡고 싶어 하는 사람들에게 빌미를 제공할 수도 있으니까요. 노숙이라는 게 생명이 위험할 수도 있는 건데 이 사람들이 정말로 대책 없이 나왔을까 의심하는 눈초리도 있었고, '외부 세력'이 장애인을 앞세워 자신의 요구를 관철시키려는 거라는 말도 있었어요. 당사자들 모두가 신체장애인이어서 자신의 의지로 싸운다고 말할 수 있었기 때문에 그런 의혹들이 힘을 얻지 못했던 거죠.

비리 세력 밀어내기

마로니에 8인방이 시설 밖으로 뛰쳐나간 뒤 석암재단은 이름을 바꿨어요. 석암재단은 사회복지법인 '프리웰'이 되었고, 베데스다요양원은 '향유의집'이 되었죠. 과거 인권유린과 비리를 저질러온 석암재단의 역사와 단절하고 서울시와 시민사회의 개입을 통해 인권과 복지, 자립생활을 실천해나가는 사회복지법인으로 새롭게 태어나려는 노력이었어요. 하지만 그 과정이 정말 쉽지 않았어요.

새롭게 구성된 임시이사회는 열릴 때마다 우리와 구세력의 공방이 치열하게 벌어졌어요. 대표가 구세력의 측근이었던데다 우리 쪽이 이사 수도 적었기 때문에 훨씬 불리했어요. 이사회는 소집할 때 7일 전에 통지하게 돼 있어요. 그런데 저쪽 세력들이 장소를 안 알려주고 이사회를 연다든지 하는 식으로 어떻게든 자기들끼리 이사회를 열려고 했어요. 그러니 우리 편 사람들이 얼마나 치열했겠습니까. 어떻게든 참석해서 어떤 안건이라도 다 저지해야 됐어요. 2008년부터 2013년까지 5년 동안 이사회 내부에서 옛 비리 세력을 밀어내기 위한 치열하고 지난한 투쟁이 벌어졌어요.

첫 번째 임시이사회의 이사장 윤 씨는 법인 사무국장으로 김 씨를 앉혔어요. 그 사람이 누구냐면 ○○ 장애인시설에서 건축비 횡령으로 처벌받고 잘린 사람이었어요. 우리는 그 사실을 나중에야 알았어요. 법인 차량을 개인 차처럼 쓴다든지 과도하게 비용을 청구한다든지 직원들을 함부로 대한다든지 하는 제보가 자꾸 들어오기에 조사를 했더니 그런 전력이 있더라고요. 충격적인 건 그 비리를 감사한 곳이 서울시였다는 거예요. 서울시 공무원들은 다 알고 있었던 거예요. 와…… 이 사람들 같은 편이구나, 배신감이 엄청나게 밀려오더라고요.

여전히 비리 책임자 오 씨와 이 씨가 산하 시설의 원장으로 남아서 실질적 권한을 행사하고 있었어요. 새 이사장 윤 씨는 그들을 내보내지도 않았고 이부일 일가가 횡령한 돈을 그 일가에게 청구하거나 환수하지도 않으면서 그들을 비호했어요. 그러면서 문제를 해결하는 게 골치 아프니까 프리웰을 돈 많은 다른 법인에 통째로 넘기려고 했어요. 결국 이사회는 전원 사퇴를 결의했어요. 그리고 원장 전원에게 사직서를 제출하게 한다는 데 의결했죠. 하지만 문제의 원장 오 씨와 이 씨는 끝내 사직서를 제출하지 않았어요.

2012년 서울시는 새로운 이사회를 구성했어요. 그땐 이사장으로 우리 쪽에서 추천한 김명실이라는 분이 선임됐어요. 장애부모운동(장애자녀들이 차별받지 않고 살아갈 수 있는 사회를 만들기 위해 교육, 노동, 주거 등 다양한 분야에서 활동하는 부모 조직)

을 해오신 분이었어요. 하지만 그 이사회 역시 우리 쪽의 숫자가 적어서 비리 책임자와 그 비호 세력을 해고해야 한다는 우리의 주장을 관철시킬 수가 없었어요. 게다가 지난 이사장이었던 윤 씨가 또다시 서울시 추천 이사로 들어와 지속적으로 이사회 성립을 방해했어요. 결국 이 이사회 또한 김명실 이사장을 제외한 전원이 사퇴하기로 결의했어요.

그러는 사이 이부일은 감옥에서 나와 한국에 있는 재산을 싹 정리해서 필리핀으로 도피해버렸어요. 돈을 어떻게 싹싹 긁어 가져갔냐면, 캬…… 제가 어디 가서 '시설 운영 이렇게 하면 떼돈 벌 수 있다'는 제목으로 교육을 해도 될 정도예요. 2007년에 비리가 폭로될 것 같은 심상치 않은 분위기를 느끼자마자 이부일은 그동안 수급자가 아니었던 장애인 부모들한테 받은 영구 입소비, 현금으로 막 쌓아둔 그 돈으로 땅을 샀어요. 자기 명의로는 안 되니까 아홉 살 된 아들 명의로 3억 원짜리 땅을 샀어요. 그리고 법인이 그걸 다시 12억에 사주죠. 12억 물권에 7억 2000만 원이 넘어간 상태에서 이부일이 감옥에 갔더라고요. 그런데 돈을 다 지불한 게 아니니까 땅은 여전히 그 아들 명의예요. 법인의 돈만 현금으로 7억 2000만 원을 싹 털어간 거예요.

시설의 꼭대기에 탈시설의 깃발을

우리는 서울시에 항의했어요. 이사회가 이렇게 파행을 겪을 수밖에 없는 이유는 서울시가 비리 세력을 비호하는 사람들로 이사회를 구성했기 때문이었죠. 그렇게 해서 다시 임시이사회가 구성됐고 우리 쪽 사람들이 대거 이사로 들어갔어요. 이사회가 두 번이나 총사퇴하니까 저쪽에서도 더 이상 이사로 세울 사람이 없어진 거예요. '문제 시설'의 이사가 된다는 게 특별한 이득은 없는데 똥물이 튀긴 아주 쉽거든요. 우리가 계속 물고 뜯고 공격하니까 그 불명예를 버티지 못한 거죠. (우리쪽 사람들이 더 많아진) 이사회는 곧바로 비리 책임자와 그 비호 세력을 모두 해고했어요. 그렇게 5년만에 구세력을 완전히 몰아내는 데 성공했어요.

이사회는 차라리 법인을 해산하고 프리웰을 서울시에 넘겨서 시립으로 운영하게 하자고 의견을 모았어요. 하지만 비리 세력들이 저질러놓은 각종 빚과 소송이 남아 있어 당장 법인 해산이 어려웠어요. 이런 것들은 임시이사회가 할 수 없었기 때문에 정이사회를 구성해 절차를 밟기로 했죠. 2013년 치열한 내부 투쟁들 끝에 새롭게 꾸려진 정이사회는 우리가 추천한 사람들로 대부분 채워졌어요. 이사장직에는 발바닥행동 활동가이자 교수인 박숙경씨가 선임되었죠.

그 후 프리웰은 인권과 사회통합을 위해 탈시설을 추진한다는 목표를 세우고 그 일을 할 수 있는 원장들을 뽑았어요. 장애인단체, 공익변호사 등과 네트워크를 구축해서 탈시설 지원 체계를 만들었고, 2009년 마로니에 8인의 투쟁 이후 만들어진 1차 서울시 탈시설화 추진계획(2013~2017년)과도 발맞춰 적극적으로 거주인들을 자립시켰어요. 또 사회복지공동모금회와 SH공사 장애인 지원주택 시범사업 등과 연계해 발달장애인의 탈시설 모델을 고민했어요. 2018년 제가 이사장이 된 후에는 지원주택이라는 새로운 출구를 통해 굉장히 빠른 속도로 탈시설을 추진할 수 있었고, 결국 2021년 3월 향유의집 마지막 거주인들이 퇴소한 뒤 4월 30일에 시설이 폐지됐어요.

한국에서 전례가 없는 사례였어요. '문제 법인'의 이사회를 교체하는 방식으로 법인 운영권을 바꿔버렸기 때문에 가능한 일이었죠. 비리 일가가 돈을 들고 튄 후 5년 동안 프리웰은 그야말로 무주공산이었어요. 이런 경우 컨트롤타워는 법률적으로 서울시인데 컨트롤타워가 아무것도 안 했어요. 왜냐하면 안 해도 되거든요. 서울시는 실력도 없고 관계자들은 계속 바뀌어요. 뭐가 뭔지 어디로 어떻게 가야 하는지 몰라요. 내용을 마련해서 그들을 들들 볶아 움직이게 했던 시민사회가 있었으니까 그 방향으로 가게 된 거예요. 정이사회가 꾸려진 다음부턴 프리웰 이사회가 컨트롤타워가 되었고요.

불과 1~2년 간격을 두고 A재단과 석암재단 비리가 터졌고 둘 다 참 열심히 싸웠는데 그 결과는 아주 달랐어요. A재단 역시 이사장이 구속되었지만 운영진을 바꾸진 못했죠. 그새 법이 달라졌거나 사회적 상황이 크게 달라지지 않았는데 투쟁의 결과가 왜 그토록 달랐을까 생각해보면 석암 비대위라는 거주 당사자 조직의 힘이 가장 큰 요인이었던 것 같아요. A재단 비리 투쟁에선 주로 직원들이 말하고 싸웠거든요. 거기도 폭력이나 학대가 정말 기가 막혀요. 많은 사람들이 죽었죠. 그런데 같은 이야기도 직원들이 하는 것과 당사자들이 하는 건 많이 달랐어요. 원장이 나를 발로 찼어, 원장이 내 장애수당을 다 빼앗아갔어, 원장이 내가 자식처럼 키운 아이와 나를 떨어뜨려놨어, 밥에서 냄새가 났어, 만날 무말랭이만 먹었어, 내가 묶여 있는 사람을 봤어, 내가 사람이 죽는 걸 봤어, 하고 외치면서 중증장애인들이 농성하고 삭발할 때의 사회적 울림이 굉장히 컸던 것 같아요. 그리고 바깥의 시민사회가 이사회 안으로 들어가 비리 세력을 조금씩 조금씩 밀어내는 식의 투쟁을 끝까지 포기하지 않았던 우리의 뒷심과 시설 바깥에서 이루어지고 있던 탈시설 투쟁, 그리고 그 성과들을 시설 내부로 연결했던 노력들이 다 맞물리면서 만들어진 성과 같아요.

아수라장 한가운데로

2018년 1월에 제가 프리웰 법인 이사장이 됐어요. 5년 동안 이사장을 했던 박숙경씨가 더 하기 어려운 상황에서 대안을 찾아야 했죠. 처음엔 명망가에게 부탁하고 제가 실무적인 일을 맡을까 고민했어요. 그런데 탈시설이라는 어마어마한 과업을 추진해야 하는 데다 법인이 앞서 저질러놓은 빚, 소송 문제들을 해결해야 하는데 그걸 맡아줄 사람이 없더라고요. 그리고 다른 사람이 이사장이 된다면 의견이 다를 수 있잖아요. 우리 현장에 있으면 나같이 생각하고 판단해줄 텐데 먼발치에서 이사장이라는 직함만 갖고 있다면 이 현장성을 이해하고 나처럼 결정해줄 수 있을까. 어떨 때는 무거운 결단도 해줘야 하는데 그럴 수 있는 인물이 떠오르지 않았어요. 드디어 올 때가 왔구나, 하는 심정이었어요.

사실은 안 하고 싶었죠. 반대 세력들의 타깃이 될 테니까요. 이 운동을 하면서 많은 사람들한테 공격을 당했어요. 맞아 죽지 않은 게 다행이죠. A재단 비리 투쟁 할 때 그곳 원장이 제 사진을 시설 복도에 커다랗게 붙여놓고 이 사람은 시설을 없애려는 탈시설주의자이고, 이 사람에게 협조한다면 결국 너희는 일자리를 잃을 거라고 선전했어요. 문제를 제기하는 직원들과 거기에 협력하는 외부 세력과의 연대를 끊기 위한 거죠. 실제로 많은 직원들이 흔들렸을 거예요. 자신들이 저지른 잘못에 대해선 눈곱만큼의 반성도 없이 저를 타깃 삼는 그 행태에 너무 화가 치밀어 올랐어요.

하지만 그때 저는 반대 세력의 울타리 밖에 있었어요. 바깥에서 탈시설이 옳고 당신들이 틀렸다고 외쳤죠. 그런데 프리윌 법인 이사장이 된다는 건 그 울타리 안으로 들어가 아수라장 한가운데 서는 거예요. 거기선 당신들이 다 틀렸다고 혼자 총질해도 아무것도 해결되지 않아요. 어느 정도는 그들의 태도를 인정해줘야 하고 어떤 것은 법적으로 책임져줘야 해요. 법적 분쟁의 타깃이 될 때 대응도 해야 하죠. 울타리 밖에서 구호를 외치는 게 아니라 그 안으로 들어가 그 어떤 공격에도 흔들리지 않고 버텨야 하는 그런 싸움을 하는 건 굉장히 다른 기분이었어요.

예수는 자기가 가야 할 길이 십자가에 매달려 죽는 길이라는 걸 알게 되었을 때 기도를 해요. 이 잔, 독배가 든 잔, 이 고통의 잔을 내게서 옮기시옵소서. 이 고난의 길을 안 가고 싶다고, 안 갈 수만 있다면 제발 그렇게 해달라고 기도한 거예요. 저도 그런 마음이었죠. 그래도 어차피 여기까지 왔고 누군가 해야 한다면 내가 하고 만다는 그런 마음을 먹고는 원장들에게 제 뜻을 전했어요. 그로부터 3일 후에 향유의집에서 비리 사건이 터졌어요. 사무원이 자기가 공금을 횡령했다고 원장한테 고백한 거예요. 확인해보니 1억이 넘었어요. 이사장이 되어 가장 먼저 해결해야 할 일이었죠.

제가 이사장이 되기 직전에 터진 일이었는데 탈시설을 반대하던 직원들은 좋은 건수를 잡은 거예요. 당시 향유의집 문병수 원장님은 탈시설을 추진하는 선봉장 같은 분이었어요. 나중에 알았는데 반대파 직원들이 문 원장도 횡령에 연루되었을 수 있다면서 공격했대요. 시설 거주인을 시켜 복도에서 원장을 향해 "이 도둑놈아!" 하고 큰 소리를 지르게 해서 인격적으로 모독을 했대요. 문 원장님은 굉장히 억울했을 거예요. 본인은 사건이 터지자마자 책임지고 사직하겠다고 하셨는데 제가 수습할 사람이 없으니 마무리 짓고 가달라고 부탁했거든요. 그 시간이 문 원장님에겐 몹시 고통스러웠다더라고요. 시설 안의 분위기가 그렇게 흉흉했어요.

시설 폐지를 선포하다

이사장은 법인의 최고 의결기구인 이사회를 운영하고 향유의집 같은 산하 시설들을 관리감독해요. 공익 법인이 지켜야 할 법률적 의무를 이행하고 직원들에 대한 인사 관리를 하는 게 보통 조직 경영의 기본적인 업무인데 저는 그게 아니라 탈시설이라는 과업을 이행하기 위해 들어간 거죠. 그러다보니 기본 업무에 더해 탈시설을 추진하기 위한 아이디어를 내고 정부에서 정책을 가져와 현장에서 실행해요. 2018년엔 지원주택 사업이 시범적으로 운영되다가 2019년부터 본격적으로 시작되었어요. 그와 별개로 2009년 마로니에 농성으로 만들어진 체험홈이나 자립생활주택 같은 기존의 제도도 운영되고 있었죠. 이런 것들을 통한 동시다발적인 탈시설이 진행되고 있던 시절에 이사장이 된 거예요.

이사장이 된 첫해에 이사회에서 향유의집을 폐지한다는 내용을 결의했어요. 이듬해엔 그 기한을 명시했죠. 2020년까지 탈시설을 완료하고 시설을 폐지한다고요. 박숙경 이사장 시절에도 운영진들끼리 그 방향을 공유하긴 했지만 이사회가 의결했던 것도, 공식적으로 '시설 폐지'라는 용어를 쓴 것도 아니었어요. 저는 이사회가 이 방향을 분명히 선포하고 나아가야한다고 생각했어요.

시설 내부엔 탈시설에 반대하거나 찬성하지 않는 사람들이 많이 있어요. 직원, 거주 당사자, 그리고 그 가족들이죠. 박숙경 이사장은 내부의 합의를 이끄는 과정에 시간을 투자해야된다는 입장이었고 절차적 민주성을 강조했어요. 물론 그건 중요하고 그 시기엔 제도적 뒷받침이 부족했기 때문에 더욱 그럴필요가 있었을 거예요. 하지만 저는 절차적 민주주의에 발목이잡혀선 안 된다고 생각했어요. 절차적 민주성을 확보한다는 건무엇을 말하는 걸까요? 100명 모두가 동의해야 하는 건가요?아니면 51명만 동의해도 민주성을 확보한 건가요? 저는 이런논리로 가면 탈시설을 이룰 수 없다고 생각해요. 탈시설은 인권의 문제이고 인권의 문제는 다수의 동의를 확보해야 하는 성격의 것이 아니에요. 그리고 5년이면 충분하다고, 이젠 실행 단계로 넘어가야 할 때라고 생각했어요. 새 시대를 열어야 한다고요. 제일 중요한 건 시설에 사는 사람들의 삶이에요. 그들의1년, 하루하루가 중요해요. 그들의 인생을 절차적 민주주의라는 얼마만큼 동의해야 충분한지 알 수 없는 그런 모호한 논의로 붙들고 있는 것 자체가 인권침해라고 생각해요. 최대한 안전하고 섬세하게, 하지만 빠르게 탈시설을 실행해야 한다는 게저의 입장이었고 이사회에서 모두 동의해주셨어요.

직원들이 이런 방향에 대해 전혀 모르진 않았지만, 법인의 최고 의사결정 기구가 공식적으로 천명한 것은 처음이었어요. 그게 반대파들을 결속시키는 결정적인 계기가 돼버렸죠. 직원들이나 거주인의 가족들이 법인이 올해 안에 대책 없이 문을 닫는다더라 오해하고 반발하셨어요. 지역사회에 살 수 있는 주거와 사회서비스를 마련해서 모두 이주한 다음에 폐쇄한다는 것인데 그런 부분은 쏙 빠진 채 말이 돌았고 법인과 이사회, 그리고 저에 대한 맹렬한 공격이 시작됐어요.

반대하는 사람들은 제가 오직 시설을 폐쇄하는 것만이 목표인 것처럼 말했어요. 서울시와 쿵짝이 맞아서 거주인을 강제로 퇴소시키려 한다고요. 저희가 남는 자산은 공공화하겠다고 밝혔기 때문에 서울시도 이 방향에 동조하고 있는 거라고요. 거주인과 노동자에 대해서는 아무 생각이 없고 오직 서울시에 진 빚만 갚으려 한다는 식으로 말했죠. 거기다 서울시가 이 과정에서 특혜를 줬을 거라는 주장, 더 나아가 횡령 의혹까지 제기한 사람도 있어요. 본래의 노조였던 민주노총 소속 노동조합 이외에 탈시설을 반대하는 사람들을 중심으로 한국노총 노동조합이 따로 만들어졌어요. 극렬하게 반대하는 일부 직원은 우리가 무연고 발달장애인을 강제로 탈시설시켰고 그건 장애인학대라면서 각종 고소·고발을 일삼고 국민권익위원회, 국가인권위원회에 진정을 넣으면서 탈시설에 제동을 걸었죠.

탈시설을 반대하는 사람들

직원들 중에선 찬성하지도 반대하지도 않는 중간지대 사람들이 가장 두터워요. 말로는 "탈시설 좋지, 좋은데……"라고 하시지만 실제로 들여다보면 '은근한 반대'예요. 시설 비리에 맞서 싸우셨던 분들도 탈시설은 지지하지 않으셨어요. 강력하게 "나 탈시설할래!"라고 하는 사람은 자립하는 거지만 원하지 않는 사람, 자립이 어려운 사람도 있는 거 아닌가? 최중증장애인 나가서 사고 나면 어떡해? 그런 마음이신 거죠. 그분들이 장애인을 가장 가깝게 대면하기 때문에 장애인도 그런 눈치를 다 봐요. 미묘한 눈빛과 분위기를 다 읽고 상대방이 조금이라도 싫어하는 것 같으면 자신의 마음을 숨기죠. 직원이 탈시설을 지지하지 않는다는 게 느껴지면 장애인은 자립하고 싶은 마음이 있어도 감추거나 드러내지 못해요.

이 중간지대 사람들의 마음은 일단 내 일자리가 보장됐으면 좋겠다는 거예요. 이대로 평화로운데 왜 자꾸 들쑤시냐는 원망이 느껴져요. 정년이 얼마 남지 않은 사람들은 어떻게든 정년까지 버티고 싶어 하는데 반대 세력에 힘을 실어주면 몇 개월이라도 지연되고 그만큼 더 일할 수 있는 거죠. 이 사람들이 결정적으로 무너진 계기가 있었어요. 거주인 중에 자신은 시설을 나가지 않겠다고 그 흐름을 주도하던 분들이 있었어요. 이정자님, 양남연님 같은 노년의 신체장애인분들이셨어요. 끝까지 버티실 줄 알았던 그분들이 지원주택을 보고 온 뒤 마음을 바꾸셨어요. 그때 직원들이 말씀하시더라고요. "본인들이 좋다잖아, 가신다잖아." 민약 그분들이 나는 늙어서 못 나간다고 버텼으면 향유의집은 폐쇄되지 못했을 거예요. 그들의 마음이 움직이면서 탈시설이 마지막 급물살을 탄 거죠.

탈시설을 강력하게 거부했던 당사자분들은 대부분 중도에 사고를 당한 분들이셨어요. 우리가 어떤 변화를 선택할 때는 자신이 겪었던 경험이 바탕이 되잖아요. 그런데 그분들이 겪었던 일들이 다 너무 처절했던 거예요. 스스로를 '반충'이라고 불렀던 분이 계세요. 사고가 나서 정신이 들었더니 자기는 전신마비 장애인이 되어 있고 가족들에게도 짐 같은 존재가 되었다고요. 자살을 하려야 할 수도 없는 몸이 되어 결국 병원의 연계를 통해 시설에 들어오셨어요. '반충'의 '충' 자는 벌레라는 뜻이에요. 먹을 것만 축내는 벌레 같은 존재라고요. 왜 '충' 자를 쓰셨을까. 사람들이 자신을 바라보는 시선이 마치 벌레 보듯 느껴져서 그런 게 아닐까 생각해요. 지역사회에 나가서 살겠다고 결심하는 건 자기 스스로를 존중받을 권리가 있는 한 명의 시민으로 인정해야 할 수 있는 결단인데, 스스로 자기를 인정하지 못하셨던 것 같아요. 스무 살에 사고로 장애를 입고 시설에 들어와 30년을 살다 쉰 살이 되었는데 다시 밖에 나가 귀한 존재로 살아갈 수 있을 거라는 자신감을 갖기가 쉽지 않은 게 당연하겠죠.

마로니에 8인방 형님들은 1년 동안 싸우면서 다른 세상을 보고 다른 관계를 경험했잖아요. 주체적으로 살아가고 권리를 주장하는 장애 당사자와 주변에서 그들에게 항상 귀를 기울이고 존중하는 모습을 본 거죠. 시설에 있는 대부분의 사람들은 그런 세계를 본 적도, 경험해본 적도 없어요. 시설로 들어올 때 이미 자기 이마에 스스로 주홍글씨를 쓴 거예요. 이제 나는 세상과 가족이 버린 존재이고, 버려야만 하는 존재라고요. 나는 나 자체로 너무 소중하고 존엄하다고, 주홍글씨를 지울 수 있도록 해주는 지지체계가 없었으니, 나 같아도 그랬을 것 같아요.

역사는 도도하게

2021년 8월 정부가 탈시설 로드맵을 발표했어요. 2041년까지 거주시설에 사는 2만 9000명의 장애인을 탈시설시키겠다는 계획으로, 중앙정부 차원에서 처음으로 발표한 정책이었죠. 그러자 천주교를 중심으로 한 시설 기득권 세력들이 거세게 반대했고, 시설에 자녀를 보낸 부모들의 조직이 꾸려졌어요. 그 부모 조직이 장애인탈시설지원법안을 발의한 국회의원 68명 모두에게 진정서를 접수했어요. 지역사회 기반도 없이 주간보호센터 같은 곳에서도 거절당하는 중증발달장애인과 그 가족들에게 시설 퇴소는 사형선고라면서 탈시설 정책 철회를 지금도 요구하고 있죠.

그들의 주요 공격 대상이 저와 프리웰이에요. 우리가 무연고 발달장애인을 강제로 퇴소시켜서 그들이 골방에 갇혀 있다는 내용을 언론, 국회의원실, 국무총리실에 뿌렸고, 그대로 기사화됐죠. 코로나 때문에 자주 외출하지 못하는 걸 갇혀 있다고 호도하고 있어요. 프리웰 내부에 횡령 의혹이 있다는 내용도 있고요. 그들은 무연고이면서 콧줄(105쪽 '엘튜브' 설명 참조), 소변줄(157쪽 '도뇨 카테터' 설명 참조) 끼우고 생활하는 최중증 장애인은 자립할 수 없으니 시설에서 보호해야 한다고 주장해요. 하지만 우린 그렇게 생각하지 않아요. 집에서 24시간 활동지원서비스랑 여러 사회서비스를 받으면서 살면 돼요. 실제로 그렇게 살고 계시고요. 이런 일이 반복될 때마다 사실이 아님을 증명해야 하는 게 너무 괴로워요.

고소·고발이나 각종 민원 자체가 힘들다기보다는 거기 대응하느라 정작 중요한 일을 할 에너지를 다 빼앗긴다는 게 너무 괴로워요. 거주인들이 지역사회에 나가서 더 좋은 삶을 살게 하려면 해야 할 일이 무궁무진해요. 활동지원서비스를 강화한다거나 주택의 편의시설을 완비시킨다거나 그런 것을 의무화시키는 제도를 만든다거나. 그런 일은 힘들어도 신나고 재미있어요. 잘 안 돼서 분통 터져도 어떻게든 되게 하고 싶죠. 그런데 제가 저지르지도 않은 횡령에 대해 계속 해명하고 서류를 작성하고 온갖 소송에 대응하는 이 일은 끝나도 남는 게 없어요. 장애인 권익 신장에 한 톨 도움이 안 돼요. 그런데도 이 일을 안 하면 법률적으로 큰 문제가 되니까 절차 하나하나 신경 쓰느라 많은 시간을 쏟아야 하죠. 진짜 하고 싶은 일이 많은데 이 일들에 발목이 잡혀 있다는 게 슬퍼요.

캐나다의 탈시설을 추진사가 담긴 책을 한 권 읽은 적이 있어요. 1960년대 캐나다에서도 이런 과정이 있었더라고요. 부모들이 탈시설을 추진하는 주정부를 상대로 소송을 건 거예요. 그 부모들의 인터뷰를 보면 시설이 폐쇄된다는 소식을 들었을 때 하늘이 무너져 내린 것 같았다는 표현이 나와요. 지금 한국의 부모들이 그렇겠죠. 그런데 극렬하게 반대했던 부모들이 자녀가 탈시설한 후엔 극렬한 찬성자가 돼요. 30~40년에 걸친 역사 속에서 일어나는 일들이에요. 직원들이 노조를 만들어 반대하는 것도 마찬가지예요. 더 빨리 이룰 수 있었던 탈시설이 노조나 부모의 반대 때문에 늦어졌다는 연구 보고서도 많아요. 캐나다의 역사를 읽고 마음에 위로가 되었어요. 2018년부터 설명회를 열고 탈시설하면 이렇게 살게 될 것이라는 이야기를 직원들에게 계속했어요. 나중에 시설이 폐지된 후에 어떤 직원분이 말씀하시더라고요. 그때는 무슨 말인지 몰랐는데 지금은 알겠다고요. 중증장애인이 자립해서 지원주택을 받아 사는 걸 보신 거죠. 새집이라 너무 쾌적한 데다 서울에 고만한 집을 얻기가 얼마나 힘든지 아니까 깜짝 놀라신 거 같아요. 보증금 300만 원에 수급비 받아서 월세 내고 생활할 수 있다는 걸 직접 보시곤 김정하가 왜 그렇게 탈시설을 하려고 했는지 이제야 알겠다고 하시더라고요. 역사는 도도하게 흘러갈 거예요.

두 개의 하늘

처음 이사장이 됐을 때 소위 가치 갈등을 굉장히 많이 느꼈어요. 직원들의 급여표를 보았는데 생각보다 높아서 사실 좀 놀랐어요. 호봉이 높으신 분들이 많아서 연봉이 대략 4000~5000만 원 정도, 원장은 6000만 원 정도더라고요. 사회복지사들이 사회적으로 돈을 많이 받느냐 하면 그건 아닌데, 공익 활동을 하면서 최저임금도 못 받고 살아온 저 같은 사람의 입장에서는 이 연봉을 보장받지 못한다고 장애인의 탈시설을 가로막는다는 게 좀 원망스럽더라고요. 감정이 막 치달을 때도 있었어요. 여태까지 돈 많이 번 사람들이 눈앞의 이득이 조금 없어진다고 마치 죽을 것처럼 그러는 게 정말 이기적이라고 생각했죠. 근데 직원들과 계속 만나면서 여러 가지 생각이 들었어요. 쌍용자동차 해고 노동자들이 대한문 앞에서 농성할 때 연대하러 많이 갔었는데 거기에 "해고는 살인이다"라고 쓰여 있었단 말이에요. 그 말이 머릿속에서 떠나질 않았어요. 쌍차 노동자들의 임금이 우리 시설의 노동자 임금과 비슷하거나 더 많았을 거예요. 해고는 살인이다. 그 말을 떠올리면서 그들을 원망했던 마음을 반성했어요. 임금은 노동자의 기본적인 권리라고요.

대학 다닐 때 좋아했던 노래 중에 〈하늘〉이라는 곡이 있었어요. 박노해의 시로 쓴 노래였는데 선율이 아름다워서 아주 좋아했어요. 너무 고음이라 저는 못 부르고 노래 잘하는 언니한테 항상 불러달라고 했어요. 가사가 이래요. "사장은 나의 하늘이시다, 나를 해고할 수 있는 저 사장은 나의 하늘이시다, 의사는 나의 하늘이시다, 산재를 당했을 때 내 손가락을 붙일 수도 뗄 수도 있는 저 사람은 나의 하늘이시다." 이 구절이 많이 생각나더라고요. 저는 발바닥행동에서 활동비를 받을 뿐 프리웰에서는 이사장직으로 급여를 받지 않아요. 하지만 결국은 내가 인사권의 최고 책임자라는 걸, 노동자를 해고했던 쌍용자동차 사장의 자리에 내가 있다는 걸, 해고는 살인이라는 걸, 그러니까 내가 하늘이라는 걸 인정해야 했어요. 그걸 받아들이는 게 되게 혼란스럽고 힘들더라고요.

그런데 그걸 인정한다면 이제 어떡해야 하지? 탈시설은 추진해야 하고 누군가는 직장을 잃을 수밖에 없는데 어떻게 해야 하지? 이런 고민을 오랫동안 했어요. 지금도 하고 있고 여전히 괴로워요. 직원 입장에 시설 폐지는 생존권의 문제인데 정부가 대책을 전혀 마련해주지 않으니 모두 법인의 몫이에요. 어떻게든 고용 연계를 해보려고 마지막까지 백방으로 뛰었어요. 자존심 뭉개가면서 다른 법인에 가서 읍소도 하고요. 그럼에도 절반은 권고사직 처분을 낼 수밖에 없었어요. 대부분 권고사직을 수용해주셨죠. 당사자들이 나간다고 선택했으면 우리가 떠나는 게 맞지, 하시면서요. 만약에 제가 아닌 다른 사람이 대표였다면 해고의 부담을 이렇게까지 껴안으며 탈시설을 추진하고 사업장을 정리하기는 어려울 거예요. 현행법상 걸리는 여러 문제들을 감당해야 하거든요. 그리고 어떤 목적에서든 해고를 쉽게 생각하는 사장이어도 또 문제잖아요. 가치 갈등이 많았죠. 아직도 현재진행형이고요.

표정이 있는 삶

사람들은 '시설에 산다'는 게 구체적으로 어떤 것인지 잘 몰라요. 어디 가서 노숙하는 것보단 낫지 않냐고, 시설 자체를 악으로 규정하고 타도의 대상처럼 말할 필요까지 있느냐고 해요. 시설에서의 삶이 무엇인지 잘 모르는 사람들은 왜 그렇게 탈시설을 하려고 하는지 잘 이해되지 않을 거예요. 제복만 원장도 그렇게 말했어요. 자기가 이만큼 보호해주고 이렇게 친절하게 대해주는데 왜 나가려고 그러냐고요. 선의를 베푸는 위치에서 내려다보면서 당사자 입장에 서보려고 하지 않아요. 그걸 굳이 왜 상상해야 하는지도 모르죠. 자녀를 시설에 보낸 부모도 잘 몰라요. 그저 친구를 만날 수 있겠거니, 프로그램도 한다니까 집보다는 낫겠거니 하는 거예요. 실제로 그 생활이 당사자에게 어떠한지에 대해서는 별로 생각하지 않아요. 생각하지 않아야 보낼 수 있는 것 같기도 해요. 당사자의 기분이나 감정, 일상생활을 구체적으로 상상하고 알아 들어가기 시작하면 보내기가 쉽지 않겠지요.

저는 이 시설을 2008년부터 드나들기 시작해서 거주인분들의 얼굴을 십수 년 보아왔어요. 그래서 탈시설 전과 후의 얼굴 때깔이 얼마나 달라졌는지 알죠. 시설에 있을 때는 연령에 안 맞는 옷이나 후줄근한 잠바를 사시사철 입고 계신다든지 머리가 항상 눌려 있는 그런 모습을 늘 봤어요. 외출할 일이 없으니 차려입을 일이 없었죠. 지원주택으로 이주하신 후엔 예술인들이 방문해서 프로필 촬영하듯 멋있게 사진을 찍는 프로그램도 하고 자립생활 관련 활동도 하시고 공공일자리로 출근도 하시면서 점점 갈 데가 생기니까 멋도 내고 옷도 사면서 자기한테 투자를 하시더라고요. 만날 사람도 없고 외출도 못 하는 삶에서 일대일 개인 지원을 받으면서 점점 때깔이 바뀌고 스타일이 생기는 그런 변화를 직접 봤어요.

발달장애인분들은 언어가 발달하세요. 시설에 있을 때는 그 사람을 호명해서 대화하는 일이 없어요. 자립해서는 개인 지원을 받으니까 활동지원사나 코디네이터가 당사자한테 물을 일이 많아져요. 뭐 먹을래요? 어디 갈까요? 불편한 데 있어요? 어떤 게 좋아요? 그런 일상적 대화 속에서 언어가 발달하는 게 되게 놀랍고 신기했어요. 이거 연구하면 좋겠다고 생각했는데 외국에서 이미 다 연구했더라고요. 정말로 발달한대요. 자기 의견도 늘어나요. 어떤 분이 음악을 좋아하셔서 스피커를 사겠다고 하셨는데 그게 시설 안에서는 정말 상상도 할 수 없는 일이거든요. 욕구가 생기고 뭔가 선택하는 것 자체가 큰 변화죠.

예전에 언젠가 향유의집에 갔을 때 한 사람이 침대에 묶여 있는 걸 봤어요. 콧줄을 자꾸 뺀다는 거예요. 빼면 위험하니까 의사가 묶어도 된다고 했다면서 직원들이 그분을 묶어뒀어요.

그런데 그분이 그 동작을 재빠르게 하는 건 아니기 때문에 옆에 누군가 있다면 제지해줄 수도 있어요. 그런 분도 자립해서 개인 서비스를 받고 있고, 이젠 묶지 않고 살 수 있게 됐어요. 물론 자립 이후의 삶에 탈시설을 반대하는 사람들이 공격할 만한 위험 요소들도 분명 있어요. 자율권이 생긴 만큼 식사량이 늘고 술도 많이 드시니까 건강이 악화될 수도 있죠. 당뇨가 있는 분들은 관리에 어려움이 있을 수도 있고요. 근데 저 사람들의 논리대로라면 그게 무서워서 사람을 계속 묶어놓아야 한다는 거잖아요?

향유의집에서 자립하신 분 중에 콧줄 끼고 생활하는 어떤 분은 얼마 전에 서울 시내에 있는 아주 좋은 호텔에 가서 호캉스를 하신 다음에 경복궁 야간 개장을 다녀오셨어요. 시설에선 그런 기회를 가질 수 없는 분이었죠. 항상 무표정했던 분인데 경복궁에서 찍은 사진 속에선 웃고 계시더라고요. 전과 후의 모습을 다 아는 제 입장에선 그런 걸 확인하면 너무 기쁘죠. 누군가의 삶이 바뀌고 있다는 걸 제 눈으로 직접 볼 때가 너무 좋아요. 힘들어도 보람이 있어요.

탈시설로의 대전환

2021년 4월 30일 향유의집이 폐지되면서 프리웰엔 두 개의 시설이 남았어요. 그중 중증장애인 거주시설 해맑은마음터가 보건복지부 탈시설 컨설팅 사업에 선정되어서 2023년을 목표로 탈시설을 추진하려 해요. 여전히 직원들의 반발이 있어요. 향유의집을 폐지할 때처럼 직원들을 해고하거나 권고사직 처분을 하는 것이 아닌 다른 대안을 마련하기 위해 정부와 계속 협의하면서 가려고 해요. 결국 정부가 나서서 해결해야 하는 일이에요. 탈시설은 일개 민간법인이 할 수 있는 일이 아니거든요. 그 어떤 나라에서도 개별 법인이 나서서 이렇게 하는 경우는 없어요. 모두 정부가 하죠. 프리웰은 아주 특수한 경우에요. 우리는 선례를 만들 뿐이에요. 시설 노동자들의 임금은 100퍼센트 국고보조금에서 나와요. 진짜 사장은 월급 주는 사람이죠. 정부가 민간법인이라는 바지 사업자를 두고 대리 사업을 하면서 뒤로 빠져 있다는 건 말이 안 돼요.

우리 사회는 장애나 질환이 있다는 이유로 장애인을 격리·배제해왔어요. 아주 오랫동안 가족에게 책임을 떠넘기거나 시설에 수용한 거죠. 정부는 먼저 그것부터 반성해야 해요. 한국보다 수십 년 먼저 탈시설을 추진한 노르웨이 정부는 1985년 "시설에서 발달장애인이 처해 있는 생활여건은 인간적으로나 사회적으로나 문화적으로 용납될 수 없는 것"이라고 지적했어요. 뉴질랜드 정부는 국립 시설에서 살았던 장애인의 삶을 조사한 뒤 〈시설은 학대의 공간이다〉라는 제목의 보고서를 발표했고요. 자신들이 한 일을 반성한 후 책임지고 장애인을 지역사회로 돌려보낸 거죠.

2012년부터 5년 동안 광화문 지하보도 안에서 '장애등급제·부양의무제·수용시설 폐지'를 외치며 농성한 결과 중앙정부가 탈시설 로드맵을 발표했어요. 너무 소중하고 반가운 결과물이죠. 하지만 들여다보면 문제가 많아요. 탈시설 정책에서 제일 중요한 건 장애인이 시설이라는 물리적 공간을 벗어나는 것뿐 아니라, 시설 문화에서 벗어나 자기 삶에 대한 권한을 되찾는 거예요. 그런데 우리 정부는 시설을 완전히 없애는 게 아니라 소규모로 쪼개고 '전문화'라는 이름으로 최중증장애인을 격리하는 시설은 여전히 남겨두겠다고 해요. 무엇보다 답답한 건 기간이에요. 현재 거주시설에 사는 2만 9000명의 탈시설을 2041년까지 추진하겠다는 거예요. 평균 입소 기간이 18.9년인 사람들에게 앞으로 20년을 더 기다리라고 하는 건 너무 잔인한 일이에요. 하지만 그조차도 예산은 없이 정책만 나열한 수준이라서 이행 가능성이 심각하게 우려돼요. 시설 운영 집단의 눈치를 보느라 '탈시설'이란 단어조차 사용하기 부담스러워하는 보건복지부가 힘을 냈으면 좋겠어요. 그리고 하루빨리 탈시설지원법이 제정되기를 간절히 바라요. 시설에 살고 있는 한 사람 한 사람의 삶이 소중하고 하루가 급하거든요. 사람은 누구나 늙잖아요. 시설 안에서 창밖을 바라보며 한 번이라도 밖으로 나가기를 열망하는 장애인도 하루하루 늙고 있어요.

　이 활동을 한 지 이제 20년이 됐어요. 이 정도 하니까 어디로 도망갈 수도 없다는 생각이 들어요. 중간에 유혹이 없진 않았어요. 운동하지 않고도 살 수 있지 않을까. 이 정도 했으면 이제 그만해도 나 스스로를 용서할 수 있지 않을까. 부모님이 아프셨을 때나 여러 가지 개인사가 무거울 때마다 떠날 것에 대한 변명거리를 끄집어서 붙여봤어요. 나는 여기까지 하고 그다음 시대의 사람들이 그들의 방식대로 하면 되는 거 아닐까. 근데 안 되더라고요. 하면 할수록 책임감이 커져요. 살면 살수록 삶의 무게가 무거워져요. 그 무게는 이 운동의 성과인 동시에 역사의 무게예요. 프리웰은 마지막 거주인들까지 탈시설하도록 끝까지 지원한 뒤 모든 거주시설의 문을 닫고 남은 재산과 사업은 공공에 넘기면서 법인을 해산하는 게 최종 목표예요. 하지만 그 과정을 모두 내 손으로 해야 한다고 생각하진 않아요. 운동하는 사람이라 하더라도 사유화할 수 있다는 걸 경계해야죠. 지금은 대안이 없으니 제가 하지만 더 잘할 수 있는 사람이 있다면 꼭 저여야 할 필요는 없다고 생각해요. 다만 제가 지고 갈 수 있을 만큼은 지고 가보려고요.

그리고 마지막으로 탈시설 세상을 향해 생사고락을 함께한 사람들에게 고맙다는 말을 꼭 전하고 싶어요. 고맙습니다.

실패한 자립은 없다

: 모두가 떠난 자리에 남은 사무국장 강민정

이호연 글

잊을 수 없는 장면들

제가 처음 향유의집에 들어왔을 때 거주인은 116명이 있었고 직원도 50명 넘게 있었어요. 지금(2021년 1월 15일)은 21명의 거주인이 남아 있어요. 이제 설이 지나면 이분들도 지원주택이나 체험홈으로 다 나가실 거예요. 시설인 향유의집은 이제 역사 속으로 사라지는 거죠. 이런 시설은 아마 저희가 최초 아닐까요?

저는 의상디자인을 전공했어요. 그쪽 일을 한 3년 하다가 이 일을 시작했어요. 언니가 안동에 있는 장애인시설에서 일했거든요. 거기 가끔 가서 장애인하고 어울려서 이야기도 하고 놀았어요. 그러다가 언니가 일한 시설에서 저도 일을 하게 됐어요. 그들이 가진 에너지를 보는 게 좋더라고요. 필요한 지원을 했을 때 그분들이 웃는 모습을 볼 수 있다는 게 특히 좋았던 것 같아요. 생활재활교사로 4년 3개월쯤 일하다가 결혼하면서 안산으로 오게 됐죠.

2002년에 거주인들과 함께 월드컵 축구 경기를 봤던 기억이 나요. 그해 2월부터 지금의 향유의집에서 생활재활교사로 근무하기 시작했어요. 그때는 베데스다요양원이었죠. 모든 분들이 다 팬티를 안 입고 계셨던 게 기억나요. 그 모습이 충격적이었어요. 맨몸에 바지를 입고 계시거나 기저귀를 차고 계시거나 기저귀 위에 바지를 입고 계셨죠. 대소변 처리 때문인지 빨랫감을 줄이려는 의도에서였는지 정확한 이유는 모르겠어요.

몸이 뒤틀려 있는 장애인에게 팬티를 입히기 힘들어서 그랬을 수도 있지만 그 사람에게 팬티가 필요하다는 인식 자체가 없었던 게 아닐까 싶어요.

이뿐만이 아니었어요. 거주인분들이 신문지를 깔고 밥을 드시더라고요. 사회복지사의 업무 효율성 때문이었을까요? 잘 모르겠어요. 장애인이 혼자 상을 못 펴잖아요. 상에서 밥을 먹으려면 상을 펴고 닦고 접어야 하는데 신문지를 깔면 밥을 다 먹고 그냥 접어서 버리면 되니까. 지금은 장애인이 밥상에서 밥을 먹죠. 근데 향유의집에서 나갈 때까지 신문지를 깔고 식사를 하던 분이 계세요. 그분은 침대에 누워서 식사를 하셨어요. 신문이 아니라 다른 재질의 깔개를 준비해드리면 좋을 것 같아서 여쭤봤더니 그분이 이러시는 거예요. "내가 다른 거 안 해봤을 줄 알아? 장판도 깔아보고 앞치마도 해보고 헝겊 같은 것도 다 해봤어. 신문지는 내가 준비했다가 펴고 다 쓰면 접어서 버릴 수 있는데 다른 건 선생 손을 빌려야 하잖아." 직원의 손을 빌려야 하니까 눈치를 보신 거였죠. 직원들이 바쁘니 내가 일 하나 덜어줘야 한다는 생각에서 혼자 할 수 있는 방법으로 신문지를 선택하신 거예요.

거주인들이 식사를 굉장히 빨리하세요. 꼭 천천히 먹어야 하는 분, 생활재활교사가 떠먹여드려야 하는 분, 혼자 먹으면서 놀다가 노래하다가 밥 먹는 분만 식사 시간이 길어요. 다른 분들은 대부분 밥을 빨리 드세요. 시스템 자체가 밥을 빨리 먹을 수밖에 없게 되어 있었어요. 휠체어를 개조해서 배식할 때 썼어요. 그 배식차가 돌면서 식사를 나눠주는데, 잠깐 기다렸다가 내려가면서 식판을 걷어 가요. 그러니 5~10분 사이에 밥을 다 먹어야 하는 거예요. 그런 생활을 오래 하다보면 나중에 자립해서 지역에 나가서 살 때도 습관이 안 바뀌죠. 식판에 드려도 음식을 다 섞어서 드시기도 해요. 요구를 해도 반영이 안 되니까 수동적이 되는 거죠. 주어진 것에 익숙해지도록 사람을 바꿔놓는 게 시설 시스템이에요.

보통 사람이 55세의 나이에 죽지는 않잖아요? 2008년부터 2018년까지 10년간의 향유의집 통계를 보면, 사망한 장애인 약 30명의 사망 평균 연령이 55세예요. 식습관의 영향도 있고, 운동량은 물론 필요한 자극이 없어서겠죠. 이런 요인들이 질병으로 이어져 결국 사망에 이르는 게 아닌가 생각했어요. 보통 감기 등으로 호되게 아프고 난 후 몸이 훅 나빠져서 돌아가시거든요. 퇴원하고 시설로 오면 식사를 잘 못 하고, 식사를 못 하면 엘튜브L-tube insertion(여러 가지 이유로 음식물을 삼킬 수 없는 사람에게 코를 통해 위까지 도달하는 관을 삽입해 음식이나 약물을 투여하는 방식으로, 흔히 '콧줄'이라고도 한다)를 끼게 돼요. 그럼 아무래도 영양 부족 상태가 되죠. 운동량이 더 줄어드니까 장 운동이 안 돼서 관장을 해야 하고요. 본인이 밀어내는 것이 다 빠지는 게 아니니까 몸에 노폐물이 쌓이고 장 폐색이나 장 마비가 오게 되는 거죠. 이런 과정에서 중증이 되고 나중엔 와상으로까지 이어지는 것 같아요.

싸우면서 얻은 깨달음

"규선씨가 도와달라고 하는데 같이하자." 향유의집에서 20년 넘게 일하신 박종순 선생님이 제안을 했어요. 제 의사를 묻지 않으셨어요. 그냥 "하자"고 하셨죠. 혼자 싸우기 힘든 상황에서 한규선씨가 박종순 선생님에게 손을 내민 거였어요. 한규선씨에 대한 믿음도 있었고, 함께해야겠다는 마음이 커서 복잡하게 생각하지 않았어요.

제복만 원장 시절의 월급받는 날이 생각나요. 원장이 사무실로 직원들을 부르면 출근한 직원들이 무릎 꿇고 사무실에 삥 둘러앉아요. 그때는 계좌이체가 아니라 10원 단위까지 봉투에 넣어서 원장이 직접 월급을 줬어요. 월급봉투를 앞에 놓고 기도를 해요. "장애인을 통해 이렇게 월급을 받게 하시니 너무 감사합니다." 2003~2004년까지도 그랬던 것 같아요. 제복만 원장이 목사 안수를 받은 사람이었거든요. 직원 중에 교인이 많았어요. 기본적으로 교인은 목사한테 대들지 않잖아요. 그런 점도 작용했던 거 같아요. 회의를 하면 원장이 일방적으로 지시하는 분위기였어요. 같이 이야기하는 분위기가 아니고요. "말해서 뭐 하겠어?" 하는 직원도 있고 "네네 알겠습니다, 순종하겠습니다" 하는 직원도 있었어요. 재단이 족벌 관계로 구성되어 있었어요. 이부일 이사장의 와이프가 이사고 사위(제복만)가 원장이고 처제가 부원장이고 조카가 직원이었어요. 부원장이 시설에 한 번 왔다 가면 직원 인사이동이 있기도 했어요.

무소불위의 권력이죠. 직원들은 이런 분위기에 익숙해져온 거예요. 내부 비리가 드러나서 시설이 뒤집혔을 때 '감히 이부일, 제복만을 건드려? 그래도 우리를 일하게 해준 곳인데' 하며 분노를 표출한 직원들도 있었어요.

"이 사진에 있는 사람 강민정 너지? 너 자를 거야." 시설 밖에서 비리를 알리기 위해 장애인이 스스로의 몸을 묶고 시위하는 사진이 있었어요. 사진에 무릎만 살짝 나왔는데 어떻게 내 무릎인지 알지? 아, 제복만 이 인간 어떻게 알았지? 예리하네. 직원회의 때마다 제가 잘렸다가, 살았다가, 또다시 잘렸다가 이랬거든요. 겁주려는 건지, 제복만이 무슨 시위하듯 자기 머리를 빡빡 깎고 온 적도 있고요. 회의 때마다 원장이 우리를 죄인 취급하면서 질타하는 분위기였어요. 근데 그게 딱히 두렵지는 않았던 것 같아요. 잘리기밖에 더 하겠어? 정의를 위해서 달리겠다는 마음까진 아니지만 이게 옳은 거 아니냐는 생각이 있었던 것 같아요. 아, 그래도 잘리면 안 되는데…… 하하.

재단 비리를 알리고 해결하기 위해 시청 앞에서 투쟁할 때였어요. 거주인들과 같이 나왔는데 밥 먹으러 시설로 돌아가야 할 시간이 된 거예요. 저는 시설 직원이니까 식사 시간 전에 거주인들 데리고 돌아가야 한다는 생각만 하고 있었는데, 활동가 중 한 명이 장애인이 여기 더 있고 싶어 하는데 왜 꼭 시설로 돌아가서 밥을 먹어야 하냐고 묻는 거예요. 그때 이런 깨달음이 들었어요. 아, 왜 나는 밥 먹으러 꼭 이 시간에 시설로 돌아가야 한다고 생각했지? 준비된 식사를 못 하면 대체할 수 있는 다른 음식을 사서 먹어도 되고 이왕 나온 거 더 둘러보고 들어가도 되는데, 왜 꼭 밥때에 맞춰 가야 한다고만 생각했을까? 내 생각이 막혀 있었구나.

부끄러움을 알면 보이는 것

생활재활교사로 일하다가 2008년 말쯤 회계 업무를 하면서 법인의 비리 상황에 대해 자세히 알게 됐어요. 원장이 모든 장애인의 통장과 도장을 갖고 있더라고요. 장애수당이 거주인 개인 통장으로 들어오면 자기네들이 필요할 때 이 사람 저 사람한테 조금씩 장애수당을 뽑아서 사무실 컴퓨터도 사고 직원 회식도 했던 거예요. 제복만 원장이 언젠가 회식 후에 "이제 직원들도 다 공범이네" 이런 얘기를 했었거든요. 그때는 이게 뭔 소리인가 싶었는데 나중에 보니 장애수당에서 뺀 돈으로 회식을 한 거예요. 비리가 드러나는 과정에서 제복만 원장이 노조와 만난 적이 있는데 자기는 돈에 대해서는 정말 1원 하나 부끄러운 게 없다고 했어요. 저는 그게 너무 부끄러웠어요.

직원 노조가 생기면서 달라진 것도 있어요. 직원이 연차를 제대로 쓸 수 있게 됐어요. 그 이전에는 연차를 분기에 하루씩 총 4일, 그러니까 설과 추석 각각 2일씩 8일을 쓸 수 있었어요. 1년 만근을 하면 15일 연차가 생기고 2년마다 하루씩 추가되는 걸 우리는 몰랐던 거죠. 근로계약서도 퇴사할 때까지 적용되는 건데, 우리는 계약직인지 정규직인지도 모르고 매년 근로계약서를 썼거든요.

2007~2008년 비리척결을 위해 같이 활동했던 노조위원장이 있었어요. 비리를 저질렀던 제복만 원장이 이 사람을 사무국장으로 앉혔는데 거기에 모종의 거래가 있었던 거 같아요. 노조위원장이 사무국장이 된 후 회계 처리할 때 좀 이상하게 느껴지는 일이 있었어요. 저도 카드로 결제할 수 있는데 희한하게 물품 구입할 때 거래 업체 사장들이 꼭 사무국장을 찾는 거예요. 당시 거주인들이 꾸린 석암 비대위와 김정하 활동가는 이 사람과 단절해야 한다는 입장이었지만, 노조 활동을 같이했던 직원들은 반대했어요. 사무국장한테 비리가 있을 거라고 생각하지 않았던 거죠. 애쓰면서 같이 활동한 사람인데 내보낼 수 없다는 입장이었어요. 입장이 다르니까 서로 등을 지게 됐고요. 결국 문제가 생겨서 제가 다시 회계 상황을 검토해보니 사무국장도 원장이 시키는 대로 비리를 저지르는 데 협조를 했더라고요. 예를 들어 카드로 고기 100근을 결제했는데, 실제 들어오는 고기는 50근이고 나머지 50근 금액은 카드깡으로 횡령한 식이었어요. 쌀이나 기름도 그런 식으로 구입해왔던 거예요. 당시에 비리를 저지른 제복만 원장이 쫓겨나고 새로 온 원장한테 제가 상황을 보고하면서 그 사무국장이 그만두게 됐어요. 원장이 거래 업체 사장들 다 불러서 사실 확인서 쓰게 하고 주·부식 공급 업체는 공개 입찰로 선정하게 됐어요. 잘못된 부분을 바로잡는 데 새로 온 원장님이 애쓰셨죠.

힘든 기억이라기보단 잘했다 싶은 좋은 기억으로 남아 있어요. 법인 비리를 고발하고 노조를 만들고 싸운 시간을 돌아보면 참 치열하게 살았다는 생각이 들어요. 그저 우리 직원들 자리만을 지키기 위한 활동이 아니라 장애인의 권리를 찾고 법인의 잘못된 문제와 관행을 바로잡았잖아요. 장애수당도 본인이 직접 받을 수 있게 됐어요. 장애수당을 받은 장애인이 "이번에 간식 뭐 사 먹지?" "뭐 사지?" 고민하는 걸 들을 수 있게 된 거죠. 이분들의 생활도 달라진 거예요. 우리가 생각했던 것보다 더 많은 변화가 있었어요. 설립자가 바뀌고 서울시에서 관선이사를 내려보내고 원장이 바뀌고.

다시 할 수 있다면 미숙함을 바로잡으면서 하고 싶어요. 뜻 맞는 몇 명만 활동하는 게 아니라 직원들을 설득해서 공감대를 더 끌어낼 수 있었으면 좋았겠다 싶거든요. 그때 함께하지 않았던 직원들하고는 지금도 안 친해요. '반대는 안 하지만 동참도 안 할 거야' 하는 분도 여전히 있더라고요. 그렇더라도 '지랄 맞은' 몇 명에 그치지 않고 우리가 제기한 문제의 정당성을 직원들에게 더 알렸으면 낫지 않았을까 하는 생각이 들어요. 노조하고 비노조가 모여서 얘기할 수 있는 장이 없었어요. 함께 얘기했다면 동참을 하든 안 하든 우리가 왜 이러는지 알릴 수 있지 않았을까. 동참하지 않은 직원들이 우리를 이상하고 귀찮은 존재로 보도록 놔두기보다 좀 더 이해의 지점을 만들어볼 수도 있지 않았을까. 과정을 마무리할 때 이야기를 더 충분히 했다면 매끄럽지 않았던 부분이 풀리지 않았을까. 그런 아쉬움이 남아요. 법인 비리는 알려졌지만 싸움이 지지부진할 때 한규선씨가 양천구청에서 1인시위를 했어요. 저도 그 현장에 같이 있었는데 그때 그런 생각이 들었어요. 거주인이 활동할 때 직원들이 곁에 더 많으면 자기주장을 펼치는 거주인에게 힘을 실어줄 수 있을 텐데, 거주인도 더 탄력을 받을 수 있을 텐데. 그런 점들이 아쉬운 거죠.

그것이 끝이 아니었다

제가 입사하고 19년 동안 원장과 사무국장이 열 번 넘게 바뀌었어요. 근무 기간이 전부 2년도 안 됐던 거죠. 2008년 이후 법인 설립자(이부일)가 법적 처벌을 받은 뒤에야 서울시에서 관선이사를 파견했어요. 이사회를 구성했던 이사 13명 중에 기존의 것을 지키려는 사람도 있고 변화를 요구하는 사람도 있다보니 파행이 있었어요. 기존 이사들이 그만두는 과정에서 변화의 물결에 부응할 수 있는 분들이 결합했고, 이분들의 의견이 산하 시설들의 변화를 만드는 중심 가치가 됐죠. 사회복지의 기조나 정책도 점점 바뀌잖아요? 우리 법인은 그런 부분을 적극 수용하는 편이었어요. 법인의 운영 방향에 공감하는 원장들이 와서 던지는 화두가 향유의집 직원들을 변화시켰어요. 시설 운영진이 바뀌면서 긍정적 변화도 있었고요.

새로운 원장이나 사무국장이 오면 주로 하는 일이 서류 양식을 바꾸는 거예요. 직원들은 이골이 나죠. 나중에는 생활재활교사들이 원장 이야기를 받아들이지 않는 경우도 있었어요. 거주인에게 직접 서비스를 제공하는 생활재활교사들이 움직이지 않으면 생활시설은 바뀌지 않아요. 팀장이나 사무국장이 계속 변화를 말하고 업무 지시를 하지만, 중심에 있는 생활재활교사들의 동의와 호응이 없으면 바뀌지 않아요. 사람이 자주 바뀌고 새로 온 사람에 따라 상황도 바뀌다보니 직원들의 피로감도 높아졌죠. 생활재활교사들도 원장이 바뀌거나 말거나 우리 할 일 한다는 식이었어요. 원장의 새로운 시도가 제대로 이루어지지 못하는 어려운 구조가 된 거예요.

2017년 7월, 향유의집에 남자 사무원이 새로 왔어요. 이 사람이 6개월 동안 아무도 모르게 1억 원이 넘는 시설 돈을 횡령한 사실이 나중에 밝혀졌죠. 이 일이 드러나면서 제가 누더기가 된 하반기 6개월간의 살림살이 정리를 다시 하게 됐어요. 3개월 동안 회계 관련 자료를 검토하면서 상세한 상황을 알게 됐어요. 사무원이 7월 1일 입사했는데, 7월 8일부터 시설 돈을 가져가기 시작했더라고요. 사무원이 OTP, 인증서를 모두 갖고 있으니까 자기 계좌로 돈을 넣은 거죠. 이체인이 통장에 입력하는 이체명을 바꿀 수 있잖아요. 시설 통장에서 사무원이 50만 원을 이체할 때 자기 통장으로 돈을 보내고 이체 표기는 6월 달 기저귀, 7월 달 무슨 품목 이렇게 입력한 거예요. 통장만 보면 정상적으로 지출된 것처럼 보이는 거죠. 중간중간 회계를 꼼꼼하게 체크하는 다른 누군가가 있었으면 이런 식의 횡령이

6개월이나 지속되지는 않았을 거예요. 운영진이 회계장부 검토와 영수증 확인 등에 소홀했던 거죠.

정부 보조금 지출을 마감하면 관할 시군구 관청에 인건비나 운영비 잔액을 반납하게 돼 있어요. 근데 사무원이 돈을 다 가져가고 없잖아요. 자꾸 구청에서 잔액을 반납하라고 연락이 오니까 이 직원이 더 버티지 못하고 2018년 1월에 원장님한테 횡령 사실을 자백했어요. 1월부터 3월 말까지 상담 선생님하고 저하고 월요일 날 출근하면 금요일 날 집에 갈 정도로 정말 추운 겨울에 소파에서 먹고 자면서 횡령 금액 내역을 다 찾아냈어요. 이 사건 이후로 회계 관리 시스템이 바뀌었어요. OTP는 원장이 가지고 관리하게 되었어요. 사무원이 은행 인터넷 뱅킹으로 이체하려면 결제 승인을 요청해서, 사무국장이 확인하고 승인하고, 원장이 이체하는 걸로 바뀌었어요. 이사회의 결정으로 운영진도 관리 소홀의 책임을 지고 사직하게 됐죠.

불편한 마음과 꼬리를 무는 질문

공식적으로 시설 폐지가 표명된 건 문병수 원장님이 계셨던 2016년이었어요. 그전에도 일부 거주인이 탈시설을 해서 살고 있었어요. 저희가 행동하는 법인이잖아요, 발바닥행동. 현재 김정하 이사장님, 그 전 박숙경·김명실 이사장님도 탈시설 기조로 가다보니 암묵적으로는 직원들이 이 방향을 인식하고 있었어요. 직접적으로 시설을 폐지한다는 말은 없어도 이렇게 계속 거주인이 나가다보면 시설이 없어질 수도 있겠다는 걸 느끼고 있었어요. 문병수 원장님이 직원회의에서 얘길 했거든요. 거주인마다 시설을 나가는 과정과 필요한 지원 계획, 탈시설 완료 후 시설을 정리하는 시점에 대해서요. 직원 대상으로 장애인복지법에 근거한 시설 폐지 과정을 설명해주시기도 했고요. 직원들은 이게 될까 싶었는데 실제로 거주인이 쭉쭉 지역사회로 나가는 모습을 보게 된 거죠.

"어휴, 자꾸 나가네. 그럼 내 자리가 없어지는데……" 거주인이 줄어들수록 직원들도 불안하죠. 구청에 얘기를 했어요. '탈시설하는 거주인이 늘어난다고 해서 그에 맞춰 직원을 해고할 순 없다. 우리 시설은 해고가 아니라 자연 감소로 가겠다. 대신 결원이 생기면 거주인 수에 대비해 채용 여부를 결정하겠다.' 구청과 협의해서 그렇게 진행했어요. 40대에 이곳에 들어온 직원들이 정년퇴직을 하거나 건강 문제로 퇴직하는 경우, 혹은 이직을 하는 경우가 생겨서 자연스럽게 직원 수가 줄었어요. 동시에 거주인도 계속 시설을 나갔고요.

"나가면 향유의집 쪽은 쳐다보지도 않을 거야." 여기서 20년 생활하신 분에게 들은 얘기예요. 나쁜 기억만 있지는 않을 텐데 향유의집이 그 정도로 싫었나? 거주인에게 "시설에서 계속 사는 거 어때요?" 물어봤는데 감옥 같다는 얘길 들었어요. 내가 근무하는 곳이 누군가에게는 한시라도 빨리 벗어나고 싶은 곳이라는 걸 확인하니 종사자로서 죄짓는 느낌도 들었어요.

'탈시설'이라는 말을 들으면 자괴감이 생겨요. 우리가 서비스를 지원하면 거주인이 좋아할 줄 알았는데 이곳을 싫어하는 건가? 우리가 거주인을 가둬놓고 있는 건가? 안전 때문에 필요해서 시설에 온 거주인도 있고 가족이 더 이상 돌보기 힘들어서 시설에 맡겨진 경우도 있잖아요. 녹록지 않은 현실에서 먹을 것, 잘 곳이 있는데 좋은 거 아닌가? 솔직히 이렇게 생각했던 부분도 없지 않아 있어요. 법인 비리를 알리는 과정에서 탈시설을 주장하는 인권활동가들을 만나면서 '탈출하고 싶은 시설'이라는 말에 거부감이 들기도 했어요. '내가 일하는 곳에서 탈시설이라니.' 2013~2014년까지도 탈시설운동가들을 만날 때, 그들이 저를 장애인 등에 빨대 꽂고 있는 사람처럼 보고 있다는 시선을 느꼈어요.

거주인 자립을 지원하다보면 업무 연관성 때문에 장애인 자립생활센터와 계속 교류를 하게 돼요. 우리도 자립생활주택에 대한 정보가 필요하거든요. 그러면서 센터에서 활동하는 사람들을 이해하게 됐죠. 그들도 시설에 들어와서 이것저것 보게 되면서 직원들을 이해하는 부분이 생겼어요. 양쪽 다 장애인의 삶의 질에 대한 고민과 가치를 가지고 있지만 역할이 다르다는 생각을 했어요. 활동가들은 시설 폐지를 강하게 주장하는 사람들이지만 우리는 시설에서 장애인을 지원하는 역할을 하다보니 탈시설이나 시설 폐지가 현실적으로 가장 적절한 단어라고 해도 그 말이 뭔가 상처가 되긴 해요. 그래서 향유의집에서는 '주거 변환'이라는 단어를 쓰기도 했어요.

우리가 몰랐던 표정

2008년 12월에 한규선씨가 시설을 나갔어요. 이분이 나 간다고 결심했을 때, 잘해보라고 응원하는 직원들도 있었지만 여기서 편안하고 따뜻하게 다 잘해주는데 그냥 살지 뭘 나가냐는 시선도 있었죠. 한규선씨는 그 시선도 많이 힘들었다고 하시더라고요. 나도 두려워 죽겠는데 옆에서 그러니까 위축이 되는 거죠. 이분이 나가서 살면서 "힘들지만 그래도 살 만해" 이런 얘기가 시설로 전해졌어요. 2009년엔 마로니에공원에서 농성을 했던 마로니에 8인방으로 불리는 분들도 한꺼번에 시설을 나가셨어요. 연대 단체인 발바닥행동에서 거주인이 나가서 생활할 수 있는 집을 알아봐주고 사람들 불러서 이삿짐도 같이 옮겨줬어요. 그때만 해도 시설 안에서 '나가면 고생인데' 하는 시선이 더 많았죠.

노조 내부에는 다양한 입장이 있었어요. 본인이 나가서 살 겠다는데 나가서 잘 살면 좋겠다는 응원의 입장 반, 나가면 힘들지 않겠냐는 걱정 어린 시선 반이었죠. 저도 시설 직원이다 보니 걱정했고, 불안도 많았어요. 모든 거주인이 시설이라는 주어진 여건에 맞춰 살고 있었던지라, 저 역시 시설이라는 틀이 만들어내는 문제에 대해 심각하게 생각하지 않았어요. 보통 자기 집에 사는 비장애인은 욕실에서 슬리퍼 신고 서서 샤워하는데, 시설에 사는 장애인이 맨몸으로 깔개 하나 없이 타일 바닥에 앉아서 샤워하는 걸 이상하다고 느끼지 못했으니까요. 시설을 나가서 지역사회에서 사는 장애인이 점점 많아지면서 자립에 대해 더 많이 생각하게 됐어요. 이들도 우리와 똑같은 지역 주민으로 산다는 걸 알게 되면서 직원들도 바뀌고 시설도 그 영향을 받았어요. 시설 욕실에 깔개도 깔리고 에티켓 수건도 걸리게 됐죠.

장애인이 나가 살면서 보여주는 게 컸어요. 마트에 갔다가 장 보러 온 탈시설한 거주인을 보면요. 아니, 그분은 더 이상 거주인이 아니고 그냥 한 명의 사람이죠. 지적장애인 1급 ○○○이 아니고 장 보러 온 사람 ○○○이 되는 거예요. 그걸 보면서 직원들도 느꼈어요. 힘들 줄 알았는데 저렇게 다 살 수 있고, 활동지원사가 옆에서 도와주니까 가능하다는 걸. 지역사회에서 전동휠체어를 많이 보게 되면 비장애인도 알게 돼요. 저사람들도 나와서 돌아다닌다는 걸.

저분 표정이 달라졌다고 같이 일하는 사회복지사가 그러더라고요. 시설 나가서 지원주택에서 사는 분을 봤는데 시설에서 봤던 모습보다 사람이 커져 있더라. 그게 무슨 의미인지 아시겠죠? 내가 계약한 집에서 내가 원하는 모습으로 살아가는 것 자체가 다른 삶인 거죠. 그분 얼굴 표정만 봐도 그냥 알게 되는 것들이 있어요. 시설에서는 정해진 식사 시간을 포함해서 루틴이 있잖아요. 시설을 나가서 자기가 먹고 싶은 걸 사 먹고 살이 찐다고 할지라도 해보고 싶은 걸 하면서 즐겁게 사는 모습이 그분들을 직접 지원한 우리 눈에는 보여요. 하지만 다른 입장도 있겠죠. 시설에서처럼 관리가 안 되니까 살이 찌고, 성인병 때문에 병원비 드는데 어떻게 할 거냐. 식단 관리 제대로 안 돼서 자기 맘대로 먹다가 위장에 탈이 나면 책임질 거냐. 길도 모르는 사람이 아무렇지 않게 돌아다니는데 사고 나면 책임질 거냐. 내용만 보면 장애인의 안전을 걱정하는 듯 보이지만, 사실은 직원인 내 자리가 없어진다는 불안도 숨어 있어요. 문제는 누군가를 '장애인'으로 보는 인식 그 자체거든요. 장애인이 안전하게 보호받으려면 옳게 판단할 수 있는 비장애인의 테두리 안에 꼭 있어야 한다는 생각이 전제가 되는 거죠. 그런데 그렇다고 해서 비장애인이 언제나 옳은 판단을 하냐 하면, 그건 결코 아니거든요.

사람마다 다르니까 상황도 다른 거잖아요. 시설 평가 기준에 칼이나 라이터를 장애인이 직접 소지하거나 만지고 사용할 수 있는지를 묻는 항목이 있어요. 시설에서도 담배 피우는 사람들 있거든요. 시설마다 안전을 위해 체크해야 할 항목이 다를 수밖에 없잖아요. 정신장애인시설 같으면 사회복지사가 칼에 찔려 사망하는 경우도 있어서 그런 문항이 있을 수 있지만, 향유의집은 그렇지 않아요. 지금 사회복지 쪽에서 항상 요청하는 것이 개별 서비스 지원 계획이에요. 공통으로 적용하는 사업계획서도 필요하지만, 각각의 거주인이 뭘 좋아하고 어떤 특장점이 있고, 앞으로 어떻게 살고 싶은지, 여기에 사회복지사가 어떻게 개입해야 하는지, 이런 내용이 들어간 개별 서비스 지원 계획을 수립하게 돼 있어요. 근데 이 사람에 대해서 얼마나 알고 계획을 짜는 거냐고 물으면 솔직히 자신이 없어요. 물론 오랜 시간 시설에서 거주인과 같이 지내긴 했죠. 하지만 이분들이 필요할 때 옆에 있었는지, 아니면 내 일이니까 그냥 있었던 건지 모호해요. 시설에서 20년 가까이 일했다고 얘기하지만, 저조차도 스스로 '그 시간 동안 이분들을 알기 위해 무엇을 했나' 묻게 돼요.

시설을 바꾸는 탈시설

제가 하는 일이 바뀌었어요. 근무 조마다 다르지만 원래 생활재활교사는 식사 지원, 빨래, 거주인 씻기기, 프로그램이나 병원 동행 등 신변 정리와 일상생활 관리를 주로 맡아요. 그런데 거주인이 시설을 나가면서 자립지원을 하게 됐어요. 외부와 연계하는 활동이 많아졌죠. 시설을 나가 지역에서 살아야 하니까, 장애인이 자기결정권을 행사하고 의사 표현을 할 수 있는 다양한 경험을 지원하는 게 중요해졌어요. 그러려면 거주인을 데리고 시설 밖으로 나가야 해요. 장애인자립생활센터나 네트워크 사업을 하는 복지관과 연계해서 거주인이 한 달에 한 번 공연, 게임, 나들이, 일대일 동료상담 등에 참여할 수 있도록 해요. 영화 보러 가거나 차를 마시러 가서 뭘 보고 싶은지, 뭘 마시고 싶은지 의사를 확인해서 자기결정의 경험을 쌓도록 돕는 거죠. 중국집에 짜장면만 있는 줄 알던 분들이 다른 걸 먹어보는 소소한 경험 같은 거요. 향유의집에 있다가 지역사회로 나간 장애인이 향유의집을 방문해서 동료상담을 하기도 하고요. 자립한 분들이 향유의집 거주인과 같이 식사하면서 지역에서의 삶을 이야기하는 시간을 가져요. 활동지원서비스를 받기 위해 주민센터에 신청하는 활동, 집을 얻기 위해 LH 공고를 보고 응모하는 활동, 집을 보러 다니는 활동, 물건을 고르는 활동 등이 이루어져요. 원하는 거주인은 지원을 받아서 두 달 동안 자립생활 체험을 하고요. 두 달 동안 활동지원사의 서비스를 받으면서 시설 밖에서 살아보는 시간을 갖는 거예요. 개인 공간에서 두 달을 살다 시설에 들어오면 답답함을 느끼죠. 자립생활 체험을 하신 분들은 모두 향유의집을 나가셨어요.

자립지원을 하면서 거주인이 어떻게 달라지는지 똑똑히 봤어요. 처음에는 직원이 해주는 대로 받다가 나중에는 혼자서 영화관을 둘러봐요. 만둣국만 먹던 분이 해장국을 선택해요. 시설에 사는 사람은 요구를 할 때 주위 사람들에게 많이 휘둘리고 눈치를 보거든요. 자립지원을 통해 다양한 경험을 하다 보면 자연스럽게 요구가 많아져요. 시설에만 있으면 시설 사람만 보게 되잖아요. 외부 활동가와 상담사들을 만나서 장애인이 이런저런 경험을 해보면 확실히 좋아지는 게 있어요. 우리도 경험하는 게 많아지면 그만큼 많은 걸 알게 되잖아요. 시설에선 거주인에게 한정된 경험과 정보만 제공하다보니, 직원들도 그 틀 안에서만 장애인을 보게 돼요. 거주인을 시설 안에 있는 장애인으로만 가둬서 보는 것에 익숙한 거죠. 저도 리프레시가 필요하다는 걸 알게 됐어요.

작년(2020)에 많은 거주인이 지원주택으로 나갔어요. 그 때 저는 지원주택 편의시설 공사를 지원했어요. 공사를 하려면 집을 어떻게 고쳐야 하는지, 어떤 편의시설이 필요한지 장애인의 욕구를 듣고 상담을 해요. 그때 깨달았어요. 뇌병변장애가 있는 분이 변기를 이용할 때 오른쪽과 왼쪽 중 어느 쪽으로 힘을 실어서 몸을 이동하는지, 이 사람은 왜 자꾸 이마에 상처가 생기는지, 이런 것들에 대해 그동안 생각을 안 했다는 걸요. 이 사람이 특정한 장애로 인해 겪는 불편함을 내가 좀 더 구체적으로 파악하지 못하고 둔감했구나. 무엇이 필요한지 구체적으로 물어보지 못했구나. 거주인은 시설에 맞춰 살아도 되는 존재라고 생각했던 거죠. 이분들이 어떻게 더 나은 삶을 살 수 있을까 치열하게 고민하지 못한 거예요. 그동안 내가 거주인을 대강대강 봤구나. 시설에 오래만 있었지 잘 몰랐구나. 사람에 대한 고민을 많이 하지 않았구나. 일하느라고 뺑뺑이 돌기 바빴지 이 사람이 정말 어떤 고민을 하는지 질문을 별로 갖지 않았구나. 허울만 사회복지사였구나.

처음에는 여기까지만 해준댔지 생각해서 망설이다가 점점 자신의 욕구를 말씀하세요. 변기의 위치와 방향을 이렇게 바꿔달라거나, 거울을 어디에 놔달라거나, 이 닦을 때 불편하니까 선반을 놔달라거나. 본인이 말한 대로 무언가가 딱 만들어지는 그 모습을 보면 너무 좋아하세요. 이분들한텐 자기가 뭔가를 요구했을 때 이뤄지지 않았던 경험이 쌓여 있거든요. 반대로 자기가 어떤 요구를 했을 때 그게 해결되는 경험이 쌓이다보면 이분들한테서 점점 더 다양한 욕구를 끌어낼 수 있겠다 싶어요. 참 중요한 부분이죠. 누군가는 부정적인 시각으로 바라보기도 해요. 장애인의 요구를 실현하는 일을 활동지원사가 얼마나 잘할 수 있겠냐고, 활동지원사 역시 인권침해를 할 수도 있다고 이야기하는 사람들도 있어요. 하지만 적어도 시설 밖 일대일 서비스는 장애인에게 내가 부를 때 바로 올 수 있는 사람이 있다는 안도감을 줄 수 있죠. 저도 거주인 자립지원을 하면서 알게 된 거예요. 환경이 바뀌면 관계망이 변하고 활동 범위가 달라지고 삶이 변한다는 것을.

실패한 자립은 없다

자립지원을 하다보면 보호자를 이해시켜야 할 때가 있어요. 거주인이 시설에서 나가는 걸 완강히 반대하는 가족은 거주인에 대한 접근금지가처분 신청까지 하기도 하거든요. 보호자가 "우리 애기는 아무것도 할 줄 몰라요"라고 얘기하세요. 심지어 '그 애기'가 마흔여덟인데도요. 보호자를 설득하기 위해 거주인이 시설을 나가서 어떻게 살 수 있는지 설명하고 지원주택도 같이 가보고, 나가서 사는 분을 만나게 해주는 지원을 해요. 지금과 다르게 앞으로 장애인이 무엇을 누리며 살 수 있는지 가족에게 말하죠. 지원주택에 살면 가족이 자유롭게 찾아갈 수 있고, 방이 더 있으니 편하게 머물다 갈 수 있고, 그동안 못 만났던 친구도 만날 수 있다고요.

시설을 나가기 전에 거주인도 마음이 왔다 갔다 하거든요. 오늘은 나간다고 했다가 내일은 안 나간다고 하시고, 좀 기다려보라고 했다가 취소해달라고 했다가 다시 나간다고 하시고. 아이고, 하하. 막상 나간다고 생각하면 불안한 거죠. 익숙한 환경을 떠나는 거니까요. 시설에서 살던 사람이 지역으로 나가는 게 단순히 이사 개념은 아니잖아요. 장애인이 시설을 나가서 부딪치는 문제를 제가 다 아는 건 아니지만 이분들을 자주 만나서 상담하고 정보를 드리고 얘길 나눠요. 거주인이 덜 불안하도록 살피고 가능한 제도적 서비스를 안내하고 연계해요. 한분은 65세 이상이면 활동지원사 지원도 안 되는데, 요양보호사 네 시간으로 어떻게 사느냐고 묻기도 하셨어요. 사실 이게 현실이거든요. 그런데 알아보니 활동지원사 지원은 못 받지만 요양보호사 네 시간을 지원받고 장애인자립생활센터 직원들이 서비스 공백을 메울 수 있는 방법도 있더라고요. 이분의 욕구를 다 채우기는 어렵지만 가능한 것을 계속 알려드려요. 그래야 본인이 나가서 어떻게 시간을 보내고 대처할 수 있는지 예측할 수 있으니까요.

물론 우리가 안내하는 건 한계가 있어요. 본인이 자꾸 부딪혀보면서 적응해야 하는 부분도 있으니까요. 언젠가 제가 한 어른신한테 이런 말씀을 드렸어요. 시설에서 서비스를 받으면서 사는 게 뭔가 자유로운 것 같지만 그렇지 않은 점도 있다고요. 시설을 나가서 다른 사람도 만나고 지역사회에서 사는 것도 나쁘지 않다고 얘기했죠. 그랬더니 어르신이 '내가 뭐 속된 말로 병신된 거 자랑할 일 있냐. 나가서 뭘 그렇게 돌아다니겠냐'면서도, '내가 외출을 몇 번 해봤는데 괜찮긴 하더라' 그러시더라고요. 그런 생각까지 이를 수 있도록 이것저것 정보를 알려드리고, 시도해볼 수 있게 도와드리고, 이야기를 들어드리는 게 우리가 하는 일이에요.

시설 직원의 마인드나 가치 판단이 되게 중요해요. 거주인이 직원을 부르는 건 필요한 게 있을 때예요. 그런데 저희가 먼저 다가가서 "오늘 어땠어요? 반찬은요? 지금 기분이 어때요?" 물어보면 얘기하는 거 좋아하세요. 보통은 바쁜 직원들 불러서 얘기하는 걸 부담스럽게 생각하시거든요. 그러다보면 혼자서 TV 보고 블록 쌓기 하면서 하루하루 보내시고요. 거주인한테 한마디라도 말을 걸면 몰랐던 걸 알게 돼요. 탈시설 자립도 마찬가지예요. 장애인의 의사를 제일 먼저 물어보고 필요한 설명을 해요. 탈시설이 뭔지 지역에 가면 어떻게 살게 되는지 향유의집과 어떤 차이가 있는지. 그러다보면 거주인과 가까워지면서 그동안 몰랐던 걸 알게 되는 과정이 반드시 있어요. 꼭 탈시설로 이어지지 않더라도 직원이 장애인을 알아간다는 것 자체가 중요한 거 같아요.

시설을 퇴소해서 장애인자립생활센터에서 운영하는 자립생활주택에 살던 분이 있었는데, 당뇨 관리가 안 되셨는지 3개월 만에 당뇨 쇼크가 왔어요. 응급실에 입원한 이분을 모시고 다시 시설로 왔어요. 이런 경우 자립에 실패했다고 봐야 할까요? 아니에요. 자립하려 했지만 관리가 잘 안 돼서 어려웠던 부분이 있었던 거죠. 탈시설 자립이란 게 시설을 나가서 꼭 어떤 결실을 맺어야 하는 건 아니라고 생각해요. 시도했지만 아직 안 된 것뿐이죠. 이번에 이분이 다시 지원주택으로 나가셨어요. 지원주택에 살면서 사회활동을 하고 자기가 어떻게 살아야 하는지 고민해보게 되셨는지 지금은 당뇨 관리를 하고 계세요. 시설을 나갔다가 돌아온 건 자립에 실패한 게 아니라 다시 시도할 수 있는 경험이 쌓인 거예요.

삶은 지속된다

시설을 나간 분 중에 중증 뇌병변장애를 가진 여성분이 계셨어요. 16시간 정도 서비스를 받는데 활동지원사가 그 집에서 자기로 하면서 계속 같이 지내게 됐어요. 이것뿐만 아니라 활동지원사가 자기가 사는 집 옆 반지하 주택으로 이사를 권유해서 그분이 이사를 하셨어요. 불편하고 힘들 텐데 아파트가 낫지 않냐 했더니 아니라고 하셨어요. 집에 갔더니 그분 침대는 작은데 활동지원사 침대는 킹 사이즈더라고요. 냉장고를 열어봤더니 음식도 한가득이에요. 저걸 누구 돈으로 샀을까? 활동지원사가 한시도 떠나질 않아서 그분에게 자초지종을 물어볼 수가 없었어요. 이분이 이렇게 사는 게 맞나? 그런데 활동지원사를 좋아하고 많이 의지했어요. 활동지원사가 관절 운동을 많이 시켜서 장애인분이 못 올리던 팔도 들 수 있게 되고요. 외부 행사 때 보니까 화장도 하시고 예쁘게 차려입고 오셨더라고요. 표정도 어둡지 않았고요. 활동지원사가 챙겨주는 부분이 있구나 싶었죠. 그래도 한번씩 전화는 해요. 아파트 청약을 넣어놓고 기다리고 있다고 하더라고요. 물론 걱정될 때도 있어요. 활동지원사의 역량을 높이기 위해 교육을 해야 한다고 저희도 계속 얘길 해요. 하지만 그 정도 시급을 주면서 너무 많은 걸 기대하는 거 아닌가 하는 생각을 할 때도 있어요. 예산 문제이니 국가 차원에서 해결돼야 하는 게 있죠.

시설 밖의 활동지원사가 장애인의 의사를 존중하지 않는 경우도 종종 있어요. 의사 표현이 안 되는 장애인은 활동지원사가 짜놓은 스케줄에 따라 움직여야 하는 경우도 있고요. 은행 거래를 하기 어려운 장애인은 활동지원사가 대신 거래를 하고 한 달에 한 번씩 지출내역 영수증을 붙여서 주민센터에 제출하거든요. 그 돈을 가지고 튄다든지 하는 경우도 있죠. 그게 비단 활동지원사만의 문제는 아니에요. 시설 직원이 장애인 통장 건드리는 경우도 있죠. 어떤 활동지원사를 만나느냐는 장애인의 자립, 삶의 질에 큰 영향을 끼쳐요. 활동지원사를 파견한 기관에서 관리를 해야 해요. 2008~2009년 장애인이 시설을 나갈 때는 살 수 있는 집을 어떻게 구할지를 주로 걱정했는데, 지금은 구체적인 서비스, 삶의 질을 고민할 수 있는 단계로 가고 있어요. 장애인이 시설을 나가면서 시설 밖의 지원도 달라진 거죠.

좋은 시설은 없다

장애인이 시설을 떠나면서 탈시설 반대 세력의 고소·고발도 같이 있었어요. 지금도 이 일을 처리하느라 다른 일을 못 할 지경이에요. "너희 이거 책임질 수 있어?" 그 말을 가장 많이 들어요. 이 질문에 부딪히면서 계속 생각을 되짚어봤어요. 끊임없이 고민하고 문제에 접근하려고 했지만 그런 책임 논리에서 벗어나기는 쉽지 않아요. 사실 장애인이 나가서 살 수 있는 여건을 만드는 일이나 필요한 인력을 지원하는 일이 일개 사회복지사가 할 수 있는 일이 아니잖아요. 하지만 여건이 갖춰지지 않았다고 해서, 인력이 안 된다고 해서 문제가 해결될 때까지 시설에서 살아야 된다고 말하는 것 역시 폭력 아닌가요? 장애인이 권리를 주장하고 지역에서 살면서 기회를 만들어가는 과정이 중요하죠. 기회조차 주지 않으면서 아직 여건이 만들어지지 않았으니 나가지 말라는 건 말이 안 되잖아요.

직원들이 부정적인 얘기를 하는 데도 이유가 있어요. 시설 시스템에서는 장애인에게 사고나 안 좋은 일이 생기면 책임을 직원에게 지우거든요. 시말서를 쓰고 징계를 받으니까 대부분 다 안 된다고 판단하게 돼요. 장애인에게는 도전하고 시도해볼 수 있는 기회가 주어지지 않는 거고요. 이런 시스템이 시설이거든요. 아직 일어나지 않은 리스크에 대한 걱정 때문에 시설에서 살아야 하는 건 아니라고 봐요. 어떤 시설 직원은 저를 비난할 수도 있겠죠. 그렇지만 이 사회에서 장애인이 안전하고 편안하게 사는 삶이 어떻게 가능한지 시설 직원들도 계속 같이 고민해야 한다고 생각해요. 그런 점에서 직원회의 때 충분히 탈시설에 대한 의견을 나누지 못한 게 아쉬워요. 우리가 왜 탈시설을 추진해야 하는지, 시설을 나가면 장애인의 삶이 어떻게 달라지는지에 대한 교육과 합의 과정이 정말 필요하거든요.

마로니에 8인방으로 불리는 분들이 만든 실질적인 성과가 정말 많아요. 지금은 장애인이 시설을 나가면 자립정착금으로 한 사람당 1300만 원을 지원해요. 2009년에는 금액이 600만 원밖에 안 됐어요. 매년 그분들이 주장하고 요구하면서 오른 거죠. 오랫동안 기회를 갖지 못했을 뿐이지 그분들이 만들어낸 파장은 적지 않아요. 스스로가 원하는 대로 움직이고 목소리를 내면서 이룬 것들인데 시설에서는 그런 움직임을 만들어내기 어려워요. 탈시설 반대 세력이 주장하는 것 중 하나가 시설을 좋게 바꾸면 된다는 거거든요. 시설은 그냥 시설이지, 좋은 시설은 없어요. 인력이 부족하니까 사람을 더 채용하고 시설을 리모델링해서 부족한 개인 공간을 확보하자는 이야기도 나오는데, 지원주택과 다르게 시설 공간은 개인 소유가 아니에요. 향유의집에선 나가는 거주인이 늘어나면서 생활재활교사가 거주인보다 많았던 적도 있어요. 인력이 많다고 직원들이 안 하던 걸 시도했느냐 하면, 그렇지 않았거든요.

모두가 떠난 자리에서

사람들이 저한테 시설이 정리되면 어디로 갈 거냐고 묻더라고요. "향유의집에서 오래 일했고 그동안 쌓인 서류나 물건이 있어서, 그걸 정리하는 것까지가 제 역할이에요. 어디 갈지는 그다음에 생각해볼게요." 이렇게 멋있게 얘기했던 것 같아요, 하하.

프리웰 산하에 수산나의집이라는 노인요양시설이 있었는데, 2008년에 문을 닫았어요. 필요한 물건 있으면 가져가라고 해서 시설에 갔는데 낮인데도 무섭더라고요. 나무에 있던 새들이 갑자기 확 날아가는 소리도 무섭게 느껴졌어요. 괜찮은 물건이 있나 둘러보다가 세탁기를 열어봤는데 돌아가던 빨래가 그대로 말라 있었어요. 옥상에는 거주인이 쓰던 기저귀와 옷이 빨래집게에 집힌 채 휘날리고 있고. 어제까지 살던 사람들이 있었는데 갑자기 증발해버린 것처럼 아무것도 정리되지 않은 채로 버려져 있었어요. 향유의집을 마무리하면서 그 장면이 떠올랐어요. 저렇게 끝나는 건 아니라고, 우리가 있던 흔적을 정리하지 않은 채 그렇게 떠나고 싶지는 않다고 생각했어요. 그 정리까지가 제 역할이에요.

저희 엄마가 몸소 보여주신 책임감이라는 게 있어요. 자기가 맡은 걸 어쨌든 해내고 주어진 상황에서 감수해야 할 일이 있으면 하는 거요. 딸은 엄마의 삶을 닮는 것 같아요. 남들이 봤을 때 '쟤는 왜 저렇게까지 하지?' 그렇게 생각할 수 있는데 저는 그게 제 일이라고 생각해요. 잘하고 못하고를 떠나서 어질러진 일을 할 수 있는 데까지 정리하는 것, 그게 제 일이라고 생각했어요. 저는 4월 말까지 남아 있을 거예요. 정리를 잘하고 싶은데 고소·고발에 대응하느라 자꾸 시간을 뺏기는 게 너무 화가 나요. 서류 정리해서 보존 연한대로 구분하고, 서류 리스트 만들어 묶고, 잘 보관하기 위해 담아내는 작업을 해야 하는데 아직까지 손도 못 대고 있어요. 4월 한 달 안에 정리가 될지 고민이에요. 남은 사람으로서 제가 마지막으로 해야 하는 일인데……

1986년에 지어진 향유의집이 문을 닫기까지 많은 사람이 이곳을 거쳐갔어요. 시설이 비리로 몸살을 앓을 때 장애인도 그 과정을 몸소 겪었어요. 말을 못하는 분들도 달라진 공기의 흐름을 다 느꼈을 거예요. 그 안에서 불안하셨겠죠. 직원과 거주인 모두 이 안에서 견디고 살아냈어요. 직원들은 자기 선택으로 들어온 거라 여기서 나가면 그만이에요. 근데 선택지가 없는 사람들은 오롯이 견딜 수밖에 없거든요. 그렇게 견디느라 수고한 사람들이 치유의 시간을 보내면 좋겠어요.

요즘 몇 명 남지 않은 직원이 다 퇴근하면 이 큰 건물에 저 혼자예요. 문득 그 사실이 인식되면 무섭더라고요, 하하. 이곳에서 먹고 자고 했던 시간을 생각하면 향유의집이 없어지는 게 아직 실감 나지 않아요. 제가 20대 후반에 향유의집에 왔는데 어느새 40대 후반이 됐어요. 오랜 시간 함께한 향유의집이 고마워요. 시설로서의 역할을 다한 향유의집, 고맙고 수고했고 애썼다. 서로 부족한 점도 있었지만 함께 울고 웃으면서 지금의 역사를 같이 만들었어요.

함께했던 모든 분들, 고맙습니다.

두려움을 넘어 시도할 때

: 20년차 생활재활교사 박종순

강곤 글

편견을 깬 첫 만남

저는 2001년 4월 1일 향유의집에 입사했어요. 그러니까 20년이 넘었네요. 처음엔 원장한테 미움을 사서 다른 데로 쫓겨나 몇 개월 근무하다 오기도 하고 그랬어요. 향유의집이 폐쇄가 되면 마무리를 어떻게 해야 하나. 개인적으로 장애인분들 중에 자립하는 게 너무 좋을 것 같은 분들도 있었지만, 자립하는 게 과연 도움이 될까 걱정이 되는 분도 있었어요. 가끔 자립한 분들을 밖에서 만나는 경우가 있어요. 언젠가 (한)규선씨에게 물었어요. "나가서 뭐가 좋아요?" 그러니까 딱 하는 말이 "숨쉬는 공기조차 좋다." 그러는 거예요. 그래서 내가 그랬어요. "그럼 할 말이 없네요"라고(웃음).

결혼하기 전에는 공무원으로 경북도청에 근무했어요. 결혼하고 서울로 올라와서 우리 아저씨가 가전제품 도매를 했는데 IMF 터지고 상황이 안 좋아졌죠. 그때 제 나이가 40대였는데 직업을 가져봐야겠다고 생각했어요. 도청 다닐 때 기억이 참 좋았거든요. 그런데 막상 할 수 있는 일이 없더라고요. 그때는 교회를 다녀서, 하루는 금식한다고 쫄쫄 굶고 가게에 앉아 있는데 텔레비전 구인 자막으로 베데스다요양원에서 보육사 구한다는 광고를 봤어요. 그게 뭐 하는 일인지도 모르고 전화를 했죠. 18세부터 80세까지의 장애인들이 생활하는 곳에서 그분들을 돌보는 일이라고 했어요. 아들한테 엄마가 이 일을 해보면 어떨까 하고 물었더니 엄마 성격이랑 잘 맞을 거 같다는 말에 용기를 내 이력서를 냈죠. 내가 이 일을 잘할 수 있을까, 남의 몸을 씻기고 대소변 처리하는 일을 할 수 있을까 하며 출근 전날 잠을 한숨도 못 잤어요.

제가 맨 처음 맡은 일은 식사 보조였어요. 처음이니까 숟가락을 들고 이렇게 해야 하나, 저렇게 해야 하나 허둥댔죠. 그 모습에 이분들이 막 웃는 거예요. 그런 모습들을 보며 그동안 고민하고 망설였던 것들이 눈 녹듯 사라지는 걸 느꼈어요. 웃는 모습들이 너무 예쁘고 눈빛도 너무 깨끗했어요. 제가 그때 만났던 분들이 이난옥씨, 박수진씨, 장양숙씨, 이광복씨예요. 이렇게 네 분을 제가 맡았어요.

그런데 좀 있으니까 선배들이 처음부터 기선을 제압해야 한다는 거예요. 난옥씨는 의사 표현이 가능했고, 광복 할머니는 발달장애인데 너무 귀여우셨어요. 양숙씨는 뇌성마비였고 수진씨는 다운증후군이었는데 아줌마에 대한 거부 반응이 있더라구요. 저도 처음이라 기선을 제압해야겠다고 생각했는데 하루 이틀 지나고 보니 그런 게 아니었어요. 다들 너무 순수하고 착했어요. 그래서 그때부터 수진한테 잘한다고, 우리 수진 최고라고 칭찬을 해줬어요. 저를 엄마라고 부르며 많이 좋아졌어요. "엄마 아빠 있어요?" "아기는 몇 명이야?" 묻기도 하고 다들 너무 순수하고 귀엽고. 마음도 많이 아팠죠. 부천에서 양곡까지 버스를 타면 두 시간씩 걸려요. 하루 네 시간을 왔다 갔다 했는데 집에 가는 버스 안에서 많이 울었어요. 내가 받은 게 너무 많아서 감사하고. 또 이분들을 만나게 해주셔서 감사하고.

출근해서 같이 웃고 떠들고, 과자 있으면 나눠 먹고, 농담 주고
받고, 너무 재미있게 지냈어요.

유별난 직원

입사한 지 넉 달쯤 지나서였나, 종이를 나눠주더니 불만
사항을 적어내라고 하더라고요. 그래서 적었죠. 그걸 보고 당
시 팀장이 저더러 박 선생 똑똑한 줄 알았는데 이제 보니 바보
라는 거예요. 왜 원장이 던지는 돌에 맞아 죽을려고 하냐고, 곧
이곧대로 적어내면 어떡하냐며 내용을 고치라는 했죠. 질문이
열두 가지쯤 됐는데 맨 마지막 질문이 상사가 당신을 힘들어하
면 당신은 어떻게 하겠냐는 질문이었어요. 저는 식구(거주인)
들이 나를 싫어하거나 필요 없다고 하면 바로 물러나지만 운영
자 개인의 운영방침이나 성향에 맞지 않는다고 문제 제기하면
끝까지 하겠다고 적었어요. 그 부분을 지우라는 거였죠. 저는
끝까지 안 지웠어요. 그걸로 딱히 문제 삼지는 않았지만 뭐 찍
혔겠죠.
　그러다가 이부일 회장(원장)이 운영하던 송마리에 있는 노
인요양시설(김포수산나의집)로 쫓겨났어요. 그때는 원장이 마
음에 안 드는 사람이 있으면 강제로 다른 시설로 보내고 그랬
어요. 들어온 지 2년쯤 됐을 무렵, 무더운 7월이었죠. 그때 팀장
인가 사무국장인가 누군가가 세숫대야를 가지고 마당으로 나

오라고 했어요. 아침부터 목욕, 배식, 청소, 빨래 등으로 그렇게 바쁜데 나가보니 땔감나무를 옮기라는 거예요. 그때는 화목보일러로 난방을 했는데 땔감으로 사용할 나무 장작들과 톱밥 몇 톤이 어마무시하게 쌓여 있었어요. 그걸 세숫대야에 담아 담장 너머로 넘기라고 했어요. 그래서 제가 그랬어요. 우리한테 이런 것까지 시켜야 하냐고, 해도 해도 너무한 거 아니냐고. 그랬더니 아이스크림을 사주겠대요. 우리가 아이스크림 못 먹어서 환장한 줄 아냐고 제가 막 대들었죠. 그걸 가지고 내가 다른 사람들을 선동했다며 얼마 안 있다가 송마리로 발령을 낸 거죠.

제가 운전을 못해요. 부천 집에서 양곡까지 두 시간이 걸리는데 송마리로 가라는 건 나가라는 거죠. 이렇게 부당하게 쫓겨날 수는 없다는 생각에 거기까지 갔어요. 가보니까 운영이 더 엉망이었어요. 원장 말이 법이고 원장에게 동조하는 몇몇 직원들이 시설을 좌지우지했어요. 저녁 배식도 3시 반~4시면 시작되고 밥에 비해 반찬 양이 적어 힘들어하는 어르신도 계셨죠. 여러 의견을 제시하면 말 많은 사람으로 취급해 식당으로 업무를 바꾸라고 하기도 했어요. 거기서 7개월 정도 근무하던 어느 날 당신 원하는 데로 가라고 해서 다시 양곡 향유의집으로 간다고 했죠.

다시 돌아와 여자분들 있는 3층으로 들어갔는데, 그때 거기 김수자씨라고 있었어요. 뇌출혈로 쓰러지셔서 장애를 입으신 분인데, 그분 정신이 왔다 갔다 해요. 정신이 들어올 때는 창밖을 보고 내가 왜 아이 밥도 안 해주고 여기 있는지 모르겠다고 그러시는데 그게 너무 마음 아프더라고요. 변을 못 봐서 거의 죽게 됐는데, 제가 배를 마사지해서 변을 다 뺐죠. 그리고 죽을 조금씩 드리니까 점점 좋아지시는 거예요. 제가 까다롭게 식당에 이것저것 해달라고 요구하니까 다들 저를 말 많고 유별난 사람으로 보더라고요. 어느 날 친한 선생님이 저보고 "종순아, 니는 언제 요양원 철들래?" 그러더라고요. 그래서 나는 요양원 철 안 들고 싶다고 그랬어요.

김수자씨 아들이 그때 고등학생이었어요. 우리 애들이랑 나이가 비슷했죠. 오면 늘 울고 갔는데 어느 날 와서 가방에서 작은 멸치 박스를 꺼내는 거예요. 고향이 여수인데 선생님 생각이 나서 사왔다며. 선생님도 드시고 엄마도 좀 드리라고. 너무 감동스럽더라고요. "너무 고맙다. 내가 받은 선물 중에 최고다." 그렇게 말해줬어요. 옛날 생각을 하다보니 이야기가 막 나와버리네요(웃음).

함께했던 투쟁의 기억

석암 투쟁이 시작된 건 제가 정민씨 방으로 가게 됐을 때였어요. 그때 젊은 복지사들이 오면 겨우 1년 채우고 나가곤 했어요. 그마저도 못 채우고 나가는 사람들도 많고. 정말 괜찮은 복지사들도 많이 거쳐갔는데 그 사람들은 경력을 쌓는 게 중요하니까 자주 옮기죠. 우리는 그렇지 않잖아요. 석암재단 비리

캐는 일에 일조하게 된 건 숙자씨 방에 있을 때였는데, 고맙게도 끝까지 비밀을 지켜주셨어요. 정민씨도 의리를 지키고 앞에 나서서 도와주고.

시작은 이랬어요. 한규선씨라는 거주인분이 어느 날 장애수당이 나온다는 걸 알게 된 거예요. 그때 인터넷도 좀 되고 그럴 때여서 규선씨가 보건복지부에 장애수당이 나온다는데 나는 받은 적이 없다고, 어떻게 된 거냐고 이메일을 보냈나봐요. 본인 어머님 전화번호를 적어서요. 그랬더니 보건복지부에서 어머니에게로 전화를 해서 규선씨를 바꿔달라고 했고, 우리 아들은 베데스다요양원에 있다고 했대요. 그 뒤로 감사가 나왔죠. 서울시에서 여덟 개 시설에 감사를 보냈는데, 그중 세 곳이 석암재단 시설이었던 거예요. 사무실 직원들이 감사 전에 중요한 문서들을 숨기기 시작했어요. 그런 상황들을 인식하는 분들은 다 알고 있었구요. 그때 규선씨가 도와달라고 했어요. 처음에는 내가 기자하고 인터뷰를 할 테니까 옆에서 자기 말을 좀 통역해달라고 했어요. 장애 당사자들이 자기 권리를 찾겠다고 도와달라는데 그걸 어떻게 외면해요. 그리고 많은 서류들을 확보했죠. 감사가 진행되는 동안 직원들과 당사자분들도 면담을 하게 되어 있어서 자료를 조금 흘려보기도 했는데 반영이 되지 않았어요. 형식적인 감사란 걸 알았죠. 모두 시설 편이었어요.

운때가 맞으려고 그랬는지 마침 대구에 있던 B재단 비리 척결 투쟁에 대해 잘 아는 분(김선민)이 입사를 하셔서 발바닥 행동 김정하 선생님을 만나게 되었어요. 그분의 도움으로 문제를 제기할 수 있었죠. 규선씨를 중심으로 석암 비대위를 결성하고 직원들은 노조를 만들었죠. 그때 직원들이 60명 정도 됐는데 그중 여덟 명이 먼저 노조를 만들었어요. 그래서 '노조 8인방'으로 불리게 됐죠. 간병으로 병원에서 근무하던 박현숙씨가 노조위원장을 맡았고요. 나는 그때 총무였던 것 같아요.

노조를 먼저 만들고 규선씨와 증거물을 확보하며 시기를 기다리고 있었어요. 몇몇 사람들만 알고 있었죠. 마로니에 8인방도 한참 뒤에야 비리 사실을 알게 됐어요. 언제 노조를 수면 위로 올릴 것인가 김정하 선생님하고 같이 고민도 하고 회의도 하고. 사무실 모르게 거주인들을 노조에도 가입시키고. 정확히 몇 명이었는지는 모르겠지만 많은 분들이 가입했어요. 고민하다 안 한 사람도 있고, 훼방 놓은 사람도 있고, 더 포용을 했어야 하는데 처음이다보니 그렇지 못한 부분도 있었죠.

처음엔 규선씨를 중심으로 식구들이 양천구청에서 1인시위를 시작했어요. 우리 노조도 한 명씩 따라붙었죠. 노조에서 조를 짜서 릴레이로 같이 가서 데모를 한 거예요. 또 법원으로 검찰로 필요하다고 하면 쉬는 사람들이 교대로 나가서 투쟁하고, 서울시청 앞에 천막도 치고 그랬죠. 그러고 투쟁 끝나면 저녁 늦게 들어오니까 시설에 남아 있는 사람들이 밥과 반찬도 챙겨두고 야간근무하는 사람에게 부탁도 하고 그랬어요.

한번은 조회를 할 때 노조 조끼를 싹 다 맞춰 입고 나간 적도 있어요. 정말 무서워서 못 입겠다는 분들에게도 그냥 입고 서 있기만 해달라고 부탁했죠. 그렇게 떨면서 입고 서 있어준

분들도 너무 고마워요. 그렇게 입고 있으면 노조 아닌 선생님들이 무서워한다, 위화감 느낀다, 벗어라, 방송이 나왔죠. 그래도 아무도 안 벗었어요. 출근하면서부터 조끼 입고 일했어요. 하여튼 내부에서 할 수 있는 건 다 했죠.

투쟁하면서 장애수당이 나오기 시작했다는 것도 기억에 남아요. 그걸로 변이 잘 안 나오는 분들 요플레를 사서 먹이는 데 눈물이 나더라고요. 이거 하나 떠먹이기까지 정말 힘들게 오랜 시간이 걸렸구나 싶었어요. 그때 동림씨가 저한테 이런 말을 했어요. 이제 선생님들 월급 받는 거 하나도 안 부럽다고, 우리한테는 정말 소중하고 큰돈이라고 고맙다고 했어요. 그렇게 해서 돈이 조금씩 쌓이니까 그걸로 제주도도 가고 울릉도도 갔어요. 처음이니까 실수도 많았고 힘도 들었지만 진짜 재미있었어요. 놀러 다니고 여행 다니고. 옷도 많이 사러 가고. 다들 회색 옷만 입고 있어서 회색분자들이라고 놀렸는데 자기가 입고 싶은 옷, 자기한테 맞는 옷을 사는 게 너무 좋았죠.

지쳐 있었던 시간

꽤 오랜 시간 투쟁을 했어요. 그러다보니 생활재활교사들이 쉬는 날이 없는 거예요. 그때는 연차도 없었고 한 달에 휴일이 나흘밖에 없었어요. 야근을 하는 날이면 밤새도록 화목보일러에 불 때야 하지. 120명을 두 명이서 다 봐야 하지, 본관에 별관까지 살피다보면 너무 힘들었어요. 쉬는 날엔 또 투쟁 현장에 나가야 하고. 그때가 마침 직원들 자녀들이 중·고등학교에 다닐 때라 한창 바쁘고 힘들었죠.

그래서 이부일 이사장이랑 13명이 다 처벌을 받았으니 교사들은 여기까지라고 선언했죠. 우리는 이러이러한 이유로 시설 비리를 고발했고, 이제 다 처벌받았으니 우리는 이제 순수한 노조 활동만 하겠다고 제가 대자보를 작성해서 구름다리와 노조 게시판에 붙였어요. 그때부터 식구들이 저희한테 뭐라고 하더라고요. 진수 아저씨는 배신을 때렸다고 하고, 또 누구는 자기들을 이용했다고 하고. 대자보를 제 이름으로 썼으니까 제가 제일 배신자가 된 거예요. 그래도 규선씨나 상황을 아시는 분들은 이해해줬어요. 그리고 김정하 선생님한테 전화가 왔어요. 이부일 이사장이 구속되더라도 이게 끝이 아니라 시작이라고 하시는데, 저는 투쟁은 여기까지만 하겠다고 했어요. 그랬더니 그럼 뒤에서 가만히만 있어달라고 하데요. 그래서 그렇게 하겠다고 했죠. 마음의 갈등도 많았어요. 노조와 비노조의 갈등, 노조 내부의 갈등, 그리고 노조와 비대위의 갈등 등등. 정말 힘들었던 시기였던 것 같아요.

그 뒤로 재단이 바뀌었잖아요. 공익재단이 맡게 되었는데 예전처럼 큰 비리만 없다 뿐이지 소통의 차이는 모르겠더라구요. 원장이 자주 교체되다보니 그때마다 새로운 일들을 시도하고 또 새로운 서류 양식이 적용되고 익숙해질만 하면 또 바뀌고. 그런 거 하나하나가 너무 힘들더라고요. 그냥 직원들과 식구들이 함께 즐겁게 잘 살게 되면 좋을 텐데. 한번은 (박숙경) 이사장님이 어떤 감독님을 데려 와서 거주인 (김)현수씨의 일상을 영화로 찍겠다고 했어요. 그래서 제가 반대했죠. 그때 우린 방송이나 언론에 너무 많이 나왔고, 자립생활센터에서 많은 분들이 수시로 와서 동료상담을 하고, 갑자기 여러 가지 것들이 바뀌다보니 많이 지쳐 있었던 것 같아요.

시설이 폐지되기까지 갈등이 너무 심했어요. 자립을 하면 직원들의 일자리가 없어지니까 자립이 불법으로 이루어지고 있다고 고소·고발이 난무했고, 자립을 100프로 지원하는 파와 반대하는 파가 나눠져서 노조가 두 개가 생겼죠. 저는 거주인 분들이 자립하실 수 있도록 열심히 도와드리고 나서 우리 권리를 요구하자는 주의였죠. 그 와중에도 재단에서는 자립을 계속 추진했고, 대부분의 식구들이 자립을 하게 됐어요. 우리가 식구들이랑 함께한 세월이 20년이잖아요. 설마 시설보다 더 나쁜 환경에 내보내도록 하겠어요? 한번은 어떤 보호자분께서 자립을 시켜야 할지 말아야 할지 너무 고민된다며 전화를 하셨어요. 제가 어머님이라면 100프로 자립을 허락할 거라고 말씀드렸죠. 시설이라는 데가 우리가 아무리 잘해드리려고 하지만 한 사람 한 사람 매 순간 다 잘해줄 수 없어요. 하지만 자립을 하면 일대일 케어가 가능하잖아요.

인지 능력이 높으신 분, 지체장애인분들은 자립이 가능하지만, 발달장애인이나 중증장애인 분들은 걱정이 되기도 합니다. 시설생활을 오래 하신 어르신분들은 사회에 나가 사는 것을 무서워하시기도 하고요. 발달장애인이 의사 표현을 못한다고 하지만, 사실 의사 표현도 다들 어느 정도 합니다. 의사 표현이 전혀 안 되는 분은 우리가 더 좋은 환경을 선택해 제공해드리는 것도 필요하지 않을까요. 의사 표현이 안 된다고 그냥 시설에 모아놓고 여기서 살아라 하는 건 문제죠. 달라지고 변하는 게 무서우면, 무서워서 못 하면 아무것도 못 해요. 자립하시는 우리 향유의집 식구들이 모두 건강하고 행복한 삶을 사시길 기원합니다.

그들과 나 모두를 변화시킨 투쟁

: 20년차 생활재활교사 김만순

홍세미 글

교도소 같은 장애인 거주시설

향유의집에 근무한 지 올해로 20년 됐어요. 비리 투쟁이 있기 전에는 베데스다요양원이었죠. 입사하기 전까지만 해도 장애인을 만나본 적이 없어서 장애인만 모여 있는 시설이 낯설었어요. 그래도 일을 하면서 보람을 많이 느꼈죠.

베데스다요양원은 환경이 안 좋았어요. 가보면 교도소처럼 좁은 복도를 가운데 두고 양쪽에 나란히 방을 뒀어요. 다 같이 모일 거실 하나가 있기를 하나, 거주인들이 활동할 수 있는 공간이 있기를 하나. 좁은 복도에 방만 탁탁탁탁 있어요. 장애인은 사람이 아니라 물건이니까 머릿수가 많아야 돈이 될 거잖아요. 문이 있지만 평소에는 다 열어놔야 해요. 생활재활교사들이 관리하기 편해야 하니까. 그래서 식구들 사생활이 다 노출되죠. 그런 환경에서 살고 싶겠냐고요. 나 같으면 못 살죠. 그렇게 살고 싶은 사람은 아무도 없을 거예요.

초기에는 인권유린이 정말 심했어요. 설립자 말 한마디가 법이죠. 갑자기 마음에 안 든다고 나가라고 하면 나가야 돼요. 그 사람들은 오로지 자기들 사익을 위한 일만 했어요. 돈은 뒤로 빼는 일들이 많다보니 식사의 질이 너무 낮았고요. 그런 것들이 눈에 다 보이잖아요. 비리들을 보면서도 말할 수 없는 게 너무 답답했어요. 이건 아니라고 말을 못 한 거죠. 어떻게 말하겠어요. 그때만 해도 용기가 없었어요.

그때는 생활재활교사 한 명당 케어해야 하는 거주인이 일고여덟 명이었어요. 나이트 근무하면서 뭐 하는지 알아요? 법인에서 돈 아끼려고 화목보일러를 가동해서 야간 근무자가 밤새 화덕에다 나무를 넣어야 했어요. 그러면서 일도 다 하고요. 20~30명을 밤에 돌봤다니까요. 지금은 상상도 못 할 일이죠.

식구들이 진짜 인간 대접 못 받았어요. 말 안 듣는다고 맞기도 하고 아파도 제대로 치료도 못 받고…… 그때만 해도 이게 병원에 간다고 해도 적극적으로 치료를 한 것도 아니고, 의술이 좋았던 것도 아니고. 치료다운 치료 못 받고 돌아가신 분도 많았어요. 정말 가슴에 한을 안고 돌아가셨을 것 같아요.

빡빡한 일과

일과는 거의 똑같아요. 각자 맡은 생활실 청소하고 식구들 위생 챙기고요. 식구들 목욕이나 세안 챙기다보면 시간이 다 가요. 전에는 교사 한 명이 일고여덟 명의 식구를 맡았거든요. 혼자 발 동동거리면서 일하다보니 하루가 어떻게 가는지 몰라요. 제일 아쉬운 게 바빠서 일만 해야 하는 거였어요. 장애인분들은 하루 종일 우두커니 계세요. 식구 중에 미정씨라는 분이 계신데 뵐 때마다 항상 마음이 아렸어요. 누가 옆에만 가도 너무 좋아하셔서요. 손을 잡고 놓질 않으세요. 그분이 눈에 보이는데도 옆에서 말 한마디 붙일 시간이 없었어요. 이것도 해야 하고 저것도 해야 하고, 여기서 부르고 저기서 부르고 정말 힘들었어요. 형훈씨는 말을 많이 하세요. 똑같은 말을 계속하긴 하지만 재밌어요. 순발력도 있고 눈치도 빠르고 똑똑하시죠. 옆에서 이야기를 들어주면 표정이 얼마나 밝아지는데요.

시설에서 오랫동안 맞춤형으로 사신 분들은 눈치를 많이 보세요. 자기표현이 가능하신 분들은 직원들 눈치를 계속 보시는 거죠. 자고 싶어도 직원들 일과에 맞추세요. 근무자들이 시간마다 해야 할 일이 있잖아요. 졸려도 근무자들이 일 마칠 때까지 기다리시는 거예요. 먹기 싫어도 시간 되면 먹어야 되고. 방 안에 침대가 있으니까 졸리면 주무셔도 되는데, 식구들이 낮에 잠을 안 자요. 눕지도 않으세요. 시설에서 오랫동안 살아와서 잠은 밤에만 자는 거라고 습관이 되신 것 같아요.

교사들이 식구들을 일대일로 지원해야 해요. 일대일로 하면 식구들에게 집중할 수 있잖아요. 옆에서 말벗을 해주면 그렇게 좋아하시는데 그걸 못해줘. 어쩔 땐 미안해가지고 안아드리면 그렇게 좋아하시고. 시간을 내서 같이 있어드려야 하는데 그게 참 쉽지 않아요. 문서 업무도 많아요. 일지도 써야 하고, 사무 일도 많고, 물건도 사야 하고, 일에 치여서 정작 식구들한테 쓸 시간이 없어요. 그게 안타깝다니까. 말벗해주러 오는 자원봉사자가 있었는데 코로나 때문에 요즘은 찾아오는 사람도 전혀 없어요. 우두커니 앉아 계시는 모습이 참 외롭고 쓸쓸해 보여요.

계란으로 바위 치기

재단 비리를 파헤치게 된 건 2007년에 한규선씨가 장애수당 문제를 들고 나와서였어요. 그전까지는 억울하고 분해도 어떻게 할 수가 없었는데 그분 덕분에 봇물이 터진 거지. 말이 통하는 직원들이 한 명씩 얘기를 하면서 몇 명이 의기투합을 했죠. 우리가 함께해야겠다. 계란으로 바위 치기지만 할 수 있는 데까지 해보자. 그때만 해도 우리가 이렇게까지 한다는 건 상상도 못 했어요. 쉽지 않았어요. '이런 세계가 있구나' 하고 알게 된 게 많죠.

퇴근시간이 지나도 밤늦게까지 민주노총 활동가한테 교육을 받았어요. 우리가 투쟁에 대해서 모르니까 교육을 받아야 하잖아요. 일을 하면서도 그게 노동이라는 걸 잘 몰랐어요. 노동법이라는 것도 처음 알게 됐어요. 밤 11시까지 교육받고 대책 논의하고 회의하고 그랬죠. 식구들이 당하는 반인권적인 처우와 인권유린 행태를 목격하니까 여기서 멈추면 안 되겠다고 생각했어요. 시작을 했으면 끝을 봐야 한다는 마음이었어요. 정의감 같은 것이었는지도 모르겠어요. 아닌 건 아닌 거니까 어떻게든 해보자는 생각이었죠.

'힘이 약하지만, 증거를 모으자.' 증거만 있으면 되잖아요. 쓰레기장에 버린 서류를 모으기도 하고 거주인분들이 컴퓨터에서 많은 자료를 찾아주기도 하셨어요. 자료 모으는 데 신경을 많이 썼죠. 불타고 있는 종이도 끄집어내고, 이미 탄 것도 꺼내서 맞춰보고 별짓 다 했어요. 여긴 혼자는 못해요.

베데스다요양원 직원들이 40~50명 정도 됐는데, 그중 비리 파헤치는 일에 찬성하고 노동조합에 가입한 직원이 스무 명 정도 됐어요. 서로 일을 나눠서 했어요. 어떤 사람은 대자보 맡아서 쓰고 누구는 붙이고 누구는 이거 하고. 정말 열심히 했어요. (노조) 8인방이 주로 많이 했죠. 참여는 했어도 깊이 관여는 안 하는 사람이 있고, 우리랑 반대편, 양쪽에 발을 걸치고 있는 사람도 있었고요.

노조 활동을 하려면 서로 모여야 하잖아요. 모이면 밥을 먹어야 하니까 돈이 필요하죠. 사람은 같이 먹을 때 정이 생기잖아요. 노조비를 만 원씩인가 걷었는데 그걸로 모자랐어요. 제가 김, 소시지 장사를 해서 노조 자금을 만들었어요. 제가 다니는 교회 집사님이 소시지 공장 다니셨는데 그분한테 소시지를 대량으로 사서 소포장을 했어요. 소포장해서 팔면 한 박스에 10만 원 정도가 남았거든요. 그걸 노조 활동비로 쓴 거죠. 퇴근하고 교육받고 밤늦게 집에 가서 소시지 포장을 하고 그랬어요. 포장 마치면 그걸 싣고 와서 서로 팔고 사주고. 그 일로 반대편 사람들한테 공격받기도 했어요. 근무시간에 소시지 팔았다고 고발하더라고요. 그런 일들이 많았어요. 직원들끼리 갈라지다보니 아픔이 많았죠. 직원 여덟 명이 주축이 되어 노조 일을 많이 했는데 다른 직원들이 '노조 8인방'으로 낙인찍어 욕을 많이 했어요. 우리는 그렇게 불리는 것도 몰랐어요. 그 역사를 다 말하려면 책 한 권 써도 모자라. 진짜 생각하면 그때그때 기록을 좀 해놓을 걸, 기록을 안 해놔서 아쉬워요.

노조하면서는 마음이 하나가 되었을 때 힘이 많이 됐어요. 모든 게 처음이라 무서우면서도 서로 똘똘 뭉치니까 힘이 됐지. 박종순씨처럼 용기 있게 나선 분들이 계세요. 누군가가 앞장서지 않았다면 그렇게 하지 못했을 것 같아요. 그분들의 공로를 잊으면 안 되겠구나 생각해요.

노조 활동 뒤의 아픔들

노조 활동을 하면서 보람도 있었지만 아픔도 많았어요. 애들이 중·고등학교 다닐 때라 집에도 일이 많았거든요. 투쟁하는 3년 동안 우리 아이들도 한창 사춘기였는데, 일한다고 애들한테 소홀했죠. 직장 다니랴 애들 돌보랴 집안 돌보랴. 노조하느라 밤늦게야 들어가니까 집안일도 못 하고 애들도 못 챙겼어요. 솔직히 힘 안 들었다면 거짓말이지. 힘들었어요. 지치기도 하고요.

당시에 전 시어머님과 함께 살고 있었어요. 집안일하고 아이 돌보는 것도 헌신적으로 많이 도와주셨어요(침묵). 그날도 나이트 근무하고 집에 왔는데 노조가 비대위 회의한다고 다시 나오라는 거예요. 그때는 노조 일이 중심이니까 안 갈 수가 없어서 어머니 식사 준비를 해놓고는 나갔어요. 회의를 늦게까지하고 집에 가려는데 핸드폰에 남편 부재중 전화가 많이 찍혀 있는 거예요. 왜 전화를 안 받냐고 남편이 난리가 난 거야. 어머니께서 식사하시다가 이상이 있어서 병원 응급실에 가셨더라고요(침묵). 결국 시어머니가 돌아가셨어요. 그 마지막을 내가 못 본 거야. 노조한다고 어머니한테 식사도 제대로 못 챙겨드리고 맨날 밖으로 나돌아다니고 그런 것들이 지금도 한이 맺혀요. 내가 밤에 안 나갔더라면 하는 생각을 하게 되지. 정말로 아까운 분이거든. 나를 위해서 많이 도움도 주시고 애쓰셨는데 마지막을 그렇게 보내드렸다는 죄책감 때문에 몇 달 밥을 못 먹었어요. 내가 있었더라면 안 돌아가셨을 텐데…… 두고두고 후회가 되죠. 죄의식 때문에 지금도 마음이 아파요.

투쟁이 바꿔놓은 것들

서류를 찾고 찾다가 거짓 영수증을 발견했어요. 직원들 시켜서 근무시간에 고구마, 고추 이런 거 심게 하고, 그 작물들 수확해서 반찬 만든 걸 가지고 마치 산 걸로 거짓 영수증 꾸민 일들이 많았는데 그 증거를 잡았지. 아무리 그래도 증거 앞에서는 꼼짝 못 하더라고요.

결국 설립자는 법의 심판을 받게 됐죠. '아, 우리가 해냈구나!' 하고 참 많이 울었어요. 하나씩 하나씩 비리 세력들이 밝혀지는 걸 보고 보람이 있었어요. 그러고 끝난 줄 알았는데 쉽게 끝나지 않더라구요. 새로운 원장들이 부임을 해도 잔재들이 남아서 쉽게 바뀌지 않았어요. 정치도 그렇잖아요. 옛 잔재들이 기득권을 놓지 않으려고 끊임없이 흔들잖아요. 우리도 그런 것들이 많이 있었죠. 이사진들이 계속 바뀌고 서울시에서 운영을 도맡는 걸 보면서 그때서야 조금씩 끝이 보이는구나 했어요. 재단 운영을 프리웰에서 맡으면서 마음이 좀 놓이고. 이사진들이 다 물러나고 김정하 이사장님이 오고 나서 제일 마음이 놓이고. 이제는 믿을 수 있겠구나 했어요.

지금은 인권이 많이 향상됐어요. 말 한마디도 함부로 하지 않아요. 우리도 인권 교육을 많이 받았어요. 편하다고 아무 생각 없이 던졌던 단어 하나도 해서는 안 되는 것들이 많더라고요. 식구들도 자기만의 공간이 생기면서 프라이버시를 좀 더 존중받게 됐죠. 전에는 싫어도 한방에서 여러 명이 살아야 되니까 맡기 싫은 냄새도 맡아야 되고 그랬는데 이제는 견딜 필요가 없어졌어요. 먹는 거, 입는 것도 자유가 많이 생겼어요.

직원 인권도 좋아졌어요. 옛날에는 인권이 어딨어요? 억울한 일을 당해도 말도 못 하고 시키는 대로 해야 했어요. 직원이 담당하는 거주인도 많이 줄었어요. 전에는 혼자서 일고여덟 명을 케어했다면 지금은 직원 1인당 두 명 정도예요.

모든 시설이 없어질 날을 꿈꾸며

원래 정년은 내년(2022년) 6월이에요. 정년까지 일해야 된다는 생각은 다 내려놨어요. 쉬라면 쉬죠. 일했으니까 쉬어도 돼요. 그다음은 이후에 생각해보려고요. 자기 직장이 없어진다고 시설 폐지를 반대하는 사람들도 있는데, 그분들 사정도 이해는 가요. 뭐라고 할 수 없죠. 그래도 이사장님이 마지막까지 일하고 싶어 하는 분들 일할 수 있게 도움을 주시더라고요. 직원들 끝까지 챙기려고 하는 거 보니까 좋아요.

저도 정년퇴직까지 일할 수 있으면 좋지만 그건 제 욕심이고, 그러다보면 식구들이 기회를 잃어버리잖아요. 시작을 했고, 우리가 모범 사례인데 끝을 잘 맺어야지. 우리 살자고 그러면 되겠나?

시설 폐지를 반대할 명분이 없어요. 그분들이 선택해서 가는 건데 우리가 왜 반대를 해요? 시설 인권이 아무리 좋아졌다고 해도 환경이 얼마나 나빠요. 오래된 건물에서 복작복작 듣기 싫어도 옆 사람들 이야기 들어야 하고, 도움받는 입장에서 직원들 눈치 봐야 하고. '나 같으면 살고 싶을까?' 그런 생각을 해보는 거죠.

처음에는 과연 할 수 있을까 했던 일이었는데 지금은 이게 얼마나 잘된 것인가, 생각해요. 식구들이 나와서 사시는 걸 상상하면 너무 좋아요. 모든 장애인이 다 시설을 나왔으면 좋겠어요. 이제는 그런 마음이에요. 이렇게 끝이 좋으니까 좋아요. 프리웰이 탈시설 역사에 한 페이지를 남겼다는 것에, 저도 그 자리에 있었다는 것에 자부심을 느껴요.

들릴 때까지 듣는 태도

: 간호조무사로 일한 생활재활교사 권영자

박희정 글

경상북도 영양에서 김포 양촌읍으로

저는 1995년도에 입사했어요. 11월부터 다니기 시작했죠. 2019년 12월에 정년퇴직했으니까 꽤 오래 일했어요. 베데스다요양원의 첫인상이요? 이런 데도 있구나…… 그때는 장애인의 삶을 잘 몰랐어요. 어쩌다 길거리에서 휠체어 타고 지나가는 사람을 보는 정도였으니까 관심을 두지 않고 살았죠. 시설에서 일하면서 거주인들이 이렇게 살면 안 된다는 걸 알게 됐고, 그래서 노조에도 가담했어요.

고향은 경상북도 영양. 어릴 때는 꿈이 보육교사였어요. 보육원 아이들 돌보는 일을 하고 싶었어요. 애기들 보면 이쁘니까. 중학교 졸업하고는 간호조무사 자격증을 따서 병원에서 일했어요. 결혼하기 전까지 한 4년 정도. 주사 잘 놓는다는 소리 좀 들었죠. 팁 주고 가는 사람들도 있었어요. 재밌게 지냈네요. 결혼하면서 병원을 그만두고 남편 따라 전라남도 영암으로 갔어요. 애들 학교 들어가면서 다시 직장을 구했어요. 시골 살림이 그렇잖아요. 농사지어봤자 남는 것도 없고. 누가 목포 시내에 있는 공장을 소개해주더라고요. 박스 만드는 공장이었어요. 집에서 차로 한 20~30분 거리인데 베데스다요양원에 오기 전까지는 거기서 쭉 일했어요.

큰애가 초등학교 6학년이 되니까 교육을 생각하지 않을 수 없더라고요. 시골 살림 정리하고 눌러앉은 데가 김포 양촌읍이에요. 애들 교육을 생각하면 서울로 가야 하는데, 서울에 집 얻을 돈은 없었어요. 남편은 양촌읍에서 직장을 다니기로 이미 얘기가 된 상태였어요. 그러면 남편 직장 가까운 데로 가서 차비라도 아끼려고 양촌읍에 집을 구한 거예요.

맞벌이를 해야 먹고사니까 저도 직장을 알아봤어요. 세 들어 살던 집 주인아주머니가 여기 장애인 요양원이란 데가 있는데 사람 구하는 거 같더라고 말해주더라고요. 간호조무사 자격증이 있으니까 이력서를 한번 넣어봤죠. 바로 일하게 됐어요.

간호조무사를 겸하다

처음에는 생활재활교사로 일했어요. 거주인이 120명 정도 있었어요. 방마다 정원을 초과해서 많으면 여덟 명까지도 함께 지냈어요. 그에 반해 생활재활교사는 턱없이 부족했죠. 교사 한 사람당 10명, 많으면 15명도 보고 그랬어요. 힘들게 일했죠. 그때는 거주인 중에 돌아가시는 분도 많았어요.

생활재활교사는 아침 8시에 출근해서 밥부터 챙겨요. 먹이고 정리하고 나면 씻기죠. 목욕, 청소 이런 게 시간이 엄청 걸려요. 사람이 워낙 많다보니. 하루에 열 명씩 씻길 때도 있었어요. 씻고 젖은 발로 나가다 미끄러져서 넘어지는 분들도 있었죠. 신경 쓸 것도 많고 일이 힘들어서 무릎을 다쳤어요. 제대로 치료를 못 했더니 점점 안 좋아져가지고 나중에는 결국 연골이 파손됐어요. 두 번 수술했어요.

제가 생활재활교사로 몇 년 일하다가 나중에는 간호조무사로 일했거든요. 무릎은 생활재활교사로 일할 때부터 상한 건데 수술은 간호조무사로 일할 때 했어요. 간호조무사로 일하면서 무릎이 이렇게 될 일은 없다고, 이건 그냥 나이 들어서 아픈 거라고 판정받아서 산재 처리가 안 됐어요. 결국 치료비는 자비로 부담했죠.

두 달을 쉬었는데 병가 처리도 안 된 상태로 월급이 계속 나왔어요. 제복만 원장이 통장에 들어온 돈을 후원하라고 하더라고요. 베데스다요양원 이름으로 바로 보내는 게 아니고, 제 통장으로 돈을 주면서 저한테 제3자 이름으로 돈을 보내라고 시켰어요. 저는 거기서 일을 계속 해야 하는 형편이어서 하라는 대로 할 수밖에 없었죠. 당시는 이부일 회장 말이 법이라서 자르겠다 마음먹으면 수단 방법 안 가리고 잘라버렸으니까요.

간호조무사로 일할 때는 120명을 혼자서 담당했어요. 주치의가 있어서 일주일에 한 번씩 진료하고 처방하면 병원에서 약이 와요. 약은 주로 정신과 약들이 많았죠. 고혈압, 당뇨처럼 정기적으로 약을 복용해야 하는 경우도 있고요. 그 약을 의무실에서 관리하면서 시간 맞춰서 나눠주는 거죠. 그때는 주사 맞는 사람들도 많았어요. 영양제 같은 거. 영양제도 그때는 의료비 책정이 돼서 요양원에 돈이 제법 많이 나왔거든요.

상처나 욕창 있는 사람은 아침 식후에 씻기고 나서 치료해 줬어요. 요즘은 도뇨 카테터catheter(소변 등의 체액을 배출시키거나 약물을 주입하려는 목적으로 방광에 삽입하는 고무·금속재의 가는 관) 하나 끼울 때도 병원 가지만 그때는 웬만한 건 다 안에서 해결하는 방식이었어요. 큰 환자가 생기면 병원에 데리고 가고, 상처나 욕창 같은 건 안에서 치료했죠. 저희 집이 시설하고 5분 거리예요. 카테터가 빠졌다거나 응급상황 생기면 새벽 1시든 2시든 달려갔죠.

힘들지만 재미도 있었어요. 거주인들하고 어울려서 이것저것 원장 몰래 같이 만들어 먹기도 하고. 밥도 한 양재기에다 비벼서 같이 떠먹고. 봄 되면은 같이 들에 나가 쑥 뜯고. 계절 따라 재미난 일을 했었죠. 식구들하고는 좋았어요. 힘든 거 알아줄 때 보람을 느꼈어요.

후회 없는 노조 활동

제가 마음이 강하지 못해요. 그런데 노조할 때는 적극적으로 많이 도왔어요. 대자보 쓰는 것만 해도 모일 장소가 필요하잖아요. 시설하고 가까운 우리 집에 모여서 많이 했어요. 노조는 처음이었죠. 노조가 어떤 건지도 몰랐어요. 지금도 안다고 할 수 없지만(웃음). 어쨌든 이 시설은 그냥 두면 안 된다는 생각밖에 없었어요. 거주인들의 삶의 질이 조금이라도 나아진다면 노조든 뭐든 해야 한다고 생각한 거죠. 베데스다요양원 임원진이 다 이부일 회장 친인척이었으니. 투명하게 운영돼야 우리 거주인들이 좀 더 나은 삶을 살 수 있지 않을까 싶어서 운영진이 바뀌어야 한다는 생각으로만, 비리가 없어야 된다는 생각으로만 한 거예요.

그 당시에 비리가 너무 많았어요. 프로그램을 하지 않았는데 이런 프로그램을 했다고 해라, 돈 얼마 썼다고 해라 시켰죠. 감사가 나올 때면 국장이 직원들한테 직접 이렇게 얘기하라고 강요하는 판국이었어요. 심지어 의료비도. 제가 간호조무사니까 들어오는 물품 확인하고 사인을 하잖아요. 서류를 보면 오지도 않은 것들이 많이 적혀 있어요. 처음 봤을 때 분노가 일어났죠. 이건 아닌데. 이 돈이 다 어디로 가나. 다 회장님 손으로 가든지 아니면 물품 구입하는 사람 손으로 가든지 할 거 아니에요. 절대로 거주인들한테 가지는 않죠. 속상했어요.

처음에 제가 노조한다고 소문 돌 때 이부일 회장이 저희 집으로 찾아오기도 했어요. 왜 그러냐고, 선생님 같은 경우는 안 해도 될 텐데 왜 그러냐고. 문도 안 열어줬어요. 없는 척하고 숨어 있었죠. 자꾸 회유하려고 그러니까. 협박도 많이 받았어요. 내가 교회를 다니니까 교회 가서 나를 다 까발리겠다고요. 후회 같은 건 일절 없었어요. 어차피 시작한 건데 끝은 봐야겠더라고요.

이중장부라고 해야 할까, 아무튼 사무실에 두면 안 되는 서류들을 의무실에 많이 갖다 놓더라고요. 제가 그걸 알려줬어요. 한규선씨하고 노조하는 다른 직원들한테. 그런 자료들을 모아서 세상에 터트리게 된 거죠. 간호조무사로 있을 때는 이부일 회장 주사도 자주 놔주고 뭐 관계가 그런대로 괜찮았어요. 그런데 제가 노조 활동에 참여하는 동안 전문 간호사 한 사람이 들어왔고, 저는 다시 생활재활교사로 내려앉았죠.

제 기억에 가장 아프게 남은 분이 계세요. 윤○○씨라고, 지금은 돌아가셨어요. 신앙심이 깊어서 장애연금 나오는 걸로 기독교 방송 후원하고 선교 후원금도 내고 그러셨어요. 그 당시 본관 지하에 교회가 있었거든요. 지하 1층이 식당 겸 교회였어요. 수요일과 일요일에 예배를 드리잖아요. 예배 때마다 별관에서 본관 지하 1층 교회까지 바닥에 몸을 굴려서 오고 갔어요. 혼자서.

거주인들과 노조가 시설 비리를 고발해서 향유의집이 시끄러워졌잖아요. 이분이 이 활동에 가담하니까, 집에서 이분을 모시고 가버렸어요. 아버지가 목사예요. 자식을 숨겼더라고요. 향유의집 문제가 세상에 드러나고 윤○○씨가 인터뷰하고 그러니까 자기 잘못이 드러날까봐 그랬나봐요. 아무 활동도 못하고 있다는 얘기만 들리더라고요. 너무 안타까웠어요. 자립해 나오셨으면 정말 좋았을 텐데.

나와서 살아봐야 알 수 있는 것

거주인들이 나가서 살겠다고 했을 때 사실 처음에는 걱정 많이 했어요. 시설 안에서도 권리 찾아가면서 얼마든지 살 수 있을 거 같은데. 저러고 나가서 어떻게 살까, 못된 활동지원사 만나면 방치되지 않을까 걱정 많이 했죠. 근데 잘 살더라고요! 더 좋게(웃음). 나가서 결혼도 하고 차를 사기도 하고 자유롭게 살더라고요. 우리 걱정은 기우일 뿐이었어요.

저도 얼마 전부터 활동지원사로 다시 일을 시작했거든요. 향유의집에서 나간 분 중에 중증의 인지장애가 있는 분이 계세요. 아무래도 아는 사람이 활동지원 하면 좋지 않겠냐고 여러 번 요청이 와서 하겠다고 했어요. 한때는 자기표현이 가능한 분들만 나와 살아야 하지 않겠나 생각한 적도 있어요. 그런데 이런 분들도 나와서 살아야겠더라고요. 제가 직접 일해보면서 느낀 거예요. 삶의 질이 확 높아졌다고 할까, 확실한 변화가 있어요.

이분이 시설에 계실 때 산책이라고는 고작 일주일에 한두 번 정도가 다였어요. 지금은 매일 휠체어에 태우거든요. 날 좋을 때는 밖에 나가 산책도 하고. 요즘에는 코로나 때문에 밖으로 잘 못 나가지만 거실에라도 데리고 나와서 음악도 듣고 그러죠.

그분이 콧줄(엘튜브)을 하고 있거든요. 그걸 빼면 안 되니까 시설에서는 팔에 보조기를 채워놓는단 말이에요. 얼굴로 손을 못 올리게. 팔에 이상이 없나 확인할 때만 잠깐씩 풀고 다시 채워놓아요. 지금은 하루에 두세 시간 만이라도 완전히 풀어드려요. 자립해서 일대일로 활동지원을 하니까 가능한 거예요.

풀어드리면 마음대로 손을 막 움직이시죠. 어지간한 건 그냥 놔둬요. 콧줄을 건드리는 것만 아니면 자유자재로 손 쓰실 수 있게요. 옆에서 지켜보다가 안 되겠다 싶으면 그때는 제가 그분 손을 잡아요. 같이 손잡고 노래도 들려드리죠. 따뜻하고 좋죠. 그럴 때 그분에게 어떤 생각이 들지 궁금하긴 해요. "손잡고 있으니까 좋아요?"라고 물어도 표정이 없고 "사랑해" 말해도 표정이 없지만, 그래도 시설에 계실 때보다 밝아졌다는 걸 느낄 수 있어요. 시설에 있을 때는 주기적으로 관장을 시켰어요. 목욕할 때마다. 혼자서 배변하기 어려우니까요. 지금은 물 충분히 먹여드리고 기저귀 갈 때마다 배 마사지 해드리고 다리도 꺾었다 폈다 해드리니까 자연적으로 변을 봐요.

시설에서 나와야 좀 더 따뜻한 환경에서 살지 않을까 싶어요. 아무리 좋은 시설이라도 시설은 시설이니까요. 시설은 정해진 루틴대로 살아야 해요. 딱 시간 정해서 밥 먹어야 되고, 잠자는 시간에는 자기 싫어도 자야 되고, 일어나는 시간에 일어나야 되고. 어려서부터 평생 이런 시설에서만 살아온 사람들이 많이 있을 거예요. 한번 나와서 자기 삶을 살아보는 것도 괜찮지 않을까요.

끝까지 포기하지 않는 마음

제가 말주변이 별로 없고 건망증이 너무 심해서 생각나는 게 별로 없어요. 거주인들과 재미난 일이 많이 있었는데도 다 기억이 안 나요. 서운한 적도 많았지만 그것도 그때만 지나면 잊어버리고 그러니까(웃음). 정년퇴직할 때는 홀가분하더라고요. 처음에 노조 활동을 시작할 때 과연 우리가 이 문제를 정리할 수 있을까 싶었거든요. 안 되면 그냥 사표 쓸 각오로 했어요. 정년까지 마치고 나니까 아주 뿌듯했죠. 시원하고. 이제 거주인들이 좋은 활동지원사 만나서 재미나게 살길 바랄 뿐이죠.

이웃 주민들이 이분들을 만날 때 장애 특성을 알고 이해를 해주면 좋겠다는 생각이 들어요. 지금 제가 활동지원 하러 가는 오류동 지원주택만 해도 아침마다 나와서 소리 지르는 분이 계시거든요. 주변에서 민원이 들어와요. 그런데 소리 지르는 시간이 길진 않거든요. 그 사람 특성이니까 잠깐 이해하고 넘어가주면 좋겠어요.

저도 어떨 때는 언어장애나 인지장애가 있는 분들의 말을 못 알아들을 때가 있어요. 그래도 끝까지 들어줘야겠더라고요. 대충 듣다가 포기할 게 아니라 끝까지. 뭔가 필요해서 하는 이야기인데 그 마음을 알아듣고 해결해주면 좋지 않을까요. 처음에는 저도 바쁘다보니 많이 포기했죠. '아이고, 도저히 못 알아듣겠다' 그러고 나오기를 몇 번 했어요. 나중에 보니까 결국 끝까지 들어서 해결해야 할 문제더라고요. 계속 듣다보면 들려요.

탈시설 당사자가 보여준 길

: 탈시설을 지원한 사회재활교사 정영미

이정하 글

'가정'이라는 이름의 시설

2010년 12월 프리웰에서 운영하는 자립생활 체험홈에 (구인) 공고가 났어요. 친구가 운영하던 체험홈에서 1년 정도 일한 경험이 있어서 지원했어요. 제가 처음 왔을 때 향유의집은 한바탕 큰 난리가 휩쓸고 지나간 후였죠. 당시는 프리웰이 체험홈 사업을 처음 선보이던 때였어요.

향유의집의 첫인상은 나쁘지 않았어요. 다른 시설에 비해 굉장히 넓고 냄새도 안 나더라고요. 출근시간이 8시인데, 생활재활교사분들이 7시부터 출근해서 거주인들 목욕을 시키고 있었어요. 2008년 인권침해 사건 이후에 여러 임원과 직원들이 처벌받는 상황을 지켜보면서 직원들이 상당히 위축되어 있었고, 서로 먼저 나서서 일하는 분위기였어요. 그런데 열심히 하긴 하셨지만, 목욕시키고 밥 먹이고 케어하면 끝이었어요. 거주인의 성향을 파악한다든가, 어떤 행동에 대해 깊이 있게 파악한다든가 하는 개별적인 지원은 없었죠.

저의 첫 임무는 체험홈의 주거 환경을 바꾸는 일이었어요. 거주인들이 드나들 수 있도록 문턱을 없애는 공사를 하거나 식기나 가전을 샀어요. 거주인 세 분이 체험홈에 입주하셨는데, 사람들을 초대해 동네 잔치하듯 자립생활을 시작하셨어요.

여기서 일하는 동안 원장님이 열 번은 바뀐 것 같아요. 2016년에 새로운 원장이 왔어요. 부임할 때 분명히 재단의 탈시설 추진 방향에 대해 들었을 텐데도, 오자마자 직원들을 모아놓고 직원들이 대책을 세워 탈시설을 막아야 한다는 식으로 얘기했죠. 시설이 마치 자기 것인 양 말했어요. 그런데 그게 직원들에게 통했어요. '거주인들이 탈시설하는 것보다 직원들의 터전을 지키는 게 더 중요하지 않아? 우리를 지켜줄 강한 원장님한테 줄 서는 게 맞지 않아?' 이런 생각들이 점점 퍼졌죠.

그 원장은 가정처럼 운영되고 있다는 다른 시설을 본떠서 향유의집을 가정공동체로 만들자고 했어요. 본인도 시설에 들어와서 살겠다고 거주인 방을 이리저리 옮겨 한 층을 비웠어요. 집처럼 꾸며서 직원들에게 월세 10만 원만 내면 누구든지 시설에 들어와 기숙사처럼 살아도 된다는 공고까지 냈어요. 그렇게 해서 각 방에 '가정'이라는 명칭을 붙였죠. 복도를 중심으로 안 보이는 선을 그어서 가정을 나누고 배정된 거주인과 직원들이 각 가정을 마음대로 운영하라고 했어요.

그런데 가정처럼 운영하기가 어디 쉽나요? 그건 곧 직원들한테 24시간 근무하라는 거였어요. 연차 내는 직원들이 있으니까, 실제로 나오는 사람은 몇 명 되지 않아요. 시설을 가정처럼 만든다는 건 무리였고 민주적인 방식도 아니었죠. 원장은 이제 애도 다 컸는데 집에 가서 할 일이 뭐가 있냐면서 우리한테 24시간 근무하겠다는 동의서를 쓰라고 했어요. 24시간 근무는 할 수 있지만, 쉬는 시간 동안에 일어나는 일에 대해 책임지지 않는다는 조건이 있어야 동의서를 쓰겠다는 직원도 있었죠. 그런 식으로 원장은 탈시설에 반대하는 의견을 따르는 직원들을 줄 세웠고, 탈시설을 추진하는 직원은 왕따를 시키라고 지시하기도 했어요. 직원들도 하루하루 살아남아야 하니까 원장처럼 탈시설을 반대하는 쪽으로 기울지 않았나 싶어요.

탈시설에 대한 근거 없는 비난

처음엔 직원들이 탈시설을 하려는 거주인에게 시설 바깥은 위험해서 나가면 죽는다고 겁을 주기도 했어요. 그러다가 어떤 이유로 탈시설이 늦어져 시설에 몇 달이라도 머물게 되면 왜 아직 안 나갔냐고 눈치를 줬어요. 탈시설한 사람 중에 누가 아팠다더라, 병원에 입원했다더라 하는 소문은 부지런히 공유됐지만 누가 파마를 했다더라, 말도 못했던 사람이 합창단에 들어갔다더라 하는 재밌고 신나는 소식은 회자되지 않았어요. 그 원장이 나가면서 비리 투쟁을 하던 초기의 노조와 탈시설을 반대하는 또 다른 노조가 생겼죠.

문병수 원장님은 최고로 오래 근무했던 분이에요. 2013년에 처음 오셨는데, 그분이 수고를 많이 했죠. 향유의집 탈시설 로드맵을 발표했고 시설 차원에서 탈시설을 추진할 거라고 했어요. 생각이 앞서 있는 분이었고 직원들을 지원해주셔서 힘이 됐어요. 당시에는 직원들도 다 탈시설에 끄덕끄덕하면서 자연스럽게 받아들였어요. 그런데 시간이 흐르자 탈시설을 반대하는 노조가 탈시설에 찬성하는 이들을 엉뚱한 일로 공격하고 고소·고발하기 시작했어요. 특히 문병수 원장님이 공격을 많이 받으셨죠. 1년 정도를 고소·고발과 민원에 대응하는 문서를 만드느라, 출근하면 원장실에 박혀 나오기도 어려울 만큼 고생하셨어요. 나중에 직원의 회계 부정 사건이 일어났을 때 원장님이 방조하고 같이 부정을 저질렀다는 식으로 왜곡되기도 했고요. 결국 스스로 책임을 짊어지고 나가셨죠. 아무도 보호해주지 않았어요. 상처를 많이 받으셨을 거예요. 지금이라도 그 노고를 인정해드리고 잊지 않으면 좋겠어요.

탈시설 반대 세력들은 마치 장애인을 대책 없이 내보낸다는 듯이 말하는데 전혀 사실이 아니에요. 우리는 '지원주택'이라는 확실한 자립지원사업을 하고 있어요. 정부에서 탈시설에 관한 1년 계획서를 내라고 했고, 향유의집이 그걸 써 내서 그대로 추진한 거예요. 그런데 탈시설 반대 세력들이 민원을 넣고 고소·고발을 하면서 탈시설을 왜곡하는 방송이 나가니까, 정부도 우리가 뭔가 잘못한 것처럼 여겼어요. 탈시설이 제대로 된 정책이고 정부 보조금으로 추진하는 거라면, 탈시설의 당위성을 강력하게 알리고 우리에게 힘을 실어주면 좋겠는데 그러지 않더라고요. 소송을 감당하는 게 오로지 우리 몫이라는 사실이 너무 힘 빠졌어요. 소송에 휘말리는 건 정말 지치고 힘들어요. 탈시설을 반대하는 사람들과 충돌해서 헛심을 쓴다는 게 화가 치밀었죠. 그들이 그러지 않았다면 이 과정이 좀 더 자연스럽고 단단하게 다져지고, 당사자에게 더 좋은 것이 무엇인지 연구하면서 차분하게 갈 수 있었을 거예요.

거주인들의 의사 표현

코로나19 때문에 시설 거주인들이 좋아하는 동료상담사를 만날 수 없게 됐어요. 정부 지침이 그렇게 내려왔어요. 아무도 만나지 말고 마트도 가지 말래요. 일상생활이 모조리 차단된 거죠. 그런데도 시설에 오래 살았던 사람들은 그냥 그러려니 하면서 받아들여요. 시설병(자기주장을 펼치기 어려워하거나, 무력감을 느끼는 등 오랜 시설생활에서 겪는 수동적 태도)이죠. 코로나19 이전에도 사람을 못 만나고 살았으니 별 차이를 못 느끼는 거예요. 하지만 직원들은 멀리 여행만 못 간다 뿐이지 일상생활은 다 하잖아요.

사회적 인식 변화가 많이 필요한 것 같아요. 시설 안에 있는 사람들은 너무 정체되어 있어요. 거주인뿐만 아니라 직원들도 마찬가지예요. 시설은 시스템을 유지시키려는 강력한 힘으로 똘똘 뭉쳐서 탈시설을 반대해요. 그런데 우리는 탈시설이란 걸 해봤어요! 안 해봤으면 이런 말도 안 해요! 안 해봤다면 여건이 안 되니 어렵지, 지원 인력이 없으니 안 되지, 이렇게 생각했을 텐데 해봤어요! 해봤는데 됐고, 굉장히 많은 변화를 경험했어요.

얼마 전에 한국천주교주교회의 사회복지위원회가 토론회를 열었어요(2021년 8월 2일). 정부가 발표한 탈시설 로드맵에 반발하는 내용이었죠. 그 토론회에서 향유의집에서 탈시설한 발달장애인의 모습을 무단으로 도용해 사람들에게 보여줬어요. 마치 우리가 이 사람들을 강제로 내보내서 이분들이 지역에서 고립된 채 형편없이 살아가고 있다는 듯이 매도했어요. 중증 발달장애인은 탈시설이 어려우니 해외의 '좋은 시설'처럼 만들어야 한다면서요. 어휴, 저도 가톨릭 신자예요. 그 주교님을 찾아가서 증언하고 싶을 정도로 너무 화가 나더라고요.

그 발달장애인들은 모두 제가 아는 분들이에요. 한 분은 처음엔 걸어 다니셨는데, 콧줄을 하시고 와상 상태가 된 지 1년 정도 됐어요. 그전에는 언제 물어봐도 자립해서 살겠다고 분명하게 표현하는 분이셨는데, 그렇게 된 후에 본인도 탈시설을 포기해야 하나 걱정하는 상황이었죠. 언어가 정확하진 않은 분이어서 오래 케어한 사람만 알아들을 수 있는 언어로 말씀하세요. 그분이 결국 탈시설을 하셨는데 지원하는 직원의 말로는 지원주택으로 가셔서 굉장히 좋아하셨대요. 그런데 그 토론회에서 중증의 장애를 가진 사람을 나와서 살게 하는 건 강제로 쫓아낸 거라는 식으로 얘기를 하니까 굉장히 황당했죠.

다른 한 분은 긴팔 보조기(무의식 중에 콧줄을 빼는 행위를 방지하기 위한 목적으로 착용됨)를 차던 분이었는데, 시설에서는 하루에 세 번 20분 동안 보조기를 풀어서 주물러드렸어요. 그런데 조금만 보조기를 열어두면 콧줄을 빼시더라고요. 몸이 한 자세로 있으니 얼마나 괴로워요. 근데 지원주택에서는 활동지원사가 24시간 그분 곁에 있으니까 낮에는 긴팔 보조기를 안 하고 있어요. 콧줄을 빼달라고 표현하면 옆에서 직원이 잘 다독인대요. 지금은 잠깐 자리를 비워도 콧줄을 안 빼신대요. 그분은 자립 실태조사를 하면 어떻게든 표현을 해요. 여기서 나가서 살고 싶냐고 물으면 고개를 끄덕끄덕하든가 가만히 있든가 여러 가지 표현들을 해요. 특히 탈시설하고 싶은 이유가 뭐냐고 물으면 '여기 직원들이 싫어서' 항목에 항상 끄덕끄덕했거든요. 근데 우리가 거주인들의 의사를 묻지도 않고 내보냈다? 천만에요! 우리는 충분히 물어봤어요. 그분들은 처음부터 시설 자체가 싫었던 거예요.

세심한 지원 고민하기

사람들이 똑똑한 것 같지만 어리석게 생각하는 게 있어요. 누군가가 꼬박꼬박 밥을 해서 갖다줘, 식단도 매끼 바뀌어, 아프면 병원 데려다줘, 병원 예약도 대신해줘, 그렇게 편하게 지내는데 정부에서 돈도 나와, 단지 사람들이 많아서 좀 시끄러울 뿐. 이런 것을 시설의 장점이라고 생각해요.

탈시설을 반대하는 사람들은 장애인이 시설 나와 살다가 늙어서 더 중증이 되면 누가 돌볼 거냐고 물어요. 그렇다면 더 많은 서비스를 매칭해주면 되지 않나요? 문제를 해결할 생각은 안 하고 '중증장애인 케어하는 건 우리밖에 못 한다, 시설 나가면 큰일 난다'는 식의 고정관념에 사로잡혀 있는 거죠. 시설에선 여러 명이 근무하면서 서로서로 감시하기 때문에 인권침해가 일어나지 않지만, 개인별 서비스가 이루어지면 그걸 감시

할 수가 없어서 위험하대요. 그 말은 틀렸어요. 집단생활에서 더 많은 인권침해가 발생했고 사건이 일어난 곳을 보면 서로 입 다물어서 생긴 사례들이 많잖아요. 모두가 눈을 감는 거죠.

시설 밖으로 나가서도 얼마든지 더 좋게 변화할 수 있다는 걸 잊어버리는 것 같아요. 거주인이 탈시설을 시작하게 되면 그분을 케어하던 직원들이 물건 사는 것도 지원하고 이사 당일 가서 인수인계도 직접 해요. 걱정만 할 것이 아니라 직원들도 함께 고민하고 연구해야죠. 탈시설을 앞두면 많이들 불안해하시거든요. 세심하게 지원받으면서 그 과정을 겪으면 당사자는 안도감을 느끼고 직원들 역시 존중하는 법을 배워요.

그 나름의 탈시설

은석씨 같은 경우 다들 탈시설이 어려울 거라고 했어요. 환경이 바뀌는 것에 스트레스를 많이 받으셨거든요. 그래서 적응 기간을 석 달 정도 갖기로 했어요. 이사 갈 집에 미리 가서 초인종 누르는 연습도 하고 동네 치료센터도 가봤어요. 처음 그 집에 가본 날 은석씨가 길을 잃어버려서 난리가 났었어요. 이걸 어떻게 하나 싶어서 은석씨를 보면 제 마음의 상심이 굉장히 컸어요. 은석씨도 힘드셨는지 넌지시라도 몇 월 며칠에 어디 갈 거라고 말하면 막 발버둥 치듯이 벌거벗고 뛰는 분이었어요. 이사 가는 날짜를 계속 말해드리면서 저도 마음의 준비를 하고 있었어요. 끝까지 불안했죠. 적응 기간 3개월은 너무 짧다, 내가 따라가서 안정될 때까지 지원해야 하지 않을까 생각했어요.

아니나 다를까, 이사하던 날 은석씨가 없어져서 찾아다니느라 정신없었어요. 알고 보니 먼저 걸어서 출발하신 거였어요. 큰 버스가 타기 싫었던 거죠. 그날도 생쇼를 했는데 이사 간 그날로 게임 오버! 너무 잘 사는 거예요! 시설에서는 아침만 먹었다 하면 배회를 했거든요. 지원주택에서는 배회도 안 하고 아침에 잠깐 나갔다 오기만 한대요. 은석씨 아버님이 진짜 걱정을 많이 하셔서 탈시설 명단에서 은석씨를 빼야 할까 마지막까지 걱정했는데 기적같이 적응하셨어요! 아버님이 탈시설하기 전에는 전화를 아주 많이 하셨는데 이제는 잘 안 하시고 언제 한번 밥 사겠다고 하셨어요. 탈시설을 지원한 사람들을 은인처럼 얘기하시죠.

일단은 모두 다 기회를 가져야 할 것 같아요. 은석씨는 지산만의 방법대로 탈시설한 거예요. 이 사람은 자립이 불가능해, 먼저 재단하지 말고요. 이건 누군가 했으면 이미 오래전에 이뤄질 일이었던 것 같아요. 여태껏 아무도 안 했던 거죠. 은석씨는 손이 빨라서 기계 조립 같은 일을 하면 잘할 것 같아요. 지역사회에 살면서 낮엔 작업장에 출근해서 일하다가 저녁때 집으로 돌아오는 사람들이 있잖아요. 은석씨도 얼마든지 할 수 있을 것 같아요. 좋아하는 분야를 찾고 다양한 프로그램이 연결된다면 삶이 굉장히 풍성해질 거예요.

직원들에게 생긴 변화

시설이 폐지되면 결국 내 일자리가 없어지는 거니까 직원들이 화가 많이 나 있어요. 그 화가 조직을 운영하는 데도 큰 영향을 미치죠. 처음에는 직원들이 노골적으로 반대하지 않았는데 반대를 선동하는 목소리가 커지니까 점점 더 그렇게 생각하게 됐어요. '직장이 없어진다고? 지적장애인이 뭘 알아? 거주인들은 탈시설에 동의한 적 없어. 부모들도 동의 안 했어. 이건 발달장애인법에 어긋나는 거래. 우리가 똘똘 뭉치면 시설을 유지할 수 있어!' 이런 생각이 점점 강화됐죠. 나중에는 없던 말도 생겼어요. '거주인에게 탈시설하라고 겁을 줬대!' 이런 소문이 돌아서 거주인들한테 혹시 그런 말씀하신 적 있냐고 물어보면 없다고 하세요. 하지만 정작 왜 자기들이 하지도 않은 말을 했다고 소문 퍼뜨리느냐고 당당하게 항의하진 못하세요. 사회적 약자로 오래 살다보니 그럴 수밖에 없죠. 그런 건 직원들도 마찬가지예요. 탈시설을 추진하던 원장님과 직원들이 고소·고발을 당해서 여기저기 불려 다니고 힘들어하는 모습을 보면 마음으로 안타까워하는 직원들도 많아요. 하지만 그런 목소리를 냈다가는 반대 세력한테 공격당할 수 있으니까 표현하기 어렵죠.

향유의집이 폐지된 후 저는 해맑은마음터로 옮겼어요. 프리웰 법인 산하의 중증장애인 거주시설이에요. 여기 와보니 향유의집에서 일하는 동안 저도 모르게 인권 감수성이 많이 향상되었다는 걸 느꼈어요. 좀 더 나은 방법을 제안하면 직원들은 시설 환경이 안 되는데 우리가 어떻게 더 하느냐고, 환경과 상황 때문에 어쩔 수 없다고 말해요. 이렇게 해도 문제고 저렇게 해도 문제라면서 딜레마에 대해서만 자꾸 얘기하고 변화를 시도하지 않으려고 하죠. 제 생각에 그건 딜레마가 아니라 인권 침해 상황일 때가 많아요. 장애인은 이 세상에 태어난 한 사람으로서 나와 같은 권리를 가진 사람이에요. 사회복지 마인드라는 것은 사람의 가능성에 대해 고민해야 하고 휴머니즘도 있어야 돼요. 그런데 해보지도 않고 원래 '못하는 사람'이라고 판단을 내려버리잖아요.

향유의집이 폐지되는 게 마치 직원들의 직장을 뺏는 것처럼 보이지만 결과적으로 직원들에게도 좋은 영향을 줬다고 생각해요. 탈시설을 추진하면서 직원들도 달라졌고 일하는 것도 달라졌어요. 이게 장애인뿐만 아니라 현장의 직원들에게도 좋은 것이기 때문에, 새롭게 탈시설을 추진할 시설의 직원들도 끝까지 함께 가려고 노력하고 우리가 해온 성과들이 잘 담기도록 정부에서도 힘을 보태면 좋겠어요.

탈시설, 또 다른 시작

해맑은마음터는 2022년부터 보건복지부가 처음 선보이는 탈시설 시범사업(2021년 보건복지부가 발표한 '탈시설 장애인 지역사회 자립지원 로드맵'에 따라 지역사회서비스 제공 기관으로 운영 전환하는 거주시설을 지원하는 사업)에 참여해요. 올해 전국 네 군데서 시작하고 내년부터는 열 군데로 확대된대요. 중증장애인 거주시설이지만 아동들이 주로 거주하는데, 지금은 아동 거주인들의 나이가 어리지만 탈시설 시범사업이 마무리되는 2023년에는 전부 성인이 되고 20세 미만은 다섯 명만 남아요.

처음에 해맑은마음터에 왔을 때 깜짝 놀랐어요. 향유의집에서는 한 방을 혼자 혹은 둘이서 썼어요. 그런데 여기는 공동공간에 10명씩 모여 있고 직원 두세 명이 지원해요. 나이가 아직 어려서 연습하면 될 것 같은데도 벌써 거의 다 기저귀를 차고 밥도 대부분 먹여줘요. 모두가 손길이 필요한 이들이고 부적응 행동들이 많아요. 어떤 아이는 윗도리를 하루에 하나씩 씹어 먹어요. 어릴수록 더 모방을 하잖아요. 누가 기저귀를 뜯어 먹으면 다른 아이도 기저귀를 뜯어 먹고, 누가 머리를 땅에 마구 찧으면서 뭔가 해달라고 해서 들어주면 그 옆의 다른 아이도 머리를 찧고 있어요. 오랫동안 고질적으로 해온 행동이라 개입하기도 어렵죠.

기본적인 업무가 너무 많기 때문에 직원들이 그 이상의 무엇을 할 수가 없는 거예요. 직원들은 최선을 다해서 매일매일 10명을 목욕시키고 기저귀를 갈아줘요. '하루 종일 최선을 다하니까 우리가 장애인에게 최고로 잘해줘, 여기엔 간호사도 있고 치료사도 있어, 이곳은 안전하고 필요한 시스템을 다 갖췄어' 하는 자신감이 있어요. 하지만 이건 자신이 케어하는 그 사람을 평생 '시설 거주인'으로 바라보는 관점이라고 생각해요.

환경이 바뀌어야 해요. 어려서부터 기회나 교육의 경험이 없었기 때문에 시기를 놓쳤다는 생각이 들 수도 있지만, 지금부터라도 빨리 일대일 지원이 이루어지고 적절한 교육이 제공되면 분명 변화할 수 있을 거예요.

6월에 퇴직을 하고 자립생활 체험홈으로 가신 선생님이 퇴임식을 하면서 뼈 있는 말을 하셨어요. 거주인들을 위한다면 시설에 머물도록 하는 게 다가 아니라고. 좋은 시설이 가능하다고 말하는 것은 탈시설해서 지역사회에서 살 수 있는 장애인의 삶을 가로막는 말이 될 수도 있다고.

어떤 나라든 새로운 변화가 일어나고 사람들 의식이 점점 깨어나서 인권이 뭔지 알게 되면 후퇴는 하지 않을 거라고 생각해요. 지금이 변화가 시작되는 중요한 시기 같아요. 탈시설이 좀 더 촘촘하게 이루어져야 해요. 지원주택에서 자립해서 사는 게 시설 안에서 살던 것과 똑같지 않아야 하잖아요. 혹시 고립되거나 방치되지 않는지 섬세하게 지원하고, 일상생활을 좀 더 풍성하게 만들어줄 수 있는 것들이 생기면 좋겠어요. 정부 정책이라는 게 그렇게 빨리 변하진 않겠지만 그래도 탈시설한 분들의 일상이 조금 더 즐겁고 재미있기를 바라요. 앞으로도 저는 거주인들의 탈시설을 지원하면서 그 과정에서 생기는 어려움과 문제를 완충하는 역할을 하고 싶어요.

탈시설이라는 시작점

: 프리웰 초대 이사장이 된 사회복지 연구자 박숙경

이정하 글

부채감으로 남은 장애운동 현장

1988년에 대학에 들어갔는데 방황만 하며 4년을 보냈어요. 당시는 민주화운동이 치열했던 때라 저도 동아리를 통해 학생운동을 했어요. 그때 학교 앞에서 철거가 자행되고 있었거든요. 철거민들이 맞서 싸웠는데, 저도 가슴이 뜨거워져서 열심히 싸웠던 기억이 나요.

졸업 후 장애인 신문사 취재기자로 장애계와 인연을 맺었어요. 장애운동을 시작한 건 1995년 가을 장애우권익문제연구소로 옮기면서부터였어요. 연구소에서 사무국을 맡고 있던 '올바른 장애인복지를 위한 공동대책위원회'(한국장애인단체총연맹의 전신) 간사로 일하다가 연구소에서 발간하는 장애 전문지 월간《함께걸음》취재기자로 일했어요. 1997년 첫아이를 낳고는 여성국 간사로 복귀해서 여성장애인운동을 했어요. 이후 인권팀장을 맡아 탈시설운동을 시작하기까지 10년을 연구소에서 활동했죠. 제가 좀 고지식한 편이라 하라고 하면 '정말 해야 한다'고 생각하고 열심히 해요. 눈에 보이는 일은 족족 다 해야 하는 인간이에요. 여성국 간사로 일하면서는 한국여성장애인연합을 조직했고, 총무팀장으로 일하면서는 총무관리시스템을 구축했어요. 또 인권팀장을 하면서는 상담 프로그램 개발 등 시스템을 구축하고, 수사와 재판 등 형사절차와 보험상의 장애인 차별을 개선하려 애썼죠. 인권상담 과정에서 제기된 과제들을 연대운동을 통해 하나씩 풀어갔어요.

1999년에 일하면서 사회복지 석사 과정을 밟았어요. 대학 시절 안 한 공부를 그제야 한 거죠. 사회복지학은 재미있었지만 좀 이상했어요. 딱 정답을 내려놓고 모든 문제를 사회복지사가 해결해야 한다고 봐요. 사회복지사가 문제를 분석하고, 개입해서 해결한다는 모델이죠. 그게 동의가 안 됐어요. 너무 전문가 중심적이고 기능적인 거예요. 학문적 뿌리와 권위에 집착하는 것 같았어요. 그러면서 '사회복지사는 전문가'라고 얘기해요. '학문의 권위는 다른 사람들이 인정해주는 건데 왜 자기들 스스로 전문가라고 주장하지?' 그런 생각이 들었어요. 둘째 아이 낳고 1년 육아휴직 중에 석사논문을 쓰고 졸업했는데 그 당시엔 다시 사회복지로 박사까지 공부할 줄은 몰랐어요.

2003년 봄 어느 날 연구소로 한 젊은 남성분이 저를 찾아왔어요. 다리에 장애가 있고 가족 갈등과 알코올중독 문제로 힘들어하시던 분이었는데, 경기도 양평에 위치한 성실정양원이라는 미신고 시설에 강제로 입소당해서 3년간 갇혀 계셨다고 했어요. 심지어 그 시설에서 자신이 당한 끔찍한 일들을 호소하던 와중에 이분이 다시 그 시설에 강제입소를 당하는 일이 발생했죠. 당시엔 지역사회서비스가 아무것도 없었어요. 장애인에게 집은커녕 전동휠체어나 활동지원서비스조차 제공하지 않았어요. 장애인 복지 예산의 80프로가 다 거주시설로 들어가고 있었거든요. 그런데 거주시설에서 그 돈을 어떻게 쓰는지는 아무도 몰랐죠. 이런 문제에 대해 공부하거나 얘기해주는 사회복지 학자가 없더라고요.

그래서 나라도 공부해보자 싶어서 2005년 박사 과정에 들어갔어요. 당시 석암재단은 어마어마했죠. 한번은 양천구의 예산을 분석하는 연구를 할 기회가 있었는데, 장애인 복지 예산 200억이 다 석암재단으로 들어간다는 걸 알게 됐어요. '200억이 왜 다 여기로 들어가지?' 이상하다고 생각했어요. 나중에 제가 그 재단의 이사장이 될 거라곤 상상도 못 했죠. 처음엔 시설 문제를 공부해서 다시 현장으로 돌아가겠다는 마음이었어요. 시설 문제를 해결하는 운동을 하고 싶었거든요. 동료들도 그 약속을 믿고 기다리고 있었죠. 그런데 2006년에 남편이 암 판정을 받았어요. 거기에 아이는 둘이고 연로하신 시어머니를 모시면서 박사 공부까지 하고 있으니 현장 활동가로 돌아가기 어려운 상황이었어요. 결국 못 돌아갔어요. 동료들에게 미안해서 어떻게 설명해야 할지 모르겠더라고요. 저에게는 현장으로 돌아가지 못했다는 부채의식이 늘 있었어요. 그래서 탈시설 정책 위원회에서 간사를 하고 발바닥행동 주간회의에 가곤 했죠. 그때의 역할이 저를 여기까지 오게 했어요.

빚만 쌓인 무주공산

석암재단 사건 전에도 장애계에 여러 시설 사건들이 있었지만 투쟁을 하면서 시설 내부에 직접 들어가 탈시설 모델을 만들겠다는 비전을 세운 적은 없었어요. 석암재단도 다른 시설과 마찬가지로 단순히 법인 운영진을 바꿔서 비리 문제를 해결하려 했죠. 서울시가 석암재단 이사 추천을 받았는데 운동단체 활동가들은 꺼렸어요. 활동가보다는 활동가 출신의 교수처럼 자기들과 소통이 될 만한 사람을 추천했죠. 그중에서도 저처럼 시설 투쟁에 대해 어느 정도 알고 있는 사람들이 추천됐어요. 처음엔 피하고 싶었어요. 그 일의 무게가 가늠이 안 됐거든요. 그러다 점점 시설 내부로 들어가 싸우는 것이 저한테 주어진 역할이라는 생각을 했던 것 같아요. 그동안 시설 법인들은 시설 밖의 사람들이 내부 사정을 모른다는 점을 이용해서 탈시설이 안 된다고만 얘기했거든요. 그 안으로 들어가서 '안 되긴 뭐가 안 돼! 되잖아!' 하고 직접 보여주고 싶었어요.

그래도 이사장으로 들어갈 때까지는 정말 고민이 많았어요. 막상 이사장이 된 후에는 누가 대신해줄 상황이 아니잖아요. 이사장이 해야 할 일이 너무 많았어요. 정관부터 시작해서 층층이 쌓인 문제를 풀어야 했어요. 임시로 파견된 이사들이 5년 동안 애를 썼지만 그 이후에 소송이 다섯 개나 진행되고 있었어요. 게다가 바깥의 활동가들은 프리웰의 해산을 요구했죠. 그런데 해산하려면 빚을 청산해야 했어요. 법인에 있었던 돈은 이미 다 써서 없고 38억 원 상당의 부채만 남아 있었죠. 해결해야 할 것들이 무주공산처럼 쌓여 있었어요.

시설 내부에도 여러 문제가 많았어요. 어떤 원장은 시설 내부 공간을 고쳐서 각 방을 '가정'처럼 운영하려고 했어요. 어떤 직원들은 '장애인은 시설에서 살아야 한다'며 자기 편, 자기 거주인들을 만들었죠. 편을 나누어 서로 소송하고 국가인권위에 진정하고요. 이사들은 상근직이 아니니까 내부 상황들을 챙기기가 어려웠어요. 직원들은 '운동권 출신 공익이사가 온들 뭘 하겠어?' 하면서 신뢰하지 않았어요. 분위기가 냉랭했죠. 그러면 탈시설을 반대하는 사람들은 '옳다구나, 저기 문제 생긴다!' 하며 좋아하죠. 그런 어려운 조건 속에서도 좋은 분들이 계셨어요. 탈시설 정책위원회 활동을 오랫동안 함께해온 염형국·임성택 변호사님이 법인의 소송을 무료공익 소송으로 진행해주셨어요. 여러 원장님들도 계셨지만 송용성·문병수·이남우 원장님은 정말 고생을 많이 하셨죠. 이분들이 라포를 형성해서 시설 내부가 그나마 안정될 수 있었어요.

한 명이라도 더 나올 수 있도록

우리나라는 시설이 다 민영화되어 있는데, 누가 민영 시설한테 문제 제기하고 탈시설을 추진하라고 강제할 것이며, 또 국가의 인권 감수성이 거기까지 미칠 수 있을까요?

2013년 당시 석암재단에는 200명의 직원과 거주인이 있었지만 시설 안에서도, 운동 진영에서도 거주인 모두에 대한 탈시설 계획은 없었어요. 탈시설 의지가 강한 사람뿐만 아니라 그 시설에 사는 모든 사람이 마찬가지였죠. 어떤 시설도 탈시설을 추진한 사례가 없었어요. 그건 고도의 감수성과 단단한 의지, 정치적 힘이 있어야 가능한 일이에요. 사회적·직업적 책무로 주어지는 것도 아니고 명예가 생기는 것도 아닌데 누가 그런 의지를 발휘하겠어요? 그런 그림을 그릴 수 있는 사람은 탈시설운동을 했던 우리 말고는 없어요.

일단 시설 내부에 산적한 일들을 하나씩 하나씩 처리했어요. 채무 상환은 물론이고 운영자금을 마련하려면 기본재산을 처분해야 했어요. 그러기 위해선 지자체 승인을 받아야 하는데, 승인을 받는 데만 6개월이 걸렸어요. 그 사이 채무에 20퍼센트의 법정이자가 붙어 빚은 늘고 참 답답한 상황이었죠. 당시 우리가 추진했던 모든 일들이 전례 없는 일이라 무엇 하나 쉽지 않았어요. 기본재산 처분도 어렵고, 문제의 사회복지법인에 기본재산을 담보로 돈을 빌려주려는 곳도 없었죠. 그래도 백방으로 알아보고 탈시설 정책위원회 활동을 함께해온 공익변호사들이 소송지원을 해줘서 그나마 일을 시작할 수 있었어요. 아무튼 제가 처음 이사장을 맡은 2013년 당시 채무가 38억이었는데 2018년 그만둘 땐 13억으로 줄었어요. 한숨 돌리긴했지만 그래도 법인 해산까지 가야 할 길은 여전히 참 멀었죠.

운동 현장에서는 프리웰을 해산한 뒤 기부채납을 통해 공공화하는 방식으로 서울시가 탈시설을 추진하도록 하자고 했지만 저는 서울시를 믿을 수 없었어요. 이 골치 아픈 일을 서울시가 제대로 할 것 같지 않았거든요. 서울시가 기부채납을 받으면 다른 시설 법인에 위탁운영을 맡기기 쉬울 거고, 그렇게 되면 프리웰 산하 시설에 거주하는 분들의 탈시설은 요원해질 거라고 봤어요. 이 골치 아프고 전례 없는 일을 우리처럼 할 수 있는 이가 없다고 생각했어요.

실제로 당시 상황이 그랬어요. 2008년 서울시가 지자체 최초로 탈시설 욕구조사를 하고, 2011년 탈시설전환지원센터를 설립했어요. 2013년까지 600명의 탈시설을 지원하겠다고 발표했지만, 2014년 당시 실제 탈시설한 사람들의 수는 40~50명에 불과했고, 그나마도 대부분은 프리웰 산하 시설인 향유의 집에서 나온 분들이었어요. 탈시설 정책이라는 게 법인과 시설이 협조하지 않으면 시설 안에 있는 사람들은 나갈 수가 없는 게 현실이에요. 시설에서 '탈시설할 사람이 없다'고 판단하고, 탈시설전환지원센터를 운영하는 서울복지재단에서 '신청자가 없다'고 보고하면, 서울시가 '탈시설을 원하는 사람들이 없다'고 결론 내리는 거죠. 이런 구조와 현실을 뻔히 아는 저로서는 지자체와 사회를 믿을 수 없었어요. 그래서 법인 이사장으로 있을 때 법인과 시설 안에서 탈시설을 돕는 길을 만들기 위해 노력했죠.

그래야 밖에서 활동가들이 시설과 싸워서 몇몇 분들을 어렵게 모시고 나오는 것보다 훨씬 더 많은 분들을 나오게 할 수 있고, 또 탈시설하시는 분들이 나오는 과정에서 거주했던 시설의 사람들과 갈등을 겪지 않고 자립을 할 수 있으니까요.

발달장애인 지원주택 개발 프로젝트

시설에 계신 모든 분들이 지역사회로 나가야 한다는 게 출발점이었어요. 프리웰에서 모든 사람을 위한 자립 모델을 만들 거라고 하니, 서종균 박사님이 지원주택 모델을 소개해주셨어요. 지원주택이 발달장애인에게 딱 맞을 것 같다고 하셨어요. 지원주택 모델의 원칙은 자기 이름으로 집을 계약하는 것이고, 임대료를 소득 수준에 맞춰 일정 수준 이상 부과할 수 없다는 거예요. 필요로 하는 서비스나 자원도 가까운 도보 거리에 위치해야 했어요. 고민 끝에 사회복지공동모금회에 발달장애인을 위한 지원주택 모델 개발 제안서를 냈어요. 모금회에서 어렵게 받은 8700만 원으로 발달장애인 지원주택 모델을 처음 시작한 거죠.

2015년 발달장애인 지원주택 프로젝트로 오피스텔 세 채를 가지고 시범 모델을 만들어본 거죠. 한 채에는 한 명, 또 다른 한 채에는 두 명이 입주했고, 나머지 한 채는 지원센터로 만들어서 세 명의 입주민을 근거리에서 지원했어요. 다양한 문화 프로그램이나 서비스도 이용하실 수 있도록 했고, 체크카드를 만들어 월 30만 원씩 생활비를 직접 쓰실 수 있게 해드렸어요. 시설에서 자원한 박현순 선생님이 코디네이터 역할을 하시고, 법인에서 일했던 발달장애 당사자 박찬 선생님은 지역사회 안내를 하셨고요. 저는 슈퍼바이저를 한 거죠. 그렇게 뒤에서 지원하면서 현장을 더 잘 알게 됐어요.

당시 운동 현장에는 지원주택에 대한 문제 제기도 있었어요. 자립생활주택이 있는데 왜 지원주택이냐는 거였죠. 저는 발달장애인의 탈시설에 대한 사회적 설득 방안으로서 필요한 거라고, 지원주택은 하나의 선진적인 주거 모델이고 우리가 가야 할 길이라고 얘기했어요. 처음에는 저나 문제 제기하는 사람들이나 지원주택의 개념을 정확히 이해하지 못했던 거 같아요. 누군가가 먼저 새로운 길을 가야 하는데 아직 가보지 않은 길이라 설명하거나 이해하기 어려웠고, 선례가 없는 상황에서 서로 신뢰하기가 쉽지 않았던 거죠. 그 길이 100퍼센트 맞지 않더라도 탈시설로 나아가기 위해서는 발달장애인을 위한 구체적인 주거 방안이 만들어져야만 했어요.

없던 길을 만드는 일

운동 현장에서는 다른 사회복지법인들이 탈시설을 핑계로 시설 형태만 바꿔서 작은 시설을 운영할 거라는 우려가 많았던 것 같아요. 운동 현장에는 '문제 시설이 스스로를 바꾸게 할 것이 아니라 그 문제 시설 자체를 없애야 한다' '시설을 폐쇄하고 법인은 취소해야 한다' '정부가 직접 운영하면서 서비스도 관리해야 한다' 등의 강한 원칙들이 있었어요. 시설을 공공화해야 한다는 게 요점이었죠. 그렇게 법인이 주도하는 탈시설에 대한 문제 제기가 시작됐어요. 결국 프리웰이 자체적으로 지원주택을 만들어가는 탈시설 로드맵은 중지됐어요. 하지만 저는 민간 법인을 공공화하는 건 어렵다고 봤어요. 정부가 시설을 운영한다고 한들 서비스가 갑자기 좋아질까요?

없던 길을 만들어나가야 하는 상황에서 서로를 신뢰하고 이해한다는 건 쉬운 일이 아닌 것 같아요. 동료들로부터 칭찬받을 줄 알았는데, 그 당시에는 억울할 정도로 좋은 소리 못 들었어요. 시설 안으로 들어가 프리웰 이사장이라는 자리에서 탈시설 꿈을 만들면 운동 현장의 동료들과 힘을 합칠 수 있다고 생각했는데, 동료들은 제가 탈시설운동이 아닌 시설 운영자의 길을 간다고 했어요. 설사 제가 시설을 운영하려 한다는 오해를 받더라도, 그 일을 내려놓을 수가 없었어요.

2014년에 친언니를 사고로 잃고 나서 죽을 만큼 힘들었을 때도 프리웰에서의 탈시설운동만큼은 포기하지 않았어요. 그런데 동료들이 믿어주지 않았을 땐 마음이 너무 아팠어요. 그때가 인생에서 가장 힘든 시기였어요. 우리가 동료라고 생각하지만 어떤 사람들에게 저는 시설을 운영하려 하는 권위적인 전문가로 보일 수도 있는 거죠. 늘 품고 있던 탈시설에 대한 열정과 무거운 마음이 충분히 전달되지 못했던 것 같아요. 되묻고 얘기했더라면 다르지 않았을까 싶긴 한데, 당시 우리는 심리적으로도 시간적으로도 여유가 없었어요. 이사 임기 3년 안에 빨리 탈시설을 해야 한다는 생각에 사로잡혀 있었어요.

계속 고집을 부렸어요. '서울시는 분명히 다른 법인에 위탁 운영을 맡길 것이다. 그땐 우리가 거주인들에 대해 책임질 수 없다. 그렇다면 그 길로 갈 수 없다'는 게 제 결론이었어요. 탈시설에 관해서는 아무도 믿을 수 없었고, 실제로 아무도 못할 거라고 생각했으니까요. 그때 프리웰 모델을 밀고 나갔기 때문에 지금 탈시설을 이룰 수 있게 된 거라고 생각해요. 계속 시설을 유지하면서 장애인에 대한 인권침해 없이 민주적으로 운영한다? 그렇다 한들 거주인들의 삶은 달라질 수 없어요.

프리웰은 모든 사람을 위한 탈시설 계획을 세우고, 서울시는 정책으로 뒷받침했죠. 탈시설 조사를 계속하고, 회의 때마다 체크하고, 남는 분들의 탈시설은 구조적으로 해결했어요. 운동 이슈 안에서 어느 순간에는 디테일을 찾을 수밖에 없어요. 신체장애인 중심의 탈시설이고, 실력도 없이 한다는 편견이 틀렸다는 걸 보여줘야 하죠. 다른 시설 사건의 경우 시설을 나갈 역량이 있는 이들 이외에 나머지는 여전히 시설 안에 있어요. 향유의집은 시설 안과 밖이 연결되어서 사람들이 빨리 나갈 수 있었던 거예요. 탈시설이라는 게 이사장이 일방적으로 지역사회로 나가라고 한다고 해서 됩니까? 안 되거든요. 저 역시 원장들에게 신뢰를 얻기까지 1년 6개월이 걸렸어요. 시설 안에서는 하라고 해도 안 하면 그만이거든요.

자기결정을 지원한다는 것

탈시설운동을 계속해야겠다고 생각했던 이유는 결국 시

설에 계시는 거주인분들 때문이었어요. 2015년에 처음 지원주택에 입주했던 장도영씨, 이호민씨, 김영미씨가 가장 힘이 됐죠. 없는 돈에 오피스텔 세 채를 빌렸을 때 한 채에는 장도영씨와 이호민씨가 같이 살고, 다른 한 채에는 김영미씨가 거주했어요. 제도적 근거 없이 시작된 사업이라 입주하신 분들은 시설 거주인 신분을 유지해야 했고, 활동지원사 없이 자원한 생활재활교사의 지원을 받아야 하는 상황이었어요. 박현순 선생님이 혼자 정말 고생 많으셨어요. 입주인 분들이 사고가 날 수도 있고 길을 잃기도 하니까요. 그래서 무슨 일이 발생해도 법적 책임이든 뭐든 다 제가 질 테니까 저 믿고 하시자고 그랬죠. 걱정만 하면 아무것도 할 수 없는 상황이었거든요. 저도 속으론 걱정되었지만 그렇게 서로를 의지하며 진행했어요. 지원주택 모델 사업은 탈시설 정책위원회 때부터 함께 도왔던 김민철, 이아영 두 후배의 도움도 컸었어요. 어렵게 집을 구하고, 자기결정 관련 매뉴얼을 개발했어요.

　도영씨, 호민씨, 영미씨를 만나면서 정말 많은 위로를 받았어요. 이분들의 삶이 조금씩 달라지는 게 눈에 보였거든요. 그분들이 삶에서 의미를 발견하고 소통하면서 배우는 모습을 보면 가장 행복했어요. 호민씨, 영미씨는 서로 뭐든지 해주고 싶어 하셨어요. 어느 날은 호민씨가 편지를 보여주셨는데, 종이에 '이호민 이호민 이호민' 이렇게 이름만 반복해서 쓰여 있는 거예요. 영미씨에게 전해주면서 "거기 뭐라고 쓰여 있어요?" 물으니 영미씨가 웃으면서 "아 이거 호민 오빠가 저 좋아

한다는 말이에요"라고 하시더라고요. 마음이 뭉클했어요. 두 분 마음이 소통하고 있는 거잖아요. 또 한번은 지원주택 중간 평가 때 자신이 바라는 걸 그림으로 그려보시라고 했더니, 호민씨가 큰 네모에 크기가 다른 동그라미 세 개를 그렸어요. 네모는 집을, 큰 동그라미는 호민씨, 중간 동그라미는 영미씨, 작은 동그라미는 아기를 의미하는 거였어요. 또 지원주택에 살면서 무엇이 좋은지 물었더니 네모 세 개를 그리셨어요. 큰 네모는 집을, 작은 네모 두 개는 텔레비전이랑 침대였죠. 자신의 집, 가구, 그리고 가족을 꾸리고 싶어 하고 소중히 여기는 마음이 뭉클하게 다가오더라고요. 어떤 형태로든 모든 사람들은 자신의 마음을 표현하고, 그 소통의 의미가 정말 소중하고 중요하다는 것을 깊이 느낀 시간이었어요. 소통이라고 하는 것은 이런 건데 많은 사람들은 소통을 글씨를 올바로 쓰고 말을 똑바로 하는 것으로만 생각해요. 의사소통의 의미를 그런 데만 두니까 발달장애를 가진 사람들은 의사소통을 하지 못한다고 생각하는 거예요.

예전에 시설 조사 가서 거주인분들을 만났을 때도, 표현하지 못하지만 가족과 헤어진 경험이 내면에 굉장히 깊고 아프게 남아 있다는 걸 느꼈어요. 시설 안에선 그 얘기를 하기 어려웠을 거라고 생각해요. 영미씨는 중간평가 때 가족이 보고 싶다며 우시더라고요. 지원주택으로 나와 자신의 공간과 삶을 조금이나마 찾게 되니 내면에 억눌려 있던 가족에 대한 그리움, 아픔이 터져 나오신 거죠. 시설에 살고 계신 분들은 단순히 '거주인'이 아니고 '한 명의 사람'이잖아요. 시설의 침대처럼 작은 공간에 갇혀 계신 어르신을 뵐 때면 절망감, 답답함이 느껴져요. 그럴 땐 눈으로 '계속 손도 움직이고 이렇게 하셔야 돼요' 말해요. 움직임은 자신을 표현하는 하나의 방법인데 몸을 움직이지 못하게 하는 건 억압이죠. 그 고통을 누군가가 알아보는 것에서 대화가 시작되는 것 같아요. 식사를 지원하는 것도 소통이에요. 뭘 먹고 싶은가를 알아가는 과정이죠. 자기결정을 지원한다는 건 'NO'라고 하지 않는 과정인 거예요. 사람은 자기를 표현하려고 하는 존재잖아요. 혼자 표현하기 어려운 분들은 자기결정 과정을 함께 지켜봐야 해요. 자기결정을 뭐라고 한마디로 정의할 순 없어요. 노래를 부르는 것일 수도 있고 밥을 먹는 것일 수도 있고, 친구를 만나는 것일 수도 있고, 시를 쓰는 것일 수도 있죠. 그가 원하는 그 무엇인가를 함께하는 게 소통의 과정인 것 같아요.

프리웰, 우리의 자긍심

무작정 탈시설을 반대하며 문제 제기하는 직원들이 있었어요. 법인은 맨날 고소당해서 양천경찰서도 여러 번 갔죠. 그래도 심하게 스트레스는 안 받았어요. 새로운 길을 갈 때 당연히 제동을 거는 사람도 있기 마련이니까, 누가 뭐라고 하더라도 뚜벅뚜벅 걸어나가면 되는 거죠. 시설이 없어질 때 없어지더라도 마지막 남은 거주인까지 질 높은 서비스를 받을 수 있어야 한다고 생각했어요. 그게 곧 삶의 질을 결정하니까요.

서비스를 제공하는 분들 중에 탈시설 개념을 이해하고 대변하는 사람들이 많아야 해요. 시설과 법인이 탈시설할 수 있도록 지지하고 정보를 제공하고 용기를 불어넣지 않는 한, 당사자 입장에서는 의사가 있어도 표현하거나 실행하기 어려워요. 탈시설에 대해 제대로 이해하는 직원들이 많아지려면 그들과 더 자주 만나 친해질 필요가 있다고 생각했어요. 탈시설에 대한 의식을 가지고 더 의욕적으로 서비스를 개선하자고, 탈시설은 두려운 것이 아니라고 자주 이야기했죠.

탈시설을 비전으로 세운 프리웰은 우리의 새로운 자긍심이 됐어요. 안에서 일하는 직원들도 하나의 주체가 되어야 했고요. 직원들이 서로를 지지할 수 있도록 교육이나 브레인스토밍을 진행했죠. 몇 년간 원장님들과 주간회의를 했고 매년 전체 직원분들과 워크숍을 하면서 각 시설별로 서비스 개혁하고 탈시설 계획을 세워서 발표하도록 했어요. 그렇게 서비스 제공하는 사람들도 변화하고, 당사자도 변화하고, 원장도 변화하면서 함께 나아가는 것이 민주적이고 옳겠다는 생각을 했어요. 이데올로기만 가지고 누군가를 설득하기란 쉽지 않은 것 같아요. 매주 시설에 가서 회의하고 얘기하고 쌓여 있는 문제들을 하나하나 파악했어요. 그러다보니 어느 날은 직원들도 같이 애쓰려고 하는 게 느껴지더라고요.

거주인들은 걱정을 안 했어요. 법인이 주도할 때 몇몇 부모님은 흔들리겠지만 원장과 법인이 딱 자리 잡고 설득하면 동의해요. 대안을 드리니까요. 가족분들이 반대하시는 건 몰라서 그러는 경우가 대부분이에요. 탈시설하면 가족에게 부담이 되거나 거주인들이 위험해질까봐 걱정인 거지, 가족들이 당사자가 미워서 그러겠어요? 당사자와 가족에게 명확한 대안을 주겠다고 시간을 갖고 계속 설득하면 왜 반대하겠어요. 반대하는 건 기다리면 돼요. 기초생활수급자가 아닌 분들이 탈시설하면 가족에게 부담이 생기니 좀 어려우실 수 있어요. 부양의무제 폐지는 어느 정도 해결됐고, 결국 대안이 나올 거예요.

사람들이 탈시설을 적대시하지 않기를 바랐어요. 탈시설은 장애를 가진 사람들의 삶만 바뀌는 게 아니거든요. 지금 프리웰이 잘해나가고 있다는 게 감사하고 다행스러워요. 모든 분들이 빠르게 나갈 수 있게 주택을 확보한 게 무엇보다 잘한 일인 거예요. 지역사회에 시설 모델에 대한 대안이 있어야죠. 그분들의 집이고 일상이니까요. 현장에서는 신중하고 여러 가지 디테일도 생각해야 해요. 단계적으로 하나씩 탈시설 모델을 만들어나가는 프리웰이 믿음직스럽고 잘하고 있다고 박수 치고 있어요. 프리웰의 탈시설은 자진 시설 폐지라는 종착지이자 모든 사람의 탈시설을 이끌 시작점이에요.

시설 종사자의 탈시설을 그리며

: 향유의집 마지막 원장 정재원

박희정 글

지지하고 동행하는 집, 지원주택

저는 노숙인 지원 현장에서 오래 일했어요. 지원주택 모델에 대한 논의가 일기 시작한 건 2006~2007년쯤이에요. 현장이 하도 열악하니까 표면에 오르기는 어려웠죠. 당장 눈앞에 놓인 일들에 대응하기 급급하니까. 그때는 저도 지원주택이 뭔지 잘 몰랐어요. 있으면 좋겠다는 정도로 생각하고 흘렸죠. 그러다 일하던 서울역 인근의 노숙인 일시보호시설을 그만둘 때 (사회복지법인) 굿피플에서 행복하우스*를 운영해보지 않겠냐는 제안을 받게 됐어요. 2013년의 일이었죠.

지원주택이 뭔지 잘 몰라서 주변에 물어봤어요. 이런 게 있는데 어떠냐고 했더니 저한테 적극적으로 해보라고 권하시더라고요. 그 일을 당신 아니면 누가 하겠냐고. 그렇게 해서 우리나라에서 최초로 지원주택 시범사업을 하게 된 거죠.

행복하우스에는 원룸형 독립공간에 한 분씩 모두 스물여섯 분이 독립세대로 거주했어요. 정신질환과 알코올의존증을 가진 분들, 노숙인 중에서도 제일 버거운 환경에 처하신 분들이었죠. 처음 시작할 때는 사실 지원주택의 본모습에 미치지 못하는 모습으로 시작을 했어요. 지원주택에는 원래 지원자가

---

* 행복하우스는 조계종, 원불교, 천주교, 기독교 등 4대 종단과 보건복지부가 참여한 노숙인지원 협의체 '종교계 노숙인지원 민관 협력네트워크'가 노숙인 지원주택 시범사업을 위해 6억 원의 기금을 마련하면서 시작되었다. 운영은 공모를 통해 선정된 사회복지법인 굿피플이 맡았다.

근무하는 사무실이 포함되지 않는데 행복하우스에는 있었거든요. 저한테야 좋았죠. 같이 생활하면서 많은 걸 배웠으니까. 입주민들과 똑같이 먹고 자고 생활했어요. 그렇다고 시설에서처럼 관리자 역할을 하는 게 아니라, 그분들이 적응하고 변화하시는 모습을 교감하고자 했어요.

한편으로 지원주택 안에서 발생할지 모를 사고와 이웃들의 민원에 대한 걱정이 컸어요. 일이 벌어졌을 때 빠르게 개입하냐 못하냐에 따라 여파가 달라지니까. 책임자로서 큰 부담을 느꼈어요. 초긴장 속에서 살았죠. 일이 생길 때마다 바로바로 설명하고 이해를 구하니까 나중에는 이웃에서도 적극적으로 도와주시는 분들이 생겼어요.

지원주택을 만난 후 제 삶이 크게 바뀌었어요. 사회복지 실천 현장가로서의 시각과 방향과 자세에 180도 변혁이 일어난 거예요. 서비스 대상자와 맺는 관계가 새로 정립된 거죠. 제가 가진 사회복지에 대한 철학과 기술을 다시금 깊이 있게 돌아보는 시간이었어요. 그전까지는 저도 모르게 관리적인 측면에서 봐왔더라고요. 모든 걸 보호라는 관점에서 접근했어요. 말로는 서비스 대상자와 인격 대 인격으로 만나는 방식과 방법을 나름대로 열심히 고민하고 실천했다고 생각했지만 착각이었던 거죠. 지원주택은 그 시각부터 바꾸게 했어요. 관리하는 게 아니다. 지원한다. 지지한다. 동행한다.

지원주택은 자율성과 자발성이 철저히 보장되어야 해요. 시설처럼 프로그램을 어떻게 운영할지가 중심이 아니죠. 사례

지원(사회서비스 대상자의 욕구가 복합적이고 사람마다 다양하다는 점에 착안하여 개별 대상자의 상황에 맞게 다양한 자원을 연결해주는 지원 방식) 입주민분들이 처음엔 뭔가에 꼭 참석해야 한다는 의무감이 있으셨어요. 시설에선 의무감을 주입하거든요. 꼭 해야 하는 일은 없다고 하니 그렇게 편안해하시더라고요(웃음).

행복하우스는 어떤 규칙이나 제한 없이 자유로운 집이었어요. 정기 상담이 있지만, 상담은 그분들을 지지하고 지원하려는 모니터링 과정의 하나예요. 관계 형성에 대한 부분을 특히 신경 썼어요. 이분들은 사회 적응력이 낮은 편이거든요. 관계적인 부분이 좀 미숙하죠. 그분들이 못나서가 아니라 그냥 표현이 다른 거예요. 반상회를 통해 이웃과 관계 맺는 법을 익히실 수 있도록 했죠. 이분들이 여기서 평생 살 수도 있지만, 더 좋은 곳에 갈 수도 있잖아요. 그런 욕구를 갖도록 터를 다지는 지원을 추구했어요.

처음에는 이분들의 삶이 잘 이해가 안 됐어요. 한 명 한 명 깊이 만나다보니 제 시각과 기준이 문제라는 걸 깨달았어요. 그들을 제 기준에 끼워 맞추려 하니 어려웠던 거죠. 기억에 남는 분이 계세요. 사회적 일자리에서 일하고 있다가 해고 통보를 받았어요. 행복하우스에 입주한 지 석 달도 안 된 때라 걱정이 컸죠. 저는 그분이 일을 하지 못하면 주택 유지를 못하니까 걱정이 됐는데, 정작 그분은 태연했어요. 다른 일자리를 찾으면 된다며 현실적이지 못한 계획을 얘기하는데, 그게 그리 쉬운 일이 아닌 상황이었어요. 왜 계약 해지가 됐는지 본인은 잘 모르더라고요. 사업장에 가서 물어보니 이유가 있었어요. 그분 체력이 보이는 것보다 약해요. 요구된 업무의 70~80프로 정도 밖에 소화하지 못하니까 업무에 차질이 생겼던 거예요. 영업이익을 추구하는 회사 입장에서는 어쩔 수 없는 처사였죠.

당사자랑 같이 그쪽 팀장을 만나 이야기했어요. 기회를 달라고. 그분과는 체력을 좀 키워서 한 사람 몫을 해낼 수 있게 노력해보자고 이야기했고, 업체 측에는 이분이 업무에 익숙해질 수 있게 업무 속도를 조절해줄 수 없겠냐고 협조를 구했죠. 그쪽도 사회적기업이니까 충분히 이해해주셨어요. 지금은 아주 잘 다니고 계세요. 그분이 체력을 키워보려고 여러 가지 시도를 했거든요. 이 운동 저 운동 해봤는데 자전거 타기가 적성에 맞으시더라고요. 지금은 저보다 더 쌩쌩하게 잘 타요. 얼마 전에 전화가 왔는데 오토바이를 샀다고 하시네요(웃음). 조심해서 타시라고 했죠.

지원주택이 무엇인지, 제가 거기서 느끼고 배운 걸 잘 설명하기 어려워요. 사람들한테 말하면 반응이 대체로 똑같아요. 그룹홈 아니냐고. 우리가 이미 다 하고 있는 거라고. 자기들 영역과는 상관없는 일이라는 듯 관심을 기울이려 하지 않아요. 전혀 아닌데…… 제가 말주변이 없어서 정확히 표현을 못 할 뿐 분명히 차이가 있죠. 지원주택을 그냥 물리적인 주택 공급으로만 보는 시선이 여전해요. 지원주택은 단순한 주택 공급이 아니라 삶의 터를 만드는 일이에요. 저도 행복하우스 시작하고 1년 동안은 '성과'를 드러내기 참 힘들었어요. 밖에서는 너 뭐 하냐고 그래요. 안에서 나는 새로운 세계를 받아들이느라 힘들어 죽겠는데(웃음). 지원주택사업을 하기 전에는 프로그램을 하고 결과물을 보고하고 했는데, 이제는 그게 아니거든요. 그래서 오해도 많이 받은 것 같아요. 지원주택에서는 기존 방법처럼 프로그램을 하면 안 된다고 생각해요.

지원주택을 기존의 시설을 평가하는 방식으로 평가할 수는 없어요. 성과 측정 기준과 방식이 바뀌어야 해요. 이를테면 이런 게 있죠. 그 사람이 주택에 입주해서 생활을 어느 정도 유지하는지의 문제요. 잘 살아가려면 여러 부분이 어우러져야 하는 거잖아요. 그 어우러짐이 표면으로 드러나는 게 '잘 살아간다'는 사실이죠. 홈리스 분들이 처음 지원주택 오셨을 때 너무 행복해하셨던 게 기억이 나요. 예전에 그런 경험을 해본 적이 있는 분이었는데도 마치 그렇게 살아본 적이 없는 것처럼 놀라고 기뻐하셨어요. 사람에게 어떤 환경이 얼마만큼 주어지면 저렇게 잊혀지나 생각도 들고, 다시 시작하는 설렘과 두려움이 묻어나는 모습이 인상적이었죠. 우리 사회가 이분들의 삶에 더 많이 관심을 두게 되면 지원주택을 운영하는 부분이나 성과를 측정하는 부분에서 더 알찬 내용이 나올 수 있을 거예요.

아쉬움이 남는 마무리

안타깝게도 행복하우스 사업은 4년 만에 끝났어요. 2018

년 4월이었죠. 법인에서 알 수 없는 이유로 사업권을 반납했거든요. 어떻게든 행복하우스를 이어가고 싶었어요. 행복하우스를 운영할 때 박숙경 이사장이 저를 찾아온 적이 있어요. 지원주택에 대해 서로 이야기를 나누면서 프리웰이 장애인 탈시설을 적극적으로 추진하고 있다는 걸 알게 됐거든요. 그런 동기로 프리웰에서 행복하우스를 인수해주길 바라면서 연락을 취했어요. 그런데 돈이 없다고 하더라고요. 그만큼의 재정적 여력이 안 되는 곳인 줄은 몰랐죠(웃음). 프리웰 말고도 몇 군데 더 연락을 해봤는데 지원주택이라는 개념을 모르니까 다들 선뜻 응하지 않더라고요. 마치 제 일자리를 지키기 위해서 그렇게 하는 것처럼 바라보는 시선도 있었어요. 그런 사정을 박숙경 이사장이 알게 된 거죠.

박숙경 이사장도 향유의집을 정리하는 과정을 맡아줄 사람을 찾고 있던 참이었어요. 저더러 원장 채용에 응시해보라고 하더라고요. 저 또한 장애인 거주시설(향유의집) 전체를 정리하고, 거주인들의 주거를 지원주택으로 탈바꿈하는 과정에서 새로운 모델의 장애인 지원주택을 시도하고 싶었어요. 그래서 응시했고 일하게 됐죠. 그러니까, 향유의집에 원장으로 갈 때 제 목적은 시설 폐지가 아니었어요.

향유의집 첫인상은…… 그냥…… 시설다웠어요. 물론 향유의집은 다른 시설보다 훨씬 좋아요. 전체 입소 인원이 56명이었고, 체험홈에 여섯 명, 본원에 50명이 있었죠. 그 50명 중 14명은 독방에서 생활하고 있었어요. 독방 거주인이 되게 많다

고 생각했어요. 독방 자체가 존재하지 않는 시설이 허다하거든
요. 그렇다고 해서 향유의집이 거주인들의 개성과 사생활을 지
킬 수 있는 곳이냐 하면 그렇지 않아요. 지원주택만이 그걸 할
수 있어요.

근무한 지 두 달 정도 지났을 때 김정하 이사장에게 시설
을 폐지하고 법인도 해산한다는 말을 정식으로 듣고선 좀 놀랐
어요. 시설을 폐지한다는 거야 들었지만 법인을 해산한다니.
그러면 앞으로 지원주택을 만든다고 할 때 누가 운영 주체인
건지 의문이었죠. 게다가 시설 폐지를 1년 안에 해야 한다니.
10년 전부터 준비를 해왔다면서 더는 미룰 수 없다는 거예요.
당신들은 다 준비했는지 모르지만 난 아니라고, 최소 2년은 줘
야 한다고 했죠. 2년이라는 기간도 일단 던져본 거였어요.

저는 원래 3~4년쯤 생각했는데 1년이라는 말을 명확히 짚
더라구요. 법인에서는 서두르는 게 있었죠. 그런 건 저랑 생각
이 좀 달랐어요. 그 점이 무척 안타까웠어요. 지금도 그래요.

무엇보다 화가 나는 건 무지한 생각을 하는 몇몇 사람들
때문에 피해 보는 장애인들이 있다는 거예요. 사회복지를 한다
는 사람들이 자신의 이익을 최우선으로 삼고, 장애인이 지역사
회로 들어가는 것이 그를 벼랑 끝으로 내모는 위험한 일이라는
식의 생각을 조장하면 되나요? 사회적 최약자의 권리를 지켜
줘야 하는 사람들이 그들의 약한 점을 이용해 자기들 편한 것
만 취하면 안 되죠. 보호자들이야 잘 모를 수 있어요. 그런데 그
분들이 모른다는 건, 사회복지 종사자들이 정확한 정보를 주지

않았다는 뜻이기도 하거든요. 그러면서 그분들의 권리를 지켜 주는 것처럼 이야기하면 되나요? 탈시설을 반대하는 직원들한 테 당신 여기서 살고 싶냐고 물어보면 대답 못 해요. 당연히 살고 싶지 않겠죠. 그런데 왜 장애인에게는 여기에서 자꾸 살라고 하는 건가요?

직원도, 당사자도, 보호자도 모두 지원주택으로 주거 전환하는 걸 극구 반대하고, 그나마 조금 관심을 보이신 분들은 그런 게 어디 있냐며 회의적이었죠. 그렇다면 순차적으로 해보자해서 1차, 2차, 3차로 나누어서 탈시설을 진행한 거예요. 먼저 나가고 싶어 하시는 분들부터 1차로 지원주택으로 나가셨어요. 처음엔 거세게 반대하던 보호자나 당사자들도 실제 주택에 나와서 사는 사람들의 모습을 본 다음부터는 변화가 빠르게 진행됐죠.

시설 폐지 시기를 조금 더 늦추면서 진행했으면 좋았겠다는 생각이 들어요. 이사장 입장에서는 10년을 준비하고 기다려온 거지만, 저는 여기 온 지 2년밖에 안 됐으니 아쉽죠. 1~2년 더 걸린다고 해서 큰 누가 되거나 변질되는 건 아니잖아요. 지금까지 힘차게 달려왔으니까 잠시 멈춰 한 번 더 돌아보고 '우리가 더 챙길 게 없나?' 살펴보는 그 한 템포가 없었다는 게 안타까웠어요. 그랬더라면 지원주택 모델이라는 시스템을 서울시나 보건복지부가 좀 더 깊은 관심을 가지고 전달 시스템을 구축했을 거고, 지원주택서비스를 더 많은 분들이 더 빠르게 이용하셨을 거고, 탈시설에 반감을 가진 사람들의 생각을 전환시킬 수 있는 가능성이 좀 더 열렸을 것 같기도 해요. 그런 아쉬움이 있어요.

타인의 삶을 고민하는 일

사회복지학을 선택한 이유요? 딴 걸 다 못해서 왔어요. 지금 보면 사람에 대한 관심이었던 것 같아요. 자라면서 청소년기에 그런 생각을 많이 했어요. 왜 같은 조건(환경)에서 누구는 자기 삶을 살려고 하는데, 누구는 불편한 시선을 받는 삶을 살아갈까? 그런 이야기를 했더니 친구가 너한테 딱 맞는 과가 있다며 사회복지학과를 추천해주더라고요. 저는 그게 사회학인 줄 알았어요(웃음). 대학에 들어가서 놀랐죠. 사회복지학이 이렇게 방대하고 이렇게 크고 깊은 학문이었구나. 실천학문인 사회복지학의 매력에 푹 빠졌고 그래서 지금도 현장을 떠나질 못해요.

행복하우스 할 때 법인(굿피플)에서는 좀 쉬운 대상부터 시작하면 어떠냐는 얘기가 있었어요. 그런데 저는 이왕 시작하는 거 가장 힘들다고 여겨지는 대상부터 시작하고 싶었어요. 그래야 우리가 지원주택이 갖는 의미와 방향을 좀 더 깊이 있게 고민하게 되지 않을까 생각했어요. 노숙인 중에서도 제일 지원하기 힘든 분들이 정신질환이나 알코올의존증이 있는 분들이에요. 특히 알코올의존증이 있는 분들은 진짜 힘들거든요.

처음에 그 두 그룹을 대상으로 정했을 때 저도 좀 망설여졌어요. 그래서 정신질환이 있는 분들부터 먼저 행복하우스에 입주하게 하고 좀 더 자신감이 붙은 뒤에 알코올의존증이 있는 분들을 받았어요.

지금 지원주택 종사자들이 과연 지원주택이라는 개념을 얼마나 알고 있을까 염려가 많이 들어요. 지금의 모습이 지원주택의 본질에 충실하냐고 하면 저는 아니라고 보거든요. 가령 지원주택 안에 지원자가 일하는 사무실 공간이 들어가면 안 돼요. 커뮤니티 공간이 필요한 거지 사무실은 별개로 있어야 하죠. 근데 지금은 다 사무실을 끼고 들어가잖아요. 사무실을 커뮤니티 공간으로 오해하면 안 돼요. 서울시가 지원주택 모델을 도입할 때 시스템에 대한 부분을 더 얘기했어야 한다는 생각이 들어요. 성과 측정을 어떻게 할 것인지에 대한 고민 없이 시작했다는 것도 문제죠. 그러면 나중에 결과보고서 만드느라 일하는 사람들만 힘들어져요.

기존의 틀이 다 바뀌어야 한다고 봐요. 지원 대상에 대한 구분도 그렇고요. 제가 처음에 장애 쪽에 발을 들였을 때 '장애인은 환갑이 마흔'이라고 했어요. 장수하기 어렵다는 뜻이죠. 지금은 안 그렇지 않습니까. 이제는 전 생애주기에 걸쳐 맞춤형 서비스를 구축하자는 데까지 왔어요. 고작 30년 사이에 바뀐 거죠. 앞으로 더 빨리 바뀔 거고요. 더 이상 관리하고 치료하는 것 자체가 사회서비스의 목적이 될 순 없어요. 삶을 잘 살아갈 수 있게 토대를 만들어주는 역할을 해줘야 하는 거죠. 그러면 지원주택도 대상을 나이나 신체적 특성으로 구분할 필요가 없다고 봐요. 여기는 장애인 지원주택, 저기는 노숙인 지원주택, 이게 아니라는 거예요. 이건 서비스를 제공하는 관리적인 시각이에요. 그래야 더 편하게 관리할 수 있다는 거죠. 물론 여러 유형의 사람을 한꺼번에 지원하기는 어렵고 힘들어요. 그런데 진정 그들을 위한다면 그렇게 돼야 해요. 왜 그들을 낙인찍듯 구분합니까? 누가 구분하나요? 그들이 그렇게 살겠다고 말한 것도 아닌데. 한 건물에 남녀노소 구분 없이 들어갈 수 있어야 해요. 행복하우스도 그런 구분 없이 시작했어요. 보통의 사람들이 사는 방식대로 살아야 하지 않을까요?

어떤 여성분이 행복하우스에 오고 싶어 했는데 그 시설에서 막은 일이 있어요. 거기 남자들 많은데 어떻게 가냐고, 위험하지 않냐고. 위험이 대체 뭘까요? 어떤 위험이 있다면 그 위험을 방어할 수 있고, 피해갈 수 있게 같이 고민해야 하는 것 아닐까요? 인권이라는 게 저한테는 이런 거예요. 누군가 불편하다면 그걸 어떻게 해소하고 개선할 수 있는지 고민하는 게 사회복지사들이 해야 할 일인 거죠. 사회복지사 혼자가 아니라 팀워크를 형성해 지원해야 하는 거예요.

그러니 장애인만 탈시설하는 게 아니에요. 종사자도 탈시설해야 돼요. 새로운 일에 걸맞은 직무 역량이 형성돼야죠. 지원주택 종사자들도 그런 고민을 많이 해줬으면 좋겠어요. 지원주택은 주택만 공급하면 된다? 그럴 것 같았으면 옛날에 다 바뀌었죠. 한 사람 한 사람 인생이 그렇게 쉽게 얘기되는 대로 되지 않잖아요. 다 다른데. 그래서 맞춤형이라는 말이 나오는 거고요. 개개인에게 맞춰 삶을 설계하도록 지원해야 해요. 저는 '사람 중심 계획'이라는 단어도 쓰고 싶지 않아요. 우리가 뭘 계획할 수 있겠어요, 타인의 삶에 대해. 계획은 당사자가 하는 거고 사회복지사는 그 설계를 지원하고 지지해야 하는 거죠.

성찰의 시간

출근 마지막 날에는 진짜 아무 생각 없었던 것 같아요. 그냥 미련만 많이 남았어요. 뜻했던 일들을 반밖에 못 이뤄서요. 그리고 아직도 남아 있는 일들이 있거든요. 법적으로 얽혀 있어서 시간이 걸릴 수밖에 없는 것 같아요. 매듭을 제내로 못 시어서 더 미련이 남네요.

애초 향유의집에 올 때 가지고 있던 계획과는 달라졌지만, 이렇게 (1차, 2차, 3차로) 쪼개서라도 지원주택에 합류해 시작과 끝을 만들어보고 싶었거든요. 새로운 사회복지서비스 모델이 제자리를 찾아 튼튼한 뿌리를 내릴 수 있도록. 입주민들을 잘 모르는 사람이 와서 지원주택센터장을 하는 것보다 그래도 곁에서 지원해온 제가 가야 하지 않겠냐고 말씀해주시는 분들도 있었어요. 근데 그런 길이 다 막혔어요. 1차 때는 탈시설 반대가 극렬해서, 그 상황을 감당할 사람이 솔직히 없었어요. 그래서 향유의집 사무국장님한테 지원주택 쪽으로 가시라고 했어요. 사무국장님이 그때 향유의집에 있기 힘든 상황이기도 했고요.

장애인 지원주택 시스템을 준비하고픈 욕심에 겸직하는 방법도 생각했지만 사실 불가능한 일이었거든요. 먼저 준비된 행정적 계획이 없었고, 있다 하더라도 종사자 배치 기준이 하향 조정되는 거라 직급과 급여가 현실적이지 못했어요. 그것도 좀 불편했죠. 지원주택 모델을 도입하면서 서울시와 풀었어야 하는 중요한 문제 중 하나죠. 기존에 하던 일을 하는 게 아니라 어디서도 하고 있지 않던 새로운 일을 만드는 것인 만큼 더 많은 일을 해야 하는 거예요. 새로운 영역으로 개척되는 사업이나 신규 사업을 기획하고 추진할 때는 경험이 많고 전문성이 쌓인 인력을 배치해야 하거든요. 두 배, 세 배 일할 수밖에 없는 위치라 책임은 느는데 오히려 급여는 떨어진다니, 사회구조가 잘못된 거죠. 인건비를 최소화하는 데만 집중해 적합한 인력을 배치하지 못하면, 서비스가 필요한 사람과 이를 지원하는 양쪽 모두 만족과 보람을 찾지 못할 수밖에 없어요. 일하는 만큼 대우를 해줘야 신바람 나게 일하지 않겠어요.

어찌 되었든 시설은 문을 닫았어요. 그 과정을 돌아보며 그게 어떤 의미인지, 거기서 우리가 뭘 얻어야 하는지 성찰하는 시간을 가져야 한다고 생각해요. 그냥 대형 시설 하나 정리했다고 뿌듯해하고 끝날 일은 아니죠. 축배를 들어도 좋지만, 이 축제가 새로운 삶의 기폭제가 되면 좋겠어요.

거주인이

말하다

나를 움직인 건 분노였어요

: 시설 비리 최초 고발자 한규선

박희정 글

김포의 한 임대아파트에서 한규선을 두 차례에 걸쳐 만났다. 그는 2010년 5월부터 그곳에 살고 있다. 적당히 느슨하고 적당히 단정한 집이다. 한규선이 가장 많은 시간을 보내는 벽에는 눈에 띄게 커다란 텔레비전이 걸려 있다. 영화를 무척이나 좋아해서다. 팬데믹 이전에는 영화관을 자주 들렀지만, 지금은 이 텔레비전으로 영화를 본다.

해가 눈부시게 쏟아지는 거실 창을 뒤로하고 한규선은 마치 오래 기다린 사람처럼 이야기를 술술 풀어냈다. 셀 수 없이 많이 반복한 이야기이고, 아무리 말했어도 아직 다하지 못한 이야기라서일 것이다. 뇌성마비 때문에 말을 하기 위해서는 온몸의 근육과 모두 싸워야 했지만, 그것은 한규선에게 별일이 아닌 것처럼 보였다. 혹시 힘드시면 쉬어가셔도 된다고 몇 번 말을 건넸지만, 그는 두 시간에 걸친 인터뷰 내내 딱 한 번씩만 쉬고 부지런히 말을 이어갔다.

이 악물고 버틴 시설생활

6남 1녀의 막내로 태어났어요. 형님 두 분과 누님은 어려서 돌아가셔서 제가 여섯 살 무렵에는 4형제가 됐어요. 고향은 서울이에요. 어머니는 저를 낳으실 때 나이가 많으셨고 산후조리를 잘못하셔서 크게 아프셨대요. 그래서 모유가 아닌 미음으로 연명했다고 해요. 백일 무렵 먹은 미음이 잘못돼서 고열이

났고 뇌성마비가 되었어요. 여섯 살 때까지는 혼자서 일어나 지도 못했어요. 학교에도 갈 수 없었죠. 어릴 때 친구는 라디오 와 만화책뿐이었어요. 텔레비전이 귀할 때니까. 아홉 살 때 〈타잔〉이라는 미국 드라마가 인기였는데, 드라마가 방송되는 일요일마다 어머니 등에 업혀 텔레비전이 있는 옆집에 갔던 기억이 나요. 지금도 영화 보는 걸 제일 좋아해요.

스물일곱 살에 시설에 들어갔는데 그 전까지는 단 하루도 집 밖에서 자본 적이 없어요. 머리가 조금 크면서 '나는 왜 이래야 하나'라는 생각을 수도 없이 했어요. 열다섯 살에 삼육재활원에 들어가려고 알아봤어요. 거기 가면 공부도 하고 재활도 할 수 있을 거 같으니까. 그런데 난 장애가 심해서 전담 인력이 붙어야 된다는 거예요. 돈이 많이 든다고 해서 포기했죠. 저희 아버지가 몸이 안 좋아서 일을 못하셨거든요. 할아버지 살아 계실 때는 할아버지한테 의지하고 살았고 할아버지 돌아가신 다음부터는 큰형님이 생계를 이으셨어요. 집안이 진짜 어려웠어요. 방 하나에 여러 식구가 살았어요.

시간이 흘러 형님들은 하나씩 결혼했어요. 저는 어머니와 큰형님 댁에 살았는데, 큰형님은 결혼하고 얼마 있다가 인천 석남동으로 이사했어요. 동네 밖을 나가보지 못해서 동네에 대한 기억은 없어요. 어느 날 어머니는 저를 시설로 보내기로 결심하셨어요. 조카들이 하나둘 태어나면서 제가 더 이상 큰형님 집에 있기 힘들어졌거든요. 다른 대안이 없었으니까 저도 동의할 수밖에 없었죠. 안 가고 싶다고 안 갈 수 있는 상황이 아니니까. 이런 얘기는 한 번도 안 했는데…… 그때 어머니하고 동반자살 시도를 했었어요(눈물). 그냥 받아들일 수밖에 없었죠. 집에 있으면 짐밖에 안 되는 걸 내가 뻔히 아는데……

그러던 참에 이모가 강서재활원에 봉사하러 가셨던 모양이에요. 저희더러 강서재활원에 가보라고 하더라고요. 석암재단 설립자 이부일이 그때 강서재활원 원장으로 있었어요. 그 사람이 저희 어머니한테 이랬대요. 그냥 입소하면 돈이 많이 들어가니까 나를 세대 분리해서 기초생활수급자로 만들라고. 한 2년인가 3년 기다려서 들어왔어요.

1988년 4월 중순에 베데스다요양원에 왔어요. 날짜는 정확히 기억이 안 나요. 처음 배정받은 방은 본관 1층에 있는 좀 넓은 방이었어요. 서너 평 정도 됐는데 나를 포함해 다섯 명이 생활했지요. 지적장애 한 명, 경증장애 한 명, 와상의 최중증장애 두 명 이렇게요. 지적장애인과 경증장애인 사이가 좋지 않았어요. 밤마다 몽둥이를 휘두르는 싸움이 일어나곤 했어요. 그 경증장애인이 '방장'이었는데, 누워서 지내는 사람 몫으로 나온 간식을 자기가 모두 먹었어요. 왜 안 주느냐고 물어보니까 그 사람들은 대소변을 가리지 못해서 안 준다는 거예요. 그러면 안 된다고 따졌더니 주먹이 날아왔어요. 지옥 같았죠.

그곳은 누워서 지내야 하거나 인지장애가 있는 사람들은 사람대접을 못 받는 곳이었어요. 그래서 생각했어요. 이곳에서 살려면 남의 도움 없이 나 혼자 해낼 수 있어야 한다고. 이를 악물고 운동했어요. 그때는 시설이 내가 죽을 때까지 살 곳이라 생각해서 어떻게든 적응하고 열심히 살려고 했어요. 집에 부탁해 중학교 1학년 영어 교과서를 가져다 달라고 해서 그걸로 알파벳을 배웠고요. 그때는 워드프로세서라고 문서만 작성할 수 있는 컴퓨터 비슷한 게 있었어요. 그걸로 타자 연습도 했고 나중에는 컴퓨터도 배웠어요. 보치아 선수로도 뛰었습니다. 그렇지만 그런 삶이 무슨 의미가 있었겠습니까? 꿈도 미래도 없이 죽어야만 벗어날 수 있는 그곳에서……

저항의 씨앗이 된 장애수당

그때 베데스다요양원은 저처럼 기초생활수급자로 들어온 사람보다 비싼 입소비를 내고 들어오는 사람들을 많이 받았어요. 제가 있던 방에도 나만 빼고 모두 입소비 내고 들어온 사람들이었고요. 1993년 어느 날 이부일 원장이 아무 이유 없이 나더러 2층 방으로 올라가라고 했어요. 그때만 해도 수동휠체어를 탔으니까 2층은 오르내리기가 아주 힘들었죠. 원장한테 이게 무슨 경우냐고 왜 내가 올라가야 되냐고 따졌더니, 하는 말이 연령대가 안 맞아서 그렇다고 해요. 1층에 있는 사람들은 20대였고 전 30대였어요. 뻔한 거짓말에 울화가 치밀어서 거기 못 있겠더라고요. 그래서 재단 산하의 다른 시설인 석암재활원(현 누림홈)으로 가겠다고 했어요. 항의의 표현이었어요.

재활원은 요양원보다 더 열악했어요. 재활원 직원들은 사람 때리는 게 일이었어요. 재활원이니까 작업장이 있었는데 지적장애인분들이 잘 따라오지 못하거나 조금이라도 폭력성을 보이면 속된 말로 딱 안 죽을 만큼 때렸어요. 저는 맞지 않았어요. 아마 때리고 싶어도 못 때렸을 거예요. 요양원에서 문제를 일으켜서 거기 간 사람이니까. 직원들은 자기표현이 잘 되는 사람이나 바깥으로 말이 나갈 사람은 건드리지 않았어요. 재활원에 6년쯤 있다가 2000년 봄에 다시 베데스다요양원으로 돌아왔어요.

장애수당에 대해 알게 된 건 2006년 초인 것 같아요. 아는 분이 어린이시설을 운영했어요. 그분이 장애수당이 나오는데 그건 시설이 아니라 시설 내에 있는 개인한테 지급되는 거라고 말해주더라고요. 그 내용을 뉴스에서도 봤어요. (장애수당은 저소득 장애인 가구를 위한 사회보장제도로, 2006년부터는 생활시설에 입소한 장애인에게도 지급됐다. 당시 한규선 앞으로는 국가와 지방자치단체로부터 월 7만 원의 장애수당이 나오고 있었다.) 그래서 어머니한테 부탁했죠. 동사무소에 가서 좀 알아봐달라고. 동사무소에서 하는 얘기도 같았어요. 이걸 어떻게 해야 할까 고민하다가 보건복지부 홈페이지 자유게시판에 글을 올렸어요. 내가 요양원에서 생활하고 있는데, 뉴스에서 보니까 장애수당이 지급된다고 했는데 받지 못했다고.

글 올리고 하루인가 이틀인가 지나고 사무실에서 오라고 하더라고요. 원장이 너 보건복지부에 아는 사람 있느냐고 해요. 왜 그러시냐고 했더니 네가 게시판에 글 올렸냐고 물어요.

뉴스에서는 나온다고 하는데 돈 주는 게 없어서 올렸다고 말했죠. 그다음 날로 사무실에서 장애수당을 받는 사람들한테 통장을 나눠줬어요. 그때가 2006년 5월이에요. 통장을 찍어보니 석 달 치밖에 안 들어 있더라고요. 나머지 돈은 얼마 더 있다가 넣어줬어요. 장애수당을 받게 해준 거주인들이 고맙다고 선물을 주더라고요. 밥도 좀 얻어먹었죠(웃음).

시설 비리를 터뜨리다

본격적인 시작은 2007년 3월 무렵이었어요. 사무실에서 어느 날 직원들을 모두 지하 강당에 모이게 했어요. 무슨 일인가 싶어 복도에서 듣고 있었죠. 감사가 나오니까 직원들에게 거짓말을 하라고 시키더라고요. 사회적응 훈련도 나간 걸로 하고 급식도 좋은 음식 준다고 해라. 너무 화가 나서 직원들한테 말했어요. "그렇게 하면 당신들 다 나쁜 사람들이다!" 방에 돌아왔는데 가만히 있으면 안 될 거 같은 생각이 들었어요. 그때 제 방 담당 직원이 김선민씨였어요. 대구 출신인데 대구 B재단에서도 똑같이 비리가 있어서 직원들이 들고일어났었대요. 김선민씨를 통해서 발바닥행동과 연결됐죠. 그때는 김현수라는 거주인하고 저, 이렇게 둘만 아는 걸로 하고 선민씨를 포함해서 믿을 만한 직원들을 설득하기 시작했어요.

발바닥행동에 처음 가서 이야기했던 게 2007년 5월일 거예요. 시설에서 보고 들은 석암재단 비리에 대해 이야기했던 걸로 기억해요. 그때 현수하고 같이 갔는데, 요양원에는 에버랜드 간다고 속였죠(웃음).

제가 시설에 들어온 해(1988년)에도 비리 때문에 직원들이 들고일어난 일이 있었거든요. 같이 싸우자는 제안을 받았었는데 그때는 용기가 안 나더라고요. 만약에 이게 잘못되면 난 갈 데가 없으니까. 그때만 해도 나는 시설에서 죽어야 하는 사람이라고 생각했어요. 그 일로 모든 직원들이 해고당했죠. 이번에는 하나도 두렵지 않았어요. 제가 그때까지 거기서 20년을 살았잖아요. 20년 동안 내일은 오늘보다 좀 나아지겠지 하는 희망을 품고 살았는데 나아지기는커녕 점점 나빠지더라고요. 20년째가 제일 열악했어요. 음식도 진짜 형편없는 걸 주고 1년에 한 번 바깥에 나가기도 힘들었어요. 예전에는 그래도 사회 적응 훈련이라고 한 달에 한 번씩은 밖에 나갔거든요. 이렇게 사육당하면서 사느니 죽는 게 낫다고 생각했어요. 어차피 이래 죽나 저래 죽나 마찬가지인데 한번 해보자.

2007년 5월부터 재단 비리를 증명할 각종 자료들이 모이기 시작했어요. 9월 5일에는 제가 전장연 전국 집회에 나가서 발언도 했고요. (2007년 9월 5일은 전장연이 광화문 세종문화회관 앞에서 장애민중행동대회를 개최하며 그 이름을 공식적으로 세상에 알린 날이다.) 그해 말쯤에 석암재단 비리 문제를 세상에 팍 터뜨리려고 했는데 이부일이 필리핀에 도피 가서 안 들어오는 거예요. 그래서 시설 부지 이전 문제를 먼저 터뜨리기로 했어요.

틀림없이 이부일이 그걸 해결하러 한국에 들어올 거라는 심산이었죠.

그 당시 베데스다요양원이 있던 김포 양촌면 양곡리가 신도시로 개발되면서 땅값이 많이 올랐어요. 석암재단에서는 거주인들한테 아무 논의나 설명도 없이 시설 부지를 팔고 김포 대곶면 송마리로 요양원을 옮기려고 했어요. 거기는 민가도 없고 이동권도 확보되지 않는 곳이었어요. 외출은커녕 1년에 두세 번 찾아오는 가족들 얼굴 보기도 힘들어질 게 뻔했어요.

11월 18일에 보건복지부 자유게시판에 장문의 글을 올렸어요. 요양원 이전을 반대하는 탄원서도 써서 청와대, 국무총리 비서실, 행정자치부, 보건복지부, 국가인권위원회, 서울시, 양천구청에 제출했어요. 12월에 《오마이뉴스》에 기사가 크게 실렸어요. 요양원이 발칵 뒤집혔죠.[*]

신세계를 열어준 비대위 활동

그 기사가 나가고 거주인들이 달라지기 시작했어요. 처음에는 겁을 냈는데 같이해보자고 용기를 내더라고요. 아마도 이게 우리만 겪는 게 아니라는 걸 알아서였겠죠. 그때 꽤 많은 사

---

[*]　장윤선, 〈"저기서 사육당하다 죽을 순 없어요"〉, 《오마이뉴스》, 2007. 12. 30.

람들이 함께했어요. 거의 한 방에 한 사람씩. 일단 석암 비대위부터 만들었어요. 여전히 거세게 반대하는 사람도 있었죠.

방장을 맡은 사람들은 시설 안에서 어느 정도 힘이 있었던 사람들이에요. 어떻게 보면 시설생활이라는 게 편하잖아요. 아무 생각 없이 있으면. 어느 사회나 같겠지만 시설 안에서도 문제의식 안 느끼는 사람도 있어요. 그래서 같은 거주인들한테 욕도 많이 먹었어요. 그래도 함께하자고 설득했죠. 우리가 언제까지 이렇게 살 수는 없지 않느냐. 우리를 도와주겠다는 사람들도 많다. 직원들도 함께한다고 했다. 솔직히 그분들도 마음 한구석에서는 이곳이 부조리하다고 생각했을 거예요. 함께해준 사람들에게는 고마웠어요. 열심히 해야겠다고 다짐했죠. 제가 비대위 대표로 있었으니까 굉장한 책임감을 느꼈어요. 만약에 일이 잘못되면…… 그래도 이왕 벌여놓은 일 끝까지 가보자 했어요. 제가 잘나서 한 게 아니에요. 아마 내가 아니라도 누군가는 했겠죠. 지금도 후회 같은 건 안 해요.

비대위 활동 시작하고 얼마 안 있어서 이사장으로 제복만 원장이 왔어요. 이부일의 사위였죠. 솔직히 제복만 원장은 내가 겪어본 원장들 중에서 거주인들을 가장 사람답게 대해준 사람이었어요. 그래서 제복만하고 같이 가야 하느냐 아니면 제복만까지 쳐내야 하느냐, 그 일로 비대위 안에서도 갈등이 있었어요. 그게 2008년 1월일 거예요. 한 일주일 고민하다가 제복만이 원장으로 있을 때 사무실에서 일했던 복지사를 찾아갔어요. 저하고 친했고 믿을 만한 사람이었어요. 그분 말씀이 '제복만은 이부일보다 무서운 사람이다. 그 사람은 믿지 마라' 하시더라고요. 그래서 제복만을 아예 쳐내기로 마음먹었죠.

비대위와 전장연이 양천구청에서 기자회견을 하고 국장 면담에 들어갔어요. 시설 이전을 백지화할 것, 거주인들에게 나오는 국가지원금을 개별 지급할 것, 재단 이사회에 공익이사를 들여보낼 것 등을 요구했어요. 면담 결과는 시원찮았죠. 그래서 양천구청 앞에서 1인시위를 시작했어요. 1인시위 하러 가는 게 진짜 어려웠어요. 향유의집 근처에 저상버스가 있는 노선이 딱 하나였어요. 101번. 향유의집 옆이 양촌중학교인데, 그 건너편 정류장에서 한 시간에 한 대씩 탈 수 있었어요. 버스가 고장이라도 나거나 기사가 아프기라도 하면 배차 간격이 하염없이 길어져요. 네 시간씩 기다리는 건 보통이었죠. 그나마도 (김포) 사우동까지밖에 운행을 안 해요. 사우동에서 내려서 서울 가는 저상버스로 갈아타요. 송정역(5호선)에서 내려서 이번엔 지하철로 갈아타고 양천구청까지 이동하는 거예요. 그래도 거주인들이 힘들다는 말도 없이 함께했어요.

1월 초에 시작한 1인시위가 3월까지 계속됐어요. 그사이 이부일은 구속됐죠. 3월 25일부터 서울시청 앞에서 법인 설립 허가 취소와 시설 거주인의 탈시설 권리를 요구하면서 노숙농성 투쟁을 시작했어요. (베데스다요양원 거주인들과 전장연 및 시민사회단체로 구성된 '석암재단 비리척결과 인권확보를 위한 공동대책위원회'가 함께 투쟁했다.) 노숙농성 하는 50일 동안 요양원에서 채 열흘도 안 잤어요. 와서 옷만 갈아입고 나갔어요. 시청 앞

농성장에 천막 치는 걸 두고 경찰들과 실랑이도 있었어요. 밤에만 천막을 치라고 했어요. 날 밝으면 눈 뜨기가 무섭게 몰려와 천막을 걷겠다고 해서 참 힘들었죠.

처음에는 사생결단하는 마음으로 했어요. 해야 한다는 그런 사명감. 동지들이 있어서 힘이 됐다고 생각해요. 나 혼자 하는 게 아니니까 즐거웠어요. 전장연 동지들을 만난 게 저한테는 신세계였죠. 이분들 만나고부터 제 생각 자체가 바뀌었어요. 이 싸움은 그저 우리 요양원만의 싸움이 아니다. 모든 시설에 대한 싸움이다.

2008년 4월 20일 장애인차별철폐의날 집회 때 삭발을 했어요. 그게 포털사이트 메인에 떠가지고 집에서 알게 됐어요. 큰조카가 시청 앞 농성장으로 찾아왔어요. 삼촌 왜 그러냐고. 내 일 내가 알아서 할 거니까 너는 신경 끄라고 딱 잘랐죠. 그전의 나라면 절대 그런 말 하지 않았을 거예요. 농담으로 그때 미친 짓 많이 했다고 말해요. 저는 낯선 사람에게 말 한마디 못 건네는 내성적인 사람이었어요. 그런데 투쟁은 어떻게 했냐고요? 행복하게 살고 싶었거든요. 사람처럼 살고 싶었거든요. 투쟁을 하다 죽어도 좋으니 하루만이라도 사람답게 살고 싶었거든요. 그때 나를 움직인 건 분노였어요. 왜 난 이러고 살아야만 하나. 과연 이게 옳은 것인가.

간절했던 자립의 꿈

2008년 늦여름쯤에는 제복만을 포함해서 비리에 연루된 꽤 많은 사람들이 재판을 받고 실형을 살게 됐어요. 그러니까 노조에서는 투쟁을 그만두자고 했어요. 전장연은 달랐죠. 이 투쟁의 동력을 더욱더 끌고 가서 탈시설-자립생활 투쟁까지 이어가자는 생각이었어요. 그때부터 노조와 장애 당사자, 외부의 활동가들 사이에 갈등이 생겼죠.

저는 그 갈등에서 어느 쪽 손도 들어줄 수 없었어요. 노조에 함께한 직원들은 1년이 넘게 그 일을 했으니까 지쳐 있었고요. 한 번도 이런 투쟁을 해본 적이 없는 사람들이잖아요. 다들 가족의 생계를 책임지는 사람들이었어요. 그만두겠다는 게 충분히 이해가 됐어요. 더 싸워야 한다는 거주인들의 입장도 충분히 이해되는 생각이었어요. 그래서 난 이쪽도 저쪽도 편들 수 없는 거예요. 그것 때문에 고민 진짜 많이 했어요. 이럴 바에야 내가 대표직에서 물러나야겠다는 생각을 했어요. 그렇게 갈등하는 걸 보고 있는 게 마음이 불편하니까.

그런 상황에서 어머니가 당장 집으로 들어오라고 하셨어요. 크게 화를 내시더라고요. 너 죽고 나 죽자고, 그러다 거기서 나오게 되면 당장 어떻게 할 거냐고. 그래서 요양원 돌아가서 비대위에서 손 뗀다고 폭탄선언을 했어요. 그때 같이 싸우던 동료들 사이에서 말들이 많았을 거예요. 내 사정을 얘기하긴 했지만 이해는 못 받았을 거예요. 그 비난도 내가 자초한 일이니까 당연히 받아야 한다고 생각했어요. 나 같아도 그렇게 비난했을 거예요.

그러다 2008년 10월 말에 광진장애인자립생활센터 체험홈에 자리가 났는데 자립하는 게 어떻겠냐는 제안을 받았어요. 그래서 생각을 했죠. 내가 더 이상 요양원에 있는 게 의미가 있나. 막상 자립을 하려니까 겁이 났어요. 수중에 돈도 없었고 배운 것도 없었고 학교 근처도 안 가봤으니까. 막막하기도 했는데, 그런 생각이 들었어요. 내가 요양원에도 있었고 재활원에도 있었는데 어디 가서 못 버티겠냐. 시설에서 무의미하게 살다 죽느니 단 얼마라도 바깥세상에서 자유로이 살아야 한다는 생각, 그 생각 하나로 결심했어요. 그래서 2008년 12월에 요양원을 나왔어요. 광진센터 체험홈에 들어갔죠.

비리 투쟁을 시작할 때는 자립에 대해 꿈도 꾸지 않았어요. 그때는 자립이 가능한 환경이 아니었으니까. 그냥 이 시설을 민주화하겠다는 생각만 했어요. 누가 그러더라고요. 왜 자립을 바로 하지 않고 체험홈으로 갔냐고. 돈 때문에 어디 갈 수 있는 곳이 없었어요. 자립생활 정착금 300만 원과 시설에서 갖고 나온 100만 원이 전부였거든요. 체험홈에서 돈을 모아서 내 집을 갖고 싶었어요. 달랑 내 몸 하나 누일 곳이라도 내 집이 생길 수 있다면 행복할 거 같았어요. 물론 시설을 벗어난 체험홈도 즐거웠지만 진정한 자립을 너무나도 원한 거죠. 언제쯤 나갈 수 있을까 항상 그 생각뿐이었어요.

2009년 1월에 베데스다요양원에 잠깐 들렀는데 마침 김포에 임대아파트 분양 공고가 났더라고요. 잘 모르는 지역에서 사는 것보다는 낫겠다 싶어서 바로 신청했죠. 박종순 선생님이 신청하는 날 같이 가주셨어요. 2010년 5월에 이사 왔어요. 그때의 행복함은 아직도 한 단어로 표현할 수 없는 것 같아요. 자립하고 가장 크게 바뀐 건 내 공간이 있고 내가 주도적으로 내 삶을 살 수 있다는 거. 내가 살 집에 가구를 보러 다니고 내 침대에서 덮고 잘 이불을 고르면서 저는 꿈이란 걸 꾸기 시작했어요. 여기에서 산 지 벌써 11년이 됐네요.

일단 나와봐야 알 수 있는 것들

2009년에 전장연에서 인권위 점거가 있었어요. 그 일로 저도 같이 고발을 당했죠. 2012년에 지금 노들장애인자립생활센터에 계시는 이형숙 소장님하고 같이 재판을 받았죠. 소장님도 김포에 사신다고 해서 이런저런 이야기를 하다가 김포에 장애인자립생활센터를 하나 만들어야 한다고 의기투합했어요. 김포가 장애인한테는 너무 열악했거든요.

2012년 7월에 김포센터를 설립했어요. 저를 포함해 몇몇이 가진 돈을 다 털어서 시작했어요. 이 사람 저 사람 모은 게 한 500만 원인가 됐었죠. 그 돈으로 들어갈 곳이 없잖아요. 컨테이너를 개조한 가건물을 얻었어요. 우선 이동권 투쟁부터 시작했어요. 사람이 이동해야 뭘 하잖아요. 투쟁으로 장애인콜택시가 도입되고 저상버스도 늘어났어요. 연대활동도 많이 했죠. 초반에는 진짜 단 하루도 집회에 안 나가는 날이 없었어요.

3년쯤 지나서 센터가 안정되면서 저는 소장 자리에서 물러났어요. 몸이 안 좋아져서 몇 년 쉬다가 좀 괜찮아졌을 때 다시 센터에 나갔어요. 동료상담이라든가 제가 할 수 있는 부분을 조금씩 했죠. 요새는 건강이 부쩍 안 좋아지면서 그것마저도 못하고 있어요.

향유의집이 폐지될 때까지 운영위원으로도 있었어요. 거주인분들에게 자립하러 나오라고 이야기도 하러 갔었고요. 자세한 내막은 잘 모르지만 일이 대강 어떻게 진행된다는 정도는 알고 있었죠. 시설을 폐쇄하겠다고 했을 때, 저는 환영했어요. 장애인이 자립하기 위한 사회의 기반시설이 아직은 제대로 갖춰 있지 않지만, 일단 나와야 한다고 생각해요. 모든 걸 다 갖추고 나오라고 하면 아마 50년도 더 걸릴 거예요.

시설에서 무슨 일이 벌어지고 있는지 실상을 알리는 게 중요하다고 봐요. 사람들은 진짜 모르거든요. 지금은 그래도 인식이 많이 달라졌는데, 제가 시설에 있을 때만 해도 사람들은 시설이 좋은 일을 하는 곳이라고 했거든요. 갈 데 없는 장애인들 돌보는 곳이라고. 지금도 많은 사람들은 그렇게 생각할 거예요. 시설이 어떤 곳인지도 제대로 모르고 무슨 일이 일어나는지 관심조차 없는 사람들이 대부분이니까. 물론 반대 여론이 많을 거라고 생각해요. 국가 입장에서도 자립생활보다는 예산이 덜 드니까 시설을 환영하겠죠. 부모님들도 대부분 자립을 반대하세요. 그런데 지금 자립생활을 하고 있는 분들이 어떻게 사는지 직접 보시면 생각이 달라지실 거 같아요.

요양원을 나올 때 집에 알리지 않았어요. 가족들은 어차피 반대할 거니까. 내가 나와서 살면 자기들에게 부담이 될 거라 생각하니까요. 내 집이라도 생기고 나서 알려야겠다고 생각했어요. 이 집으로 이사 온 지 1년 됐을 때쯤 어머니가 요양원으로 오시겠다고 연락이 왔어요. 더 이상 숨길 수가 없었죠. 어머니한테 말했어요. 나 요양원에서 나온 지 2년 됐고, 임대아파트에서 살고 있으니까 너무 걱정 안 하셔도 된다고. 그리고 이틀 만에 어머니하고 형님이 찾아오셨어요. 오셔서 보시고는 만족하셨어요. 형수님이 저한테 그러셔요. 제가 우리 형제들 중에 제일 성공했다고. 형님도 이제 제 걱정은 안 하실 거예요.

시설이 참 작고 초라해 보였어요

: 비리 투쟁에 합류해 탈시설의 권리를 외친 김동림

강곤 글

2010년 가을, 제주도에서 열린 2박 3일간의 행사에 참여한 적이 있다. 당시 일면식도 없던 김동림과 얼떨결에 동행하며 활동지원을 했다. 활동지원도, 중증장애인과의 비행기 여행도 난생처음이었다. 활동지원에 나선 기록자도, 항공사도, 행사 주최 측도 모두 서툴렀다. 그 와중에 가장 침착한 이는 그였다.

김동림은 10여 년 만의 연락에도 기록자를 기억하고 반갑게 맞아주었다. 첫 번째 인터뷰는 대학로 마로니에공원 근처의 노들장애인야학에서 진행되었고, 두 번째 인터뷰는 그의 자택에서 진행되었다. 향유의집 쪽은 쳐다보지도 않겠다고 했던 그였건만, 무슨 인연인지 향유의집 인근 아파트에 살고 있었다. 자택 인터뷰 때는 아내 미경씨가 옆을 지켰다. 그는 노들야학에서 만났을 때보다 한결 평온한 모습이었다. 전혀 평온하지 않은 장애인으로서의 삶, 20여 년간의 시설생활, 탈시설 이후 10여 년간의 자립생활을 들으며 문득 그 평온함의 출처가 궁금해졌다.

자의 반 타의 반으로 선택한 시설

국민학교 5학년 때 교통사고가 났어요. 자전거를 타고 집으로 가던 중에 커브를 틀어야 해서 핸들을 돌렸는데 맞은편에 버스가 오는 거예요. 버스가 그냥 지나갈 줄 알았는데 내 자전거랑 부딪쳐서 자전거는 고랑에 빠지고 나는 공중으로 붕 올라갔다가 떨어졌어요. 그때는 특별히 다친 데 없이 손만 조금 까졌어요. 지금도 그때 흉터가 조금 남아 있어요.

그랬는데 그 뒤로 몇 개월 있다가 갑자기 다리에 힘이 없는 거예요. 중학교에 올라간 뒤로는 뇌위축증이 생겨서 그때부터 1987년 베데스다요양원에 들어가기 전까지 13년을 집에서 누워만 있었어요. 그러다보니 아버지가 맨날 술 먹고 들어와서 저놈 좀 안 보였으면 좋겠다고 했죠. 한번은 집으로 입영통지서가 왔어요. 그때는 장애인 등록 같은 것도 안 했을 때였거든요. 아버지랑 신체검사를 받으러 갔는데 거기서 뭐 하러 이런 사람을 여기까지 데리고 왔냐. 그래서 괜히 고생하고 밥만 먹고 온 적도 있어요. 하여튼 집에만 누워 있는 것도 그렇고 아버지 술 먹고 그러는 것도 못 견디겠어서 어머니에게 시설을 알아봐달라고 했어요. 차라리 시설에 가게 해달라고. 어머니가 몇 군데 보시고 와서 마음에 안 드셨는지 같이 집에서 살자고 했는데 제가 계속 가겠다고 했어요. 그럼 네 뜻대로 해보자고 해서 요양원에 들어가게 됐어요.

들어갔더니 제가 제일 어린 거예요. 다들 50~60대였어요. 나는 스물다섯 살이었으니까. 방 하나에 여섯 명 정도 있었나. 하는 거라고는 텔레비전 보는 것밖에 없고. 그래도 처음 2~3년은 좋았어요. 그런데 5년 정도 지나니까 점점 식구들이 찾아오는 게 뜸해지고 나한테 하는 게 예전 같지 않더라고.

서른세 살인가 서른네 살 때쯤 어머니가 돌아가셨어요. 그것도 안 알려줬는데 내가 캐물어서 알아냈어요. 어머니가 추석 때 오신다고 전화가 왔거든요. 그런데 추석이 지나도 안 오시는 거예요. 집에 전화를 했더니 누나가 넌 몰라도 된다고 했어요. 계속 물어봤더니 어머니가 돌아가셨다고 하더라고요. 추석 전에 이미 입원해 계셨는데 내가 걱정할까봐 숨긴 거죠. 나는 그런 게 싫었어요. 내가 알고 있어야지. 솔직히 지금도 어디다 모셨는지, 유골을 어디다 뿌렸는지도 몰라요.

처음 갖게 된 통장

요양원에서 나온 건 2009년이에요. 나오기 2년인가 3년 전쯤 한규선이라는 친구랑 텔레비전을 보는데 뉴스에서 장애수당이 올랐다고 나오는 거예요. 6만 원에서 7만 원으로 올랐다고. 그래서 내가 규선씨한테 저거 우리 줘야 하는 거 아니냐고 그랬어요. 규선씨가 아무 소리도 않고 다른 이야기를 하더라고요. 속으로 여긴 듣는 사람이 많아서 그런가보다 했죠.

그때 내가 누구한테 전동휠체어를 받았어요. 그게 고장이 나고 배터리도 갈아야 해서 서울에 있는 휠체어 수리점에 갔다가 저녁이 다 되어서 돌아왔는데 규선씨가 밖에서 저를 기다리고 있더라고요. 내일 아침에 좋은 일이 있을 거라고. 그러고는 갔는데 방에 올라와서도 계속 그 말이 생각나더라고요. 다음 날 아침에 원장이 사무실로 부르더니 50만 원이 든 통장을 주는 거야. 알고 보니 규선씨가 장애수당과 관련해서 보건복지부에 문의 전화를 했더라고.

그러고 나서 얼마 뒤에 석암 비대위가 만들어졌지. 그때 규선씨는 3층, 나는 4층에 살았는데 규선씨가 내 방으로 와서 좀 도와달라고 그랬어요. 다른 사람한테도. 다들 좋다고 했지. 그때부터 양천구청에 찾아가고 그랬죠.

가습기 같은 거 사라고 후원자들이 돈을 주고 가면, 우리 장애수당으로 사놓고 원장이 자기 주머니에 챙긴 거예요. 그리고 무슨 위문품, 라면, 초코파이 같은 거 들어오면 바로 안 주고 1년 있다 유통기한 지나고 줘요. 한번은 내가 너무 배가 고팠어요. 라면 같은 거를 교회 강당에 상자째 채워놓는 걸 알았는데, 그날은 강당 자물쇠가 안 잠겨 있는 거예요. 친구하고 나하고 강당에 가서 초코파이 몇 상자를 가져왔는데 너무 배가 고파서 방에 올라오자마자 열두 개를 게 눈 감추듯 먹은 적도 있어요. 그런 비리가 너무 많았던 거죠.

시설 비리 문제로 비대위가 만들어지고, 비대위가 양천구 청장이랑 원장이랑 세 번인가 같이 회의를 했어요. 1차, 2차는 회의가 잘됐죠. 그래서 모여서 이거 잘될 거 같다, 빨리 끝날 수도 있겠다 했는데, 3차 회의 때 원장이 중간에 그냥 나가버리더라고. 그날 돌아와서 규선씨가 이 싸움이 좀 갈 거 같다고 했죠. 그렇게 10년이 간 거지.

치열했던 노숙농성

그렇게 해서 2008년부터 양천구청 앞에서 시위를 시작했어요. 우리는 공익이사들이 들어와야 한다고 주장했죠. 양천구청 앞에서 하다가 서울시청 앞에서 천막 치고 농성도 하고. 그렇게 차츰 문제가 해결되기 시작했어요.

그다음 해 5월에 발바닥행동 김정하 활동가가 우리한테 와서 혹시 시설에서 나올 생각 있냐고, 탈시설한 장애인들이 살 수 있는 집을 요구하는 투쟁을 해보자고 제안했어요. 다들 좋다고 했죠. 저를 포함해 이때 투쟁한 이들이 마로니에 8인방이에요. 그래 나가자. 일단 나가면 어떻게든 되겠지. 그래서 2009년 6월에 짐을 싸서 다 같이 나오게 된 거예요. 규선씨는 우리보다 약간 먼저 나왔고.

나와서 마로니에공원에 가서 천막 치고 농성을 했죠. 천막칠 때 힘들었지. 경찰들이 삥 둘러싸서 못 치게 하고. 그땐 내가 힘이 좀 있고 그러면 가서 경찰들을 날려버리고 싶더라고. 어쨌든 천막을 쳤고 여덟 명이 돌아가면서 로테이션으로 천막을 지켰죠. 근처에 평원재라는 자립생활주택이 있었는데 농성 기간 동안 그 집을 내어주셔서 돌아가면서 씻고 잠을 자면서 노숙농성을 했어요. 그때 서울시장이었던 오세훈도 쫓아다녔어요. 오세훈이 오늘 세종문화회관에 간다고 하면 다 같이 전철 타고 가는 거죠. 저기서 오세훈이 온다고 하면 그 앞길을 막고. 오세훈이 어디 대학에 간다고 하면 또 다 거기로 가고.

그러다 마로니에 농성을 접고 국가인권위원회에 들어가서 한 달 정도 농성을 더 했어요. 농성을 정리한 건 우리 주장이 100프로 달성되어서 그런 게 아니에요. 탈시설 자립생활주택을 짓는다고 하고 체험홈도 만든다고 하니까, 그럼 우리 주장이 50프로는 받아들여진 거니까 정리한 거예요. 약속이 안 지켜지거나 그러면 다시 농성하겠다고 하고 접었죠.

그 당시에 누나한테 전화가 왔어요. 네가 거기 뭐 하러 가 있냐고, 빨리 시설로 돌아가라고 했어요. 나는 내 권리 찾으러 여기 있는 거고 다시 시설에 안 들어간다고 하니까 대뜸, 그럼 인연을 끊자고 하더라고요. 그래서 연락 끊었죠. 연락 안 해요. 나한테 이제 가족은 여기 있는 노들야학 사람들, 발바닥행동 사람들이에요.

자립과 결혼

농성이 끝난 후에 우리는 평원재에서 살게 되었어요. 우리 마로니에 8인방이 3층을 같이 썼고, 2층은 여성분들이 썼어요. 혼자 쓰는 방도 있었고, 두 명이 같이 쓰는 방도 있었어요. 처음 들어갈 때 집들이도 크게 했죠. 그런데 그곳도 정원이 있으니까 우리 중 몇 명이 나가야 한다고 그래서 그럼 내가 나가겠다고 손을 들었죠. 평원재가 집은 좋은데 언덕을 올라가야 했어요. 다른 사람들은 언덕을 무리 없이 오르락내리락하는데 나는 올라갈 때는 가겠는데 내려올 때는 너무 겁이 나더라고요. 그 후 길음동에 있는 서울시 체험홈으로 옮기게 됐죠. 거기서 6개월 더 살다가 자립생활주택으로 들어갔어요. 우리가 싸워서 얻어낸 제도들이었죠.

체험홈에 있는데 자립생활주택에서 면접을 보러 오라고 연락이 왔어요. 면접을 보러 가니 왜 탈시설을 했는지, 왜 자립생활을 하려고 하는지 물어보더라고요. 그리고 얼마 있다가 선정되었다고 연락이 왔어요. 서울복지재단에서 운영하는 자립생활주택이었는데, 집에 들어가는 날 마침 그 재단에서 종사하는 분들도 나왔더라고요. 거기 들어가는 경사로가 있는데 그게 경사가 한 30도 정도로 낮아야 하는데, 45도 정도로 높아서 제가 올라가다가 바로 뒤로 자빠진 거예요. 그분들이 그걸 보고 기겁을 해가지고 바로 업체에 연락해서 경사로를 낮추라고 했어요. 그래서 다음 날 바로 낮춰졌죠. 체험홈에서 자립생활주택으로 옮긴 이유는 체험홈은 오래 있을 수 없는데 자립생활주택은 5년은 있을 수 있다고 해서예요.

아내 미경씨를 만난 건 평원재에서였어요. 미경씨는 양주 요셉의집에서 살다가 탈시설해서 평원재에 입주해 있었어요. 둘 다 노들야학에 다니게 됐는데 거기서 친해졌고 그러다보니 연애도 하게 되었어요. 내가 술 먹는 데도 따라오고, 야학 끝나고 평원재로 돌아올 때도 같이 오고, 집회하러 나갈 때도 같이 갔어요. 평원재에서 길음동 체험홈으로 이사 간 뒤에도 미경씨가 자꾸 생각이 나더라고요. 내가 먼저 사귀자고 했어요. 그때는 아무 말도 않더니 며칠 지나니 집에 밥 먹으러 오라고 했어요. 밥 먹고 내려오는 엘리베이터 안에서 사귀자고 했죠.

결혼도 제가 먼저 하자고 그랬어요. 결혼하려면 돈도 필요하고 준비도 해야 해서 발바닥행동의 여준민 활동가에게 도와달라고 부탁했어요. 여준민과 노들야학이 팀을 만들어서 우리 결혼식을 준비해줬죠. 한 팀은 청첩장 만들고, 다른 팀은 결혼식장을 알아봐줬어요. 연애 1년 만에 2011년 5월 도봉구민회관에서 결혼식을 올렸죠. 신혼여행은 제주도로 갔어요. 야학 교사들이 따라와서 운전도 하고 활동지원도 해줬는데 비가 와서 많이 돌아다니진 못했네요.

향유의집과의 끈질긴 인연

서울에서 살다가 임대주택이 당첨되어서 작년에 김포로 이사를 했어요. 우리 집에서 향유의집까지 5분 정도밖에 안 걸려요. 시설에서 나올 때 다른 사람들은 나중에 놀러 오겠다고 했는데, 저는 이쪽으로는 쳐다보지도 않을 거라고 했어요. 그런데 다시 여기로 오다니(웃음). 김포에 오게 된 건 서울에서 임대주택이 잘 안 되어서예요. 신청해서 선정되긴 했는데 집이 너무 좁은 거예요. 그래서 안 들어갔더니 그러면 순위가 뒤로 밀린다고 하더라고요. 그래서 김포에 신청했는데 됐어요. 집도 넓었고요. 하지만 미경씨는 반대했어요. 장애인은 서울에 살아야 교통도 편하고 병원도 가깝고 좋다고. 그래도 김포장애인자립생활센터도 가깝고, 거기로 출근을 하거든요. 노들야학까지 한 번에 가는 버스도 있고.

2015년부터 인권교육(강사 활동)을 시작했고 그 이전에는 노들야학에 다녔어요. 노들에서 수업이 10시쯤 끝나는데 저는 화곡동까지 가야 하니까 9시쯤 먼저 나왔죠. 저는 장콜을 안 타고 지하철을 타고 다녔어요. 동대문역사문화공원역에서 5호선 타고 화곡동까지. 거기는 엘리베이터가 있거든요. 그래서 집에 가면 11시가 넘고 그랬어요. 2018년인가 2019년인가, 그때는 창동으로 이사를 했을 때인데 창동역에 엘리베이터가 하나밖에 없어요. 밖으로 나가는 엘리베이터. 그걸 타기까지 리프트를 세 번인가 네 번 타야 해요. 그래서 창동역 전에 녹천역에 내려서 집으로 가고 그랬죠.

2015년부터 인권교육을 하러 초등학교, 중·고등학교를 다다녔는데, 기억에 남는 교육은 상암동에 있는 초등학교 3~4학년 인권교육을 갔을 때예요. 거기 학생들이 질문을 참 많이 했어요. 또 학교 선생님들도 그렇고 다른 분들도 그렇고 우리를 참 편하게 대해줬어요. 원래 교육 들어갈 때 담임선생님이 같이 있으면 되게 불편해요. 학생들한테 할 말도 잘 못 하고. 그런데 거기는 담임선생님이 있는데도 학생들이 편하게 질문했어요. 커서 국회의원 되는 것도 좋지만, 이런 투쟁을 함께하는 게 꿈이 되었다고. 그래서 그 학교 이름이 안 잊혀져요. 또 저기 미아리에 있는 한 여고에서도 우리를 진짜 편하게 대해줬어요. 학교 같은 데 가면 질문 안 하고 빨리 끝내줬으면 하는데 하나하나 질문도 많이 하고. 장애인에게 도움 되는 게 무엇인지, 사회에 무엇을 요구해야 하는지도 물어보고. 그 학교는 들어갈 때부터 나올 때까지 학교에 있는 분들이 잘 대해주시더라고요.

그렇게 인권교육을 하는데 하루는 연락이 왔어요. 향유의 집에서 인권교육 요청이 들어온 거예요. 한 번도 아니고 네 번이나. 와, 진짜 들어가기 싫더라고. 싫은데도 한 이유는 저의 자립생활 경험을 이야기해주고 싶어서였어요. 그래서 이야기를 했고 처음에는 긴가민가했던 사람들이 두 번, 세 번 이야기하니까 마음을 굳혔어요. 교육에 참여했던 16명 중에 10명이 시설을 나오겠다고 하더라고요. 지금은 16명 모두 다 나와서 잘 살고 있어요.

그때 향유의집에 가보니 예전에는 중증장애인, 경증장애인 구분 없이 한방에서 지냈는데, 1층은 중증장애인, 위층에는 경증장애인 이렇게 나눠놓았더라구요. 또 달라진 게 화장실이었어요. 방과 방 사이 중간에 훤히 다 보이는 화장실이 있었는데 지금은 없어졌더라고요.

시설이 아무리 자유가 있다고 하더라도, 사실 창살 없는 감옥과도 같아요. 감옥 안에서 자유가 아무리 있으면 뭐 해요. 외출을 해도 정해진 시간에 들어와야 하고. 그런데 나오면 그런 거 하나 없거든요. 사람 만나고 싶을 때 만나고, 내가 먹고 싶을 때 먹고, 자고 싶을 때 자고. 오로지 나 편하게 마음대로 할 수 있는 거죠. 저는 시설에서 나온 걸 단 한 번도 후회해본

적 없어요. 죽으면 죽었지 다시는 안 들어간다고 생각했고.

　36년 만에 향유의집이 폐쇄된다고 해서 한번 가봤어요. 가서 보니 시원섭섭하더라고요. 또 내가 있을 때만 해도 시설이 되게 커 보였는데 그때는 되게 작다는 느낌을 받았어요. 아마도 내가 나와서 자유를 만끽해서 그렇지 않았을까요. 시설이 참 작고 초라해 보였어요. 처음에 시설이 없어진다는 말을 들었을 때, 과연 그렇게 될까 의심스러웠는데 진짜 없어지는구나. 시설에서 아무리 나가라고 해도 결국 자연스럽게 시설 눈치를 보게 되거든요. 그래서 어렵지 않을까 생각도 했었죠. 아직도 시설에 있는 많은 사람들이 빨리 지역사회로 나왔으면 좋겠어요.

자립생활에도 공동체가 필요해요

: 10년차 자립생활인 황인현

홍세미 글

황인현과의 인터뷰는 그의 집에서 진행되었다. 황인현은 인터뷰 당시 일을 쉬고 있었다. 코로나19 때문에 대부분 집에 머문다고 했다. 현관을 들어서니 부엌 한쪽에 외출용 전동휠체어가 주차되어 있었다. 하나의 공간으로 이어진 부엌과 거실 중간에는 작은 식탁이 놓여 있었고, 벽 쪽으로는 커다란 TV가 자리했다. 그가 타고 있던 실내용 휠체어와 고장 날 때를 대비해 베란다에 보관해둔 여분의 전동휠체어까지, 집에는 총 세 대의 휠체어가 있었다. 기록자와 황인현은 식탁을 사이에 두고 이야기를 나누었다. 식탁 위에 놓여 있던 그의 핸드폰에서 인터뷰 내내 카톡 알림이 울렸다. 활동가와 친구들의 연락이라고 했다.

두 번째 인터뷰 일정을 잡기 위해 전화했을 때 황인현은 제주도에 있었다. 제주도에 있는 한 장애인자립생활센터의 초청으로 업무 지원을 하고 있다고 했는데 한 달의 절반은 제주도에 머문다고 했다. 인터뷰는 황인현이 제주도에 다녀온 직후에 진행되었다. 황인현은 첫 번째 만남 때보다 생기 있는 모습이었다. 사람들을 만나 활동 이야기를 나누는 일이 그에게 활력을 전했던 모양이다. 황인현은 인터뷰 말미에 다시 일을 하게 될 것 같다고 기대에 찬 목소리로 소식을 전했다. 인터뷰를 마치는 시간에 맞춰 장애인콜택시가 기다리고 있었다. 황인현은 김장을 하기 위해 서울에 사는 지인에 집에 가기로 했다고 웃으며 말했다.

이제는 못 먹는 반찬

제가 1971년생이니 올해(2021년) 쉰하나예요. 강화에서 태어나서 열일곱 살까지 식구들이랑 시골집에서 살았어요. 형제가 3남 2녀인데 저는 넷째예요. 못 걸으니까 학교도 못 가고 거의 집에만 있었어요. 부모님이 일 나가시면 집에서 혼자 누나가 학교에서 올 시간만 기다렸죠. 누나는 집에 오면 나를 업고 산책을 나가줬거든요. 누나도 놀고 싶은데 나 때문에 못 놀았어요. 어렸을 때 부모님이 저 고쳐본다고 병원도 가고 한의원도 가보고 했는데, 어느 순간 포기했어요. 열일곱 살까지 시골집에 살다가 서울 삼육재활원에 들어갔어요. 삼육재활원은 뇌병변장애인들이 재활하면서 공부하는 곳이에요. 재활에 관심이 많은 부모들이 보내는 학교였죠. 거기서 이족 신고 안전바 잡고 걷는 연습을 했어요. 재활원 안에 기숙사도 있고 병원도 있었어요. 학교를 못 다녀서 재활원에 있을 때 국민학교에 들어가려고 했는데 나이가 꽉 차서 못 갔어요.

삼육재활원에서 2년을 살다가 시골집에 다시 갔어요. 가족하고 3년을 더 살다가 스물한 살에 베데스다요양원으로 가게 됐죠. 요양원에 가게 된 것도 사연이 있어요. 매형이 지나가다가 시설 간판을 봤나봐요. 들어가서 둘러봤대요. 매형이 시골집에 와서 이런 곳이 있다고 구경 가보자고 했어요. 누나랑 매형이랑 같이 가서 둘러봤는데, 처음에는 괜찮다고 생각했어요. 저는 시골에서 살았으니까 요양원 건물도 괜찮다고 생각했고 직원들도 나한테 잘해줬어요. 집에서 하루 종일 혼자 있다가 사람들이 많은 곳에 가니까 처음에는 좋았어요. 시설에 들어갈 때 엄마가 많이 울었대요. 밥을 안 먹었대요. 엄마한테 잘 있다고 걱정하지 말라고 했어요.

시간이 흐르면서 직원들 태도가 변했어요. 처음에만 잘 대해줬어요. 식사도 나빴어요. 일주일에 한 번 라면이 나왔는데 유통기한이 지난 걸 끓여줬어요. 내가 포장지를 봤거든요. 유통기한이 3년이나 지났더라고. 라면에서 쩐내가 나서 먹기 힘들었어요.

자립한 후에 절대 안 먹는 반찬이 몇 개 있어요. 마늘종무침, 깻잎지, 단무지, 짠지는 안 먹어요. 시설에서 매일같이 나오는 반찬이었어요. 짜장이나 카레도 안 먹어요. 짜장이나 카레가 나오는 날은 밥을 비벼서 반찬을 그 위에 올려서 줬어요. 생활재활교사가 부족하니까 숟가락질할 수 있는 사람은 혼자 먹으라고 짬밥처럼 한 그릇에 섞어서 주는 거예요. 고기는 자주 안 나오죠. 나와도 물에 빠진 고기가 나오고, 드물게 삼겹살이 나올 때가 있는데 배식 오면 이미 기름이 허옇게 굳어 있어요. 그런 거라도 하나 더 먹으려고 난리가 나지. 안 먹다가 먹으니까 설사하는 사람도 있어요.

김치도 묵은김치가 아니라 아예 썩은 김치를 얻어와서 물에 빨아서 양념해서 줬어요. 제대로 된 반찬이 없으니까 다른 사람들은 그거라도 먹는데 나는 잘 못 먹었어요. 그거 먹고 병원에 실려가고 그랬어요. 주방에서 한 달에 한 번씩 부식거리

사러 시장에 가요. 시장에서 먹을 걸 사오는 게 아니라 못 팔고
버리는 거를 얻어와가지고 반찬 하니까 오죽하겠어요. 다른 사
람들은 말을 잘 안 하는데 나는 "이거 못 먹겠다"고 이야기 자
주 했어요.

죽어야 나가는 시설

베데스다요양원 시절에는 방 하나에 네다섯 명씩 썼어요.
방이 두 평도 안 됐어요. 너무 불편했죠. 자다가 새벽에 갑자기
소리 지르는 사람이 있었어요. 지적장애인이었는데 말도 안 통
했죠. 나중에는 적응이 되긴 했는데 대화가 안 돼서 그냥 벽 보
고 있었어요. 그때 테레비는 휴게실에만 있었어요. 다들 휴게
실에 모여서 하루 종일 테레비만 봐요. 그러다 저녁 먹을 때 되
면 밥 먹고 자는 거지. 겨울에는 저녁을 5시에 먹었거든요. 밥
을 먹자마자 직원들이 이불을 다 펴놔요. 자라고요. 저녁 6시부
터 누워 있는 거예요. 밤 8시만 돼도 배가 고프죠. 배가 고파서
잠이 안 와요.

복도가 가운데 있고 양쪽으로 방이 있어요. 한쪽은 여자
방이고 다른 쪽은 남자 방이에요. 생활재활교사들이 출근하면
아침밥 먹고 목욕을 하거든요. 문을 닫아놓고 하면 좋을 텐데
문을 다 열어놓고 목욕을 시켜요. 사람들이 왔다 갔다 하면서
우리 벗은 몸을 다 봐요. 완전히 개판이었지. 그때 내 담당이 아

주 젊은 여자 교사였는데 "자 옷 벗읍시다. 목욕합시다" 할 때마다 정말 말할 수 없이 불편했어요.

복도가 있고 방이 있다고 했잖아요. 문은 하루 종일 열어둬야 해요. 잘 때만 닫았어요. 어떤 방은 방 주인이 못 닫게 해서 밤에도 문을 열어놓고 자야 했어요. 주인처럼 행세하는 사람이 방마다 있었거든요. 대부분 나이 많은 중도장애인인데 다른 장애인들한테 일을 막 시키기도 했어요.

내가 직접 맞은 적은 없지만 다른 거주인이 맞는 건 많이 봤죠. 그때는 때리는 거 많았잖아요. 마음에 안 들면 때리고 말 안 듣는다고 한겨울에도 화장실에 넣어놓고 찬물을 끼얹고. 맞는 거 보고 사무실에 이야기하면 오히려 나만 나쁘대요. 사무국장이란 사람이 거주인이 맞고 있으면 와서 말려야지 나한테 뭐라고 해요. 왜 이르냐고요. 그때 시설에서 직원으로 젊은 사람을 안 뽑았어요. 젊은 사람은 막 따지니까 50~60대만 뽑더라고요.

시설에서 죽는 사람도 많았어요. 하도 많으니까 만성이 되어가지고 사람이 죽어도 "어? 죽었네" 이러고 말아요. 일주일마다 사람이 죽는 거야. 계속 죽어. 아프면 초기에 병원에 가야 되는데 죽을 때가 되어야 병원에 데려가니까 많이들 죽지. 내 방 옆이 휴게실이에요. 거기에다 시체를 갖다놓는 거야. 시체 옆에서 테레비 보고 그랬지. 시체를 바로 병원에 안 데리고 가고 이불을 덮어놨어요. 겨울이면 좀 나아. 여름에는 냄새가 나요. 사람 죽으면 코 막고 눈 막고 구멍 있는 데 다 막는데 거기서 진이 흘러나와. 그런 걸 다 본 거죠. 사람이 죽는 거 보고 나도 여기서 저렇게 죽겠구나 하고 생각했죠.

해방을 가져다준 전동휠체어

베데스다요양원에 살 때 휠체어가 없어서 거의 방에만 있었어요. 일 있으면 방이 있는 2층에서 1층까지 기어서 가거나 다른 사람 휠체어 빌려 타고 내려가고요. 사무실에 휠체어를 하나 달라니까 복도에 있는 거 타면 되지 않느냐고 하더라고요. 남의 건데 그냥 타라는 거예요. 어느 날 집에서 연락이 왔어요. 어머니가 나보고 휠체어 받았냐고 물어보시더라고요. 시설에서 어머니께 전화해가지고 휠체어 사야 한다고 돈을 내라고 했대요. 정부에서 내 앞으로 나온 수동휠체어가 있었는데 그걸 가지고 돈을 받아낸 거예요.

시설은 창살 없는 감옥이거든요. 시설에서의 하루는 먹고, 목욕하고, 싸고 끝이에요. 하루 종일 누워서 천장 보고 벽 보면서 시간을 보내요. 와상장애인은 방 안에서 변을 봐요. 그럼 냄새가 많이 나죠. 옷에 냄새가 밸 정도예요. 방 안에서 온갖 냄새를 맡아야 하고 원하지 않는 시간에 목욕하고 밥 먹고 하루 종일 벽만 보며 지내야 하다보니 감옥보다 못해요. 어쩌다 수동휠체어 빌려 타고 요양원 건물 앞에 나가는 정도가 다예요. 수동휠체어는 밀어주는 사람이 필요하잖아요. 혼자서 갈 수 있는 곳은 고작해야 시설 안이에요. 그렇게 살다가 2005년에 전동휠체어를 처음 타게 되었죠. 전동휠체어는 밀어줄 사람이 없어도 내가 원하는 대로 갈 수 있는 거예요. 진짜 좋았어요. 이런 게 해방이구나 싶었어요.

전동휠체어는 현수가 제일 먼저 탔어요. 2005년도에 와상장애인 앞으로 나온 휠체어가 한 대 있었어요.* 시설에서 휠체어 시합을 하라고 했어요. 가장 잘 타는 사람한테 주겠다고 했는데 현수가 1등을 했어요. 현수가 전동휠체어 타고 다니는 걸 보고 나도 타야겠다고 생각했죠. 석 달 후에 아버지께 어렵게 부탁드려서 자비로 샀어요. 베데스다요양원에 거주인이 120여 명 정도였는데 한규선, 김현수, 저 이렇게 세 명만 전동휠체어를 탔어요.

베데스다요양원에 살면서 시설 밖에 나가면 큰일이 나는 줄 알고 살았어요. 그러다가 전동휠체어가 생기고 동네만 돌다 온다고 말하고 외출을 하게 됐어요. 처음에는 동네 시장에 자주 갔어요. 시장에 가면 구경할 것도 많고 먹을 것도 많잖아요. 처음 먹어보는 음식이 많았어요. 닭발을 자주 사먹었어요. 소주 안주로 먹기 좋더라고요. 내가 밖을 잘 돌아다니니까 시

---

* 2005년은 도로교통법상 '자동차'로 규정되던 전동휠체어가 '보행자'로 분류된 해로, 법 개정 이후 운전면허 없이 운행이 가능해지면서 전동휠체어 보급이 급속도로 이루어졌다. 같은 해 전동보장구 구입에 국민건강보험 급여비 혜택이 적용되었고, 사회복지공동모금회는 중증장애인에게 2365대의 전동휠체어를 기부했다.

설 형님들이 심부름도 많이 시켰어요. 만 원 한 장 달랑 주고는 소주랑 안줏거리를 사오라 그래요. 순대나 돼지껍데기 같은 거 사가면 좋아했어요. 내 돈이 더 들어갔죠(웃음).

그러다 어느 날은 버스를 타고 인천 검단까지 나갔어요. 검단에 영화관이 있다고 들었거든요. 처음 버스를 타는데 기사님이 요금을 내라는 거예요. 버스를 타려면 교통카드가 있어야 한다는 것을 그때 처음으로 알고 현수랑 같이 김포시청에 가서 교통카드도 만들었어요. 교통카드까지 만들고 나서는 검단에 자주 갔죠. 영화관에서 처음 본 영화는 〈터미네이터 3〉이에요. 표를 끊고 들어갔는데 장애인석이 없었어요. 스크린 바로 앞에서 영화를 보는데 고개를 뒤로 엄청 젖히고 봐야 했어요. 그래도 정말 재밌었어요. 내가 〈터미네이터〉를 영화관에서 본 사람이에요(웃음).

출퇴근하며 지킨 투쟁

2007년 어느 날 한규선 형님이 시설에 있는 작은 공터로 저를 불렀어요. 저를 보자마자 대뜸 "황인현, 같이해보자" 그러더라고요. 그냥 막 도와달래(웃음). 나만 오케이 하면 된다는 거야. 시설에 비리가 있으니 같이 싸우자고 하는데 이 형님이 보통 형님이 아니구나 싶어서 속으로 놀랐어요. 하다가 안 되면 책임질 거냐고 물어봤는데 죽어도 될 거래요. 분위기가 심각했어요. 규선 형님이랑 몇몇 직원들이 몰래 사람을 모으고 있었는데 이야기가 샐까봐 아무도 말을 안 했어요. 장애인 앞으로 나오는 수당 문제가 시작이었거든요. 나는 수급자가 아니니까 나한테 혜택이 오는 건 아니었는데 형님이 함께하자고 해서 하게 된 거예요. 내가 "같이합시다" 그랬지. 같이하는 사람이 많았어요. 한 스무 명 넘었어요. 장애인이 열다섯 명, 직원이 여덟 명 정도 됐어요.

시설 비리 투쟁한다고 집회하러 양천구청에도 가고 대학로 마로니에공원도 가고 광화문도 가고 그랬어요. 그러면서 장애인 활동가들을 처음 본 거예요. 진짜 대단했어요. 나와 같은 장애인인데 휠체어를 타고 맨 앞에서 소리 지르고 집회 중에 휠체어로 전경 방패를 막 박고 그러더라고요. 장애인 활동가가 나보고 얌전하게 있지 말고 화를 내도 된다고 했어요. 그래서 들입다 박았어요. 그렇게 하니까 쾌감이 들었어요. '나도 할 수 있구나. 나도 정부에 내 요구를 들어달라고 항의할 수 있구나.' 활동하다가 결국 휠체어가 망가졌죠(웃음). 중고로 다시 샀어요. 집회 맨 앞에서 투쟁하다가 또 망가져서 고치고, 고쳐서 또 나가고 그랬어요.

그렇게 시설에서 서울까지 2년 동안 출퇴근했어요. 시설이 있는 김포 양곡에서 서울 광화문까지 가는 데 한 시간 반 정도 걸려요. 빨리 현장에 가고 싶어서 항상 다른 사람보다 일찍 움직였어요. 시설에서 아침 7시에 나왔죠. 시내로 나오면 서울 가는 저상버스가 딱 한 대 있었어요. 그거 타고 시내 가서 버스를 갈아타고 갔어요. 지금은 그나마도 다 없어졌어요. 그때는 피곤한 줄 몰랐어요. 나의 즐거움이었거든요. 시설에 살면서 대중교통을 못 타봤는데 버스 타고 왔다 갔다 하는 것도 재밌고 좋더라고요.

그때 같이 싸웠던 사람들은 그 후에 자립해서 나갔는데 나는 시설에 남았어요. 나는 수급자가 아니라서 시설 나가면 생계가 해결이 안 됐거든요. 나가고 싶은 마음은 굴뚝같은데 여건이 안 됐어요.

시설에서 체험홈으로

2008년 여름에 규선 형님이 먼저 자립을 했어요. 투쟁이 끝나지 않았는데 아무 말 없이 혼자 자립해버려서 놀랐죠. 그러고는 잠수를 타버렸는데 그때는 형님이 좀 미웠어요. 1년 후에 집회 현장에서 우연히 만났는데, 반갑더라고요. 남은 감정 없이 그냥 반가웠어요. 사실 형이 왜 그랬는지 다 이해가 갔으니까요.

투쟁을 같이했던 장애인들이 하나둘 자립해 나가는데 저는 수급자가 아니라 시설에 남아 있었다고 했잖아요. 시설에 있으면서도 계속 집회에 나갔어요. 김포공항역으로 가야 시설이 있는 양곡행 버스를 탈 수 있는데 집회 마치고 가면 가끔 버스가 끊겼어요. 그럼 다시 대학로로 가요. 거기에 있는 평원재라는 자립생활주택에 탈시설해 나간 사람들이 살고 있었어요. 가면 하룻밤 신세를 질 수 있었죠. 평원재에는 남자 층과 여자 층이 있었고, 각 층마다 방이 세 개였어요. 자립하기 전에 미리 체험해보는 집이에요. 평원재에 처음 갔을 때는 이런 곳도 다 있구나 싶어서 놀랐어요.

투쟁하러 다니면서 이음장애인자립생활센터랑도 알게 됐어요. 이음센터 소장이 나보고 같이 일해보자고 해서 2008년도부터 센터 활동가로 일했어요. 여전히 시설에 살았지만 활동을 한 거예요. 교통비만 받고 동료상담도 하고 집회 현장에 연대하러 가고 그랬어요. 동료상담은 시설에 방문해서 거주인들에게 자립생활에 대한 정보를 주는 거예요. 보통 탈시설한 장애인이 하는 일인데 나는 그때 자립하기 전이었잖아요. 탈시설에 대해 이야기하려니까 마음이 좋지 않았어요. 시설에서 나오지도 못한 사람이 시설을 나오라고 이야기하는 게 웃기잖아요. 마음이 무거웠어요.

그러다 2010년에 향유의집 산하 체험홈으로 나가게 됐어요. 향유의집은 김포에 있지만 체험홈은 서울 양천구청 근처에 있었죠. 방이 세 개였는데 방마다 한 사람씩 살았어요. 체험홈은 자립을 준비하는 집이에요. 당시 시설에서 담당 생활재활교사가 나한테 시설에 살면 밥도 해주고 설거지도 해주고 빨래도 청소도 다 해주지만 체험홈으로 가면 내가 모든 걸 스스로 해야 한다면서 겁을 줬어요. 내가 혼자서 다 할 수 있을까? 걱정이 됐어요. 그래도 뿌리치고 체험홈으로 갔죠. 나오니까 너무 좋더라고요. 아침 일찍 나가서 밤에 들어갔어요. 서울 안에 있으니까 시설에 살 때보다 교통이 편했어요. 집회도 하루에 서너 곳씩 나가고 필요하다고 하면 어디든 갔어요. 어디어디 현장에 사람이 없으니까 연대해달라고 전화가 오면 바로 튀어가는 거예요. 나를 기억해주니까 정말 기분이 좋았어요. 활동 끝나면 아는 친구네 집에 가서 어울리면서 지냈어요. 그렇게 3년 살다가 이음센터 체험홈으로 옮겼죠. 이음센터는 문래동과 화곡동에 체험홈을 두고 있었는데, 문래동에서 2년, 화곡동에서 4년을 살았어요. 2017년 화곡동에 살 때 기초생활수급자가 됐어요. 그때 임대아파트에 신청할 자격이 생긴 거예요.

자립의 발판

강화도 시골 옛날 집에 올해 여든셋 되신 어머니가 아직도 사세요. 그때나 지금이나 저희 집 형편이 좋지 않은데 가족이 있어서 기초생활수급자가 아니었어요. 수급자면 시설에 돈을 안 내도 되거든요. 우리 부모님께서는 1990년부터 2005년까지 매월 시설에 돈을 내셨어요. 돈을 낼 때는 시설에서 나한테 잘해줬죠. 2005년부터 부모님 사정이 안 좋아서 못 내셨는데 그때부터 미운털이 박혔어요. 시설 로비에서 원장이랑 마주쳤는데 나한테 필요 없다고 나가라고 소리 지르더라고요. 그 말 듣고 3일 동안 방에서 안 나왔어요.

투쟁 후 다른 형님들은 자립하고 나는 시설에 남았잖아요. 그때 시설 분위기가 별로 안 좋았어요. 싸늘했죠. 직원들이 나만 보면 피했어요. 내가 아침에 나갔다가 저녁에 들어가니까 어디 가냐고 묻고, 내가 시설 이야기를 다 하고 다닌다고 생각하고 뭐라고 했어요. 완전 미운털이 박힌 거죠. 전에 열심히 투쟁한 직원들도 이제 다 끝났다고 했어요. 내가 그랬죠. "아직 해결이 안 됐는데 뭐가 끝나요?" 이제부터 시작이라고 생각했어요. 시설에 남아 있는 사람들이 있잖아요.

체험홈에 나가 살면서는 얼른 자립을 하고 싶었어요. 수급자 신청을 몇 년 동안 하다가 안 돼서 거의 포기하고 있었어요. 그때는 아파도 병원에 잘 가지 못했어요. 병원에 한 번 갈 때마다 4~5만 원씩 나오니까 너무 부담되더라고요. 언젠가 집회에 나갔다가 다쳤는데 돈이 한 푼도 없을 때라 병원에 안 간다고 우겼어요. 활동가들이 돈 걱정 말고 일단 병원에 가자고 해서 꿰매고 나오는데 "나 어떻게 해? 수급자 아니라 돈 많이 나올 텐데" 하면서 걱정했어요. 활동가들이 돈을 내려고 하니까 병원에서 내가 기초생활수급자라고 안 내도 된다고 그랬대요. 저도 모르는 사이에 수급 신청이 되어 있었어요. 너무 좋았죠.

수급자가 되니까 매달 수급비가 나오잖아요. 생활비가 생기니까 하고 싶은데 못 했던 걸 하게 되더라고요. 예전에는 사람을 만나면 돈을 써야 하니까 그런 자리를 못 갔었는데 이제는 사람 만나면 내가 커피도 사고 그래요. 활동을 더 열심히 하게 됐어요.

수급비와 장애연금을 합치면 한 달에 101만 원 정도 들어와요. 전기세 등 20만 원 정도 빠져나가고 통장에 80만 원 정도가 남아요. 사흘에 한 번씩 장을 보러 가는데, 그 비용이 한 달에 50만 원 정도 나와요. 풍족하게 뭘 많이 사는 것도 아닌데도 매달 그 정도 나오더라고요. 그래도 감사하죠. 향유의집에 살 때 서울에 집회 갔다가 시설로 돌아오는 길이었어요. 전화기에 불이 나는 거예요. 형이 너 어디냐고 빨리 오라고 그랬어요. 아버지가 돌아가셨다고요(침묵). 아버지가 저 수급자 된 거 못 보고 돌아가셨어요. 아들이 수급자 된 거 아셨다면 마음이 좀 놓이셨을 텐데……

자립생활과 공동체

지금은 김포에 있는 임대아파트에서 살고 있어요. 여기 산 지 2년 정도 됐어요. 활동지원사가 24시간 같이 있어서 불편한 건 없어요. 지금은 일을 쉬고 있어서 집에서 시간을 많이 보내요. 내가 일어나고 싶을 때 일어나서 씻고 테레비 보거나 할 일 하면서 하루를 보내요. 제가 살고 있는 곳이 서울이랑 뚝 떨어져 있어요. 예전에는 직통버스가 있었는데 지금은 그 버스도 없어져서 무조건 장콜을 잡아 타야 해요.

어떻게 지내냐고, 한번 나오라고 카톡이 많이 와요. 대부분 서울이에요. 나가서 사람 만나고 싶은데 수급비로는 생활이 빠듯해서 나가는 게 쉽지 않죠. 나가면 다 돈이잖아요. 서울 갈 때는 장콜로 가요. 전화하면 제가 사는 아파트로 차가 와요. 예전에는 대기시간이 길었는데 요즘은 대수가 늘어서 그리 길지 않아요. 장콜로 가면 한 시간 정도 걸리는데 요금이 1300원 정도 나와요. 아 근데 알아요? 김포 장콜도 우리가 만들었어요. 2011년에 김포센터에서요. 차 색깔도 우리가 고른 거예요. 당시는 김포에 장콜이 열 대밖에 없었는데 그나마도 여덟 대밖에 운영을 안 했어요. 전화 안내원이 없어서 운전기사가 전화를 받아야 했거든요. 장콜을 불러도 오래 기다려야 했죠. 지금은 김포 장애인 콜택시가 40대가 넘는대요.

사는 건 편하고 좋은데 활동하던 사람이 활동을 안 하니까 사람이 그리워요. 사람도 만나고 이야기하고 같이 밥 먹고 해야 되는데 혼자라 좀 외롭지. 어울릴 사람이 있으면 좋겠어요. 같이 밥 먹고 문화생활 즐기며 살고 싶어요. 탈시설하고 제일 중요한 게 집이랑 활동지원사라고 생각했어요. 살다보니까 활동하는 게 중요해요. 예전에는 활동도 많이 하고 여행도 많이 다녔어요. 일을 안 하니까 무기력해요. 활동을 못 하니까 내 자신이 짜증 나는 거야. 가족이 있지만 시골집이나 형제들 집에 가면 서먹해요. 시설에 사느라 너무 오래 떨어져 있었잖아요. 형이 1년에 한 번 구정 때 데리러 와요. 1년에 한 번 만나니까 낯설고 어색해요. 코로나 때문에 밖을 더 못 나가니까 요새는 사는 게 재미가 없어요. 그나마 복지관에 가끔 가는데 재미가 없어요. 코로나 때문에 가다가 말다가 그래요. 복지관에서 잘 있냐고 안부 확인하는데 다른 건 없지. 모임들이 많이 생기면 좋겠어요. 같이 여행도 하고 밥도 먹고요.

올해 제주도에 있는 장애인단체의 요청으로 매달 제주도에 가고 있어요. 신규 단체라 업무를 지원해주러 가는 거예요. 활동지원사와 함께 한 달에 15일씩 제주도에 머물고 있어요. 단체에서 비행기값만 지원해줘요. 그래도 가면 사람을 만나고 함께 일을 하니까 속이 시원해요. 역시 사람은 사람과 만나야 해요.

이곳을 나가는 게 좋아요

: 탈시설을 앞둔 거주인 문영순

이호연 글

인터뷰를 하기 위해 향유의집으로 향하는 길, 새로 지어진 아파트 옆으로 오래 된 건물 한 채가 보였다. 주위에 오가는 사람 하나 없어 여기가 맞나 싶은 마음에 두리번거렸다. 기록자를 맞아 주는 것은 차가운 겨울바람 뿐. 건물 안으로 들어가니 사무실로 보이는 장소가 있었다. 막상 문을 여니 예상했던 것보다 더 넓은 공간이 눈에 들어왔다. 여러 개의 책상과 의자가 있었지만 앉아 있는 사람은 단 두 사람뿐. 시설 폐지를 앞두고 있어 이미 많은 직원이 퇴사한 상태였다. 오후임에도 저녁 시간의 풍경처럼 느껴졌다.

학교 교실처럼 복도의 양 옆은 거주자들이 사는 방으로 빽빽했다. 문영순이 거주하는 방의 문은 열려 있었다. 문은 방안과 복도를 경계 짓는 유일한 가림막이었다. 열린 문 밖으로는 직원이 복도를 오갔고, 문 안쪽 기록자 앞에는 문영순이 있었다. 그는 휠체어에 앉아 있었다. "안녕하세요? 오늘 인터뷰한다고 연락 드린 사람입니다. 문을 닫을까요?" 열려 있던 문을 그대로 둔 채 인터뷰를 해야 할지 아니면 미닫이문을 닫아도 되는지 궁금해서 한 질문이었다. "닫아도 돼요. 여기 와서 앉아요." 네 평 정도의 방이었다. 침대와 옷장, TV가 놓여 있었다. 단출한 살림이지만 방은 꽉 차 보였다. 기록자는 맞은편 방바닥에 앉아 허리를 세우고 고개를 들어 그와 눈을 맞추었다. 그렇게 시작된 이야기는 한 시간 넘게 진행되었다.

집을 떠날 수밖에 없었던 이유

저도 사연이 많아요. 장녀로 태어났는데 걸음을 잘 못 걸었어요. 제가 경기를 하면 엄마가 제 몸을 주물러서 일으켜 세웠거든요. 주무르지 말아야 하는데 주무른 거예요. 엄마가 젊으니까 몰랐던 거죠. 고치려고 좋다는 병원은 다 다녔어요. 엄마가 저한테 잘해줬죠. 병원을 찾아다녀도 소용이 없었어요. 이렇게 못 걷고 중간에 주저앉는 거라. 그때가 열두 살쯤인가. 그 이후로 휠체어를 타고 다녔어요.

제가 결혼을 일찍 했어요. 열여덟에. 집이 지겨워서 빨리 시집을 갔어. 아버지만 안 그래도 괜찮은데 술주정을 그렇게 하니까. 중매로 만났는데 나는 이렇게 생겼어도 남편은 멀쩡하니까 참 재밌게 살았어요. 남편이 나한테 참 잘했어요. 그런 사람 있으면 또 결혼하고 싶어. 남편은 청소 일을 했어요. 새벽 4시 반이면 일을 하러 나가요. 술 담배를 하나 돈을 허투루 쓰나 월급 날이면 돈이 다 그대로 들어왔어요. 그런 사람이 갑자기 심장마비로 죽으니까 아휴, 하늘이 무너지는 거 같지. 한참 재미있을 때 갑자기 떠나니까 정신이 없는 거라. 그때가 딸이 초등학교 4학년 때였지.

막상 남편이 떠나니까 오갈 때가 있어야지. 친정 가서 그 눈치를 어떻게 받고 살아요? 아버지가 그렇게 술을 먹었어요. 집안 사정이 어려워서 엄마가 새우젓 장사를 했거든요. 아버지가 잔뜩 술에 취해서 엄마를 찾아오라고 하는데 어디 가서 찾

아. 사람 환장하는 거지. 술 안 먹으면 괜찮은데 술만 먹으면 그러는 거야. 보통 힘들게 하는 게 아니야. 아버지 술주정을 다 받으려면 나도 스트레스를 받잖아요. 어느 날인가 내가 그랬어요. "아버지, 내가 언제고 뛰쳐나갈 거예요." 결국 뛰쳐나왔지. 말한 대로 되는가봐.

새벽 4시에 집을 나왔어요. 딸은 친정에 두고 나 살려고 나온 거라. 애 생각도 해야 하는데 그러질 못했지. 나 살 길만 찾았나봐요. 그 생각만 하면 가슴이 아파…… 짠하고 안됐어요. 남동생이 둘인데 집 나올 때 담배 두 보루를 동생들 자는 머리맡에 놓고 나왔어요. 나도 참 독해. 근데 어지간하면 집에 있지 뭐 하러 나오겠어? 도저히 살 길이 없어서 나온 거지. 제가 가진 게 뭐 있었겠어요? 무작정 반지 다섯 돈 가지고 나왔어. 서울에 왔는데 돈은 떨어져가고 반지를 팔아서 대방동에 있는 부녀자보호소로 들어갔어요. 보호소에서 몇 년 살다가 목사님이었던 제복만 원장이 여기 베데스다요양원으로 오라고 해서 왔죠. 살면서 고생을 말도 못하게 했어요.

마음속에 있는 주먹

여기 처음 왔을 땐 문짝도 없었어요. 담요 치고 살았거든요. 사람들이 쭉 붙어서 빡빡하게 잤어요. 지금은 혼자 방을 쓰지만 전에는 한 방에 여섯 명이 같이 있었어. 나는 시끄러운 게

싫어요. 누가 말을 시키면 세 마디까지는 듣고 있어요. 그다음
은 내가 "왜 그러세요?" 그래. 하지 말라고 하지. 근데 사람들이
많으니까 말도 많았어. 선생님들은 좋지만 말 많은 데 와서 산
다는 게 보통 힘든 게 아니야. 예전에는 손이 모자라서 제가 선
생님들 일을 도와줬어요. 직원들이 6시에 퇴근을 해요. 그러면
제가 거주인들하고 같이 잠을 자요. 사람들 돌봐야 하니까 저
는 편하게 잘 수가 없죠. 선생님들이 일을 다 할 수 없으니까 도
와주긴 해야 하는데 그게 조금 힘이 들었어. 여기 와서도 처음
에는 고생 많이 했어요.

　제가 직원들을 도우니까 수고한다고 어떤 보호자가 나한
테 2만 원을 주데. 그걸 보고 한 직원이 "왜 너한테 돈을 주냐?"
이러더라고. 내가 그랬지. 나 이거 없어도 산다고. 그만큼 내가
고생을 하니까 보호자가 나한테 돈을 주는 거라고. 그 직원 말
은 자기한테 돈을 줘야지 왜 나를 주냐는 거지. 그 사람이 얼마
나 나를 시집살이 시켰는지 몰라. 그런 여자는 처음 봤어요. 내
가 원장님 불러서 얘길 했어요. "원장님, 내가 달라고 한 것도
아니고 수고한다고 보호자가 나한테 2만 원 준 걸 가지고 저렇
게 지랄을 하는데 저 사람이 돈을 가져야 되겠어요 안 되겠어
요?" "그건 안 되지. 왜 그랬노?" 원장이 경상도 사람이거든. 내
가 원장한테 그랬지. "저 사람이 나한테 그렇게 말하는데 이 돈
을 찢어버려야 되지 않겠어요?" 잊어버려지지도 않아. 원장 앞
에서 더러워서 내가 돈을 확 찢어서 화장실 변기에 버렸어요.
그 사람 보는 앞에서 돈을 찢은 거지. 보호자들이 준 돈을 안 쓰

고 모으니까 꽤 많이 모아지데? 100만 원을 모았어요. 근데 제복만 원장이 그 돈을 떼먹고 도망 간 거야. 쥐도 새도 없이 사라졌어요. 내가 먹지도 못하고 모은 돈을 그 지랄을 했으니까. 난 그게 싫은 거예요. 제복만 생각하면 내가 이가 갈린다고 했어. 아, 나도 고생 많이 했다. 속상한 거 있으면 다 얘기하라고 해서 하는 거야.

어떤 직원이 방에 못 들어가게 해서 내가 다른 곳에서 많이 잤어요. 다른 곳에서 많이 잤어요. 내가 그걸 원장한테 찔렀어. 근데 직원이 안 그랬다고 했다는 거야. "니가 안 그랬으면 누가 그랬냐?" 나는 목에 칼이 들어와도 바른말을 해야 돼. 여기 와서 살아도 나는 틀린 말을 하는 그런 사람이 아니야. 나는 할 말 있으면 다른 사람한테 안 하고 원장한테 해요. 사무실에 가서 원장하고 대화를 해. 얘기를 해버려. 그때는 직원들도 혼나지. 그런 거 해결하라고 상사가 있는 거 아니에요? 그래서 원장이 있고 국장이 있는 거지.

저는 할 말은 해요. 직원들이 틀린 게 있으면 불러서 얘길 해요. "뭐하는 거예요?" "그렇게 하면 안 되는데요." 저 사람이 나한테 뭐라 하면 나는 가만히 안 있어요. 말을 하지. 내가 O형이거든요. 가만히 며칠 두고 보다가 성질나면 들어오라고 해서 쭉 얘길 해버려요.

이 얘기를 하는 건 오늘이 처음이에요. 근데 말을 해야죠. 그죠? 말은 해야 맛이니까 해야지. 예전에 직원이 내 몸을 끌고 다니다시피 했어요. 내가 빨리 못 다니니까 다리를 질질 끌고 가서 야단을 치고 얼마나 개지랄을 했는데. 나한테 그렇게 한 사람 이름도 안 잊어버려. 그런 사람이 몇 명 돼요. 좋은 사람도 있는데 그런 사람도 있어. 내가 말을 했어요. 뭐 때문에 다리를 그렇게 잡아끄냐고. 내가 이 일을 계속 가슴에 가지고 있었어요. 오늘 내가 말을 해서 풀 거예요. 담아 둘 필요가 없는 거야. 이렇게 당하고 살았는데 이제 참을 필요가 없잖아요. 잘못한 건 지적을 해야지. 옛날에 고생 많이 했어요. 휠체어가 없었는데, 꼼짝을 못하게 했어요. 그런 때도 있었어요.

어지간하면 웃고 얘길 잘 안 했지. 하기 싫어서 안 했지. 나쁜 기억이 떠오르니까. 머리에 떠오르는 나쁜 기억 때문에 괴로웠어요. 풀어지지 않은 마음속 주먹 같은 게 있었어. 여기 와서 너무 고생을 해서 지긋지긋 해. 그래서 후회했지. 말로 다 하려면 끝이 없어요. 그래도 오늘 얘기하면서 속을 푸니까 후련한 것 같아. 예전에 비하면 지금은 여기도 많이 바뀐 거지.

떠나보낸 엄마, 다시 만난 딸

제가 여기로 오고 엄마는 저를 찾으러 다녔대요. 나중에 어떻게 다시 만나게 되서 한 달에 한 번씩 엄마를 봤죠. 2년 쯤 됐나. 엄마가 돌아가셨어요. 엄마가 보고 싶어요. 지금도 엄마 생각이 그렇게 나요. 친정엄마가 제 딸을 키웠어요. 애를 두고 나왔는데 잠이 오나요. 속상하죠. 엄마를 다시 만났을 때 딸 얼굴도 봤어요. 어릴 적 딸 사진이 있는데 아이가 잘 컸더라고요. 엄마란 사람은 아이를 두고 집을 나왔는데 아이는 이렇게 훌륭하게 커서 나를 만나러 여기 왔어.

딸을 다시 만났는데 아휴, 다리가 부들부들 떨렸어요. 누가 한복을 입고 여기로 들어와. 나를 보더니 꼭 끌어안고 "엄마" 하는 거야. 불쌍하지. 내가 없는데 저렇게 컸으니까. 그게 너무 감사하죠. 딸이 나한테 전화해서 다정하게 밥은 먹었냐, 지금 뭐 하냐 물어봐줘요. 참 착해. 어떻게나 똑똑한지 똑소리가 나요.

딸이 결혼한 걸 몰랐어요. 8년 동안 교제하고 결혼했다고 하더라고요. 다시 만났을 때 사위하고 엄마하고 삼촌하고 다 왔었어요. 만났으니까 인사로 절을 하는데 절은 그냥 받는 거 아니래. 돈을 조금 줘야 된대. 그래서 돈을 조금 줬지. 그때는 처음 만나니까 왜 이렇게 어려운지. 우리 딸 시댁이 팔남매인데 우리 사위가 장남이야. 인물도 잘났어요. 빠지지 않아. 근데 사위가 한 번씩 오면 왜 그렇게 어려운지…… 어려워 죽겠어요. "아유, 장모님 왜 그렇게 어려워하세요? 식사 하셨어요?" "당연히 먹었지." "자네는 먹었나?" "예 먹었습니다." 사위가 참 잘해요. 아침저녁으로 전화를 해요. 아주 착해. 보통 착한 사람이 아니야.

나는 딸이 하나인데 내 딸은 아들이 둘이에요. 손자들이 내년에 대학 들어가요. 지 아버지보다 키가 커요. 착해. 그것도 내 복이야. 내가 이번에 갑자기 핸드폰이 고장 나서 새로 바꿨어요. 애들이 보고 싶을 때 통화를 하면 이걸로 쫙 볼 수가 있잖아. 애들이 예뻐 죽겠어요. 나한테는 세상에 둘도 없는 손주들이지. 그 둘 밖에 없어.

떠나고 싶은 마음과 기대

"어휴, 여기 사는 거 지겨워 죽겠어요." 어제도 내가 원장님한테 그랬어. "조금만 참으세요. 이제 곧 좋은 데 갈 거예요." 지금은 내가 일어나고 싶은 시간에 일어나는데 예전에는 아침 7시로 정해져 있었어. 일어나면 세수하고 청소하고 아침 먹고 점심 먹고 저녁 먹고 텔레비전 좀 보다가 자는 거지. 아휴 그게 끝이야. 방에 있는 게 제일 안전하지. 밖에는 차가 왔다 갔다 하니까. 여기서 친한 사람도 없어요. 내가 성질이 깐깐해서.

그동안 나가고 싶었는데 못 나갔어. 나는 여기가 지겨워. 내가 얼마나 고생했는지 아무도 몰라. 징글징글해요. 근데 혼자 나갈 수는 없잖아요. 누가 옆에서 도와주는 사람이 있어야지. 여기를 허문다고 들었는데 귀에 딱지가 앉을 정도야. 헐리긴 헐려야 돼. 문을 닫는다고 했을 때 나는 잘됐다고 생각했어요.

여기 나가서 살 집도 가봤어요. 3층인데 방이 두 개 있는 집이야. 가서 쭉 둘러봤어. 괜찮던데요. 손주 둘이 있잖아요. 이제 집에 와서 놀 수 있으니까. 방문자 체크 안 해도 들어오면 되니까 좋잖아요. 여기서 살다보니까 내가 오십이 넘었어요. 여길 나가는 게 좋아요. 나가면 재밌게 살고 싶어요. 바람도 쐬고 오고 그런 재미를 느끼면서 눈치 보는 거 없이. 이제 내가 활기를 피고 살아야지. 재밌게 얘기도 하고 살아보다 가야지.

시설과 탈시설, 반반의 마음이에요

: 마지막 탈시설 주자 양남연

이정하 글

양남연이 주로 시간을 보내는 커다란 침대 곁에는 라디오 카세트, 휴지, 이쑤시개, 비타민과 유산균 통이 손에 닿을 곳에 가지런히 놓여 있었다. 전신마비 지체장애가 있는 그가 손닿는 곳에 자주 쓰는 물건을 놓는 공간을 마련해둔 것이다. 머리맡에 있는 열린 창 너머로 키가 큰 고목과 아파트 숲을 가리는 높다란 옹벽이 보였다. 양남연이 처음 들어왔을 무렵 어린나무와 장미 덩굴, 그리고 논밭의 풍경을 담아 보여주던 창이다.

중도장애인이 되다

저는 1950년생 6·25둥이예요. 전라북도 진안에서 태어나 결혼하면서 서울로 왔어요. 은평구 신사동에서 양복점을 했습니다. 양복점을 크게 하면 상의 만드는 사람, 하의 만드는 사람 따로 둘 수도 있는데 그럴 형편은 안 됐어요. 혼자서 재단부터 미싱까지 다 했으니 손쓸 일이 많았죠. (1979년 10월 26일에) 박정희 대통령이 죽고 나니까 장사가 안 되는 거예요. 전쟁 나는 거 아니냐고 보따리 싸고 그랬으니까요. 그러니 누가 옷을 맞추러 오겠습니까? 두 달쯤 있다가 12·12사건 난 뒤에 신길동 쪽으로 이사를 갔어요.

마흔한 살 때 사고가 났어요. 1991년 10월 말이었어요. 친목계를 한다고 시골에서 동창들이 놀러 왔어요. 친구들과 헤어지고 이웃 친구들하고 술 한잔을 더 먹었지요. 담배 한 대 피우러 집 옥상으로 올라갔어요. 비가 부슬부슬 왔는데 신고 있던 슬리퍼 밑창이 닳아서 미끄러웠나봐요. 발을 잘못 디디면서 밑으로 추락했어요. 다이빙하듯이 머리부터 떨어져서 경추 5번, 6번이 부러졌어요.

현금을 줘야만 살 수 있는 50만 원짜리 미제 인조뼈로 경추를 고정했어요. 목 보호대를 하고 몇 달을 살았는데 못 살겠더라고. 손도 못 움직이니 긁지도 못하고 어찌나 답답하고 간지럽던지. 간병인에게 여기도 긁어주쇼, 저기도 긁어주쇼 하려니까 힘이 들어요.

그때가 노태우 대통령 때였어요. 공무원들은 의료보험이 365일 적용됐는데, 일반인들은 180일만 될 때예요. 반쪽짜리 의료보험이 끝나면 병원비가 엄청나게 비싸요. 낼 능력이 안 됐어요. 1991년 6월 말 사고 나고 반쪽짜리 의료보험을 다 쓴 1992년 7월 4일 여기 왔어요. 김영삼 대통령이 정권 잡았을 때네요.

친구들이 알아봐준 곳이었어요. 와상 환자라고 하니 입소할 때 5000만 원을 내라고 하더군요. 아파트 두 채는 살 수 있는 돈이었는데 친구들이 절반을 깎았어요. 평생 여기 있기로 하고 1300만 원 주고 들어왔어요. 그때 와가지고 지금껏 여기서만 살았어요. 사지마비가 됐으니 낫는다는 보장은 없고. 얼마 못 살 줄 알았는데, 죽지도 않고 그냥 이래 살아요. 한 3년 살려나 했던 게 벌써 30년 다 됐어. 나이가 70이 넘었네요.

베데스다요양원에 왔을 때 적응이 엄청 힘들었죠. 몸이 이렇게 되고 나서 제일로 문제는 관장이었어요. 먹는 게 중요한 게 아니라 싸는 게 중요하더라고요. 처음 여기 올 때만 해도 관장 없이 자연스럽게 변을 볼 땐데, 이게 나온다고 예고하고 나옵니까? 참…… 방에서 똥 싼다는 건 상상도 안 해봤잖아요. 다른 사람 손을 빌려야 해요. 예전에는 직원이 모자라서 다른 거주인들이 뒤처리를 해줬어요. 그러다보니 싸는 게 싫었어요. 먹다가도 '에잇 그만 먹자!' 하고 생배를 많이 곯았어요. 자꾸 배변을 안 하려고 노력한 거죠.

그렇게 살다보니 빨리 숨 끊어지기만 바랐어요. 이제나 죽을까 저제나 죽을까, 죽을 날만 기다리는 거예요. 숨 쉬고 있으니까 그냥 산 거지. 아무 생각 없이 무의미한 세월을 보낸 거예요. 하루 종일 텔레비전만 봤어요. 텔레비전이 아침 일찍 "동해 물과-"로 시작해서 밤 12시에 다시 "동해 물과-" 나오며 끝나거든요. 그때부턴 더 보고 싶어도 못 보는 거예요.

함께했던 친구들의 탈시설

여길 거쳐간 사람들 중에 중도장애인이 많았어요. 원래 장애를 입고 태어난 게 아니고 나처럼 교통사고나 추락 사고를 겪었던 사람들이죠. 기억에 남는 사람들이 있어요. 초기에 저와 같은 방에 교통사고로 하반신을 못 쓰게 돼서 휠체어를 타는 친구가 있었어요. 머리를 다쳐서 수전증이 있는 것처럼 손을 덜덜덜덜 떨어요. 그 친구가 저에게 밥을 먹여줬어요. 어떻게 하면 편하게 먹여줄지 생각을 못 하고 그냥 자기 편한 대로 먹여주는 거예요. 숟가락을 덜덜덜덜 떠니까 숟가락이 자꾸 이빨을 때려요. 숟가락이 입으로 들어와야 받아먹든지 말든지 할 텐데 어떻게 먹겠습니까. 그래서 내가 숟가락질을 해보기 시작했어요. 그 친구한테 감사하죠. 제대로 먹여줄 수 있는 사람이 밥을 먹여줬더라면 숟가락도 못 드는 제가 스스로 먹으려고 노력을 했겠습니까?

욕창으로 입원했다가 퇴원한 또 다른 친구도 알게 됐어요. 그 친구가 입원하느라 생긴 빈자리에 제가 들어온 거였더라고요. 얘기가 잘 통했어요. 11시 반이면 내 방에서 매일 밥을 꼭 같이 먹었어요. 그 친구는 매일 돌아다녀요. 비가 와도 비옷을 입고 나가요. 그 친구가 가자는 대로 휠체어 타고 따라다녔어요. 그때가 가장 좋았죠. 매일 그러니까 어느 날 원장님이 그 친구와 같이 방을 넣어줄까 묻더라고. 근데 우리는 아니라고 했어요. 같은 방에 있으면 서로 의견이 부딪칠 수 있잖아요. 나는 MBC를 보고 싶은데 이 친구는 KBS를 보고 싶다든지, '야, 더우니까 문 열자' 그러면 하나는 '안 더우니까 닫고 자자' 이럴 수도 있죠. 누구 하나는 양보를 해줘야 하잖아요. 몇 번 양보하면 서로 양보하는 걸 당연한 거라고 착각해요. 그러다 마음이 틀어지기도 하고요. 마음에 맞는 친구랑 한방에서 같이 살다가 틀어지면 좀 쓸쓸하잖아요. 따로따로 살다가 만나는 게 좋은 거예요.

그렇게 20년을 매일같이 함께 밥 먹고 얘기하면서 살던 친구가 탈시설한다고 시설을 나갈 적에는 정말 마음이 아프더라고요. 한 명이 탈시설하고, 또 아홉 명인가 하는 분들이 탈시설하니까 처음에는 정말 마음 둘 곳이 없더라고요. 대화할 사람이 없어져서…… 매일같이 점심 먹고 전동휠체어 타고 양곡 바닥 다 헤집고 다녔는데 혼자가 되니 생활이 팍팍하잖아요. 몇 명 남은 친구들은 몸 상태가 별로 안 좋아서 같이 밖에 나가기가 힘들었어요. 재미가 없어서 라디오를 샀어요. 라디오라도 들어야 시간이 빨리 갈까 싶었던 거죠. 그래도 산 사람은 또 살아지더라고요.

사람이 쉽게 죽어나가는 곳

독방 쓴 지 7~8년 된 거 같아요. 옛날에는 한방에 거주인이 많게는 여덟 명까지 있었어요. 직원 한 분이 그 방 하나를 맡아서 봐요. 지금처럼 직원이 많을 때가 아니었어요. 방이 10개면 직원이 10명인데, 쉬는 날이 있으니 보통 대여섯 명 정도가 근무해요. 우리 방 선생이 쉬면 옆방 선생이 화장실로 연결되는 양쪽 방 거주인 16명을 다 카바하는 거예요. 다 나 같은 와상 환자만 있는 건 아니었어요. 혼자 쓸고 닦고 양치질하고 목욕까지 할 수 있는 친구들도 있었어요. 그런 거주인들끼리는 서로서로 도왔어요. 1990년대 초에는 직원이 할 일을 몸을 좀 움직일 수 있는 거주인들이 하게 했어요. 인건비를 줄인 거죠.

거주인이 줄어들 때는 퇴소를 해서 나간 게 아니라 대부분 생을 마감하고 죽어서 시설을 나가는 사람이 많아요. 보통 사회에서는 살아가면서 주변 사람들의 죽음을 얼마나 보게 됩니까? 평생 따져봐도 몇 명 안 돼요. 근데 여기서는 1년에 세 명씩만 죽는다고 해도 30년 세월이면 적은 숫자가 아니에요. 어떤 해에는 열댓 명씩도 가요. 희한하게 한 사람이 죽으면 다음 사람이 대기하고 있었다는 듯 장 치르기도 전에 따라 죽어요. 서너 명이 줄줄이 죽는 거예요. 그러고 몇 달 조용했다가 한 명이 죽으면 또 줄줄이 죽어요. 하나씩 하나씩 죽어나가는 친구들을 봤을 때 생살이 찢겨나가는 느낌인데 그 마음이야말로 표현 못하죠. 사람이 그렇게 쉽게 죽을 수도 있는가 싶어요.

1990년대 초만 해도 대부분이 영양실조로 죽어나갔어요. 반찬도 그렇고 밥도 그렇고 그때만 해도 개판이었죠. 장애수당이 없을 때니까 돈 없는 친구들은 라면 하나도 잘 못 먹었어요. 시설에 후원은 많이 들어왔어요. 과일도 들어오고 화장지 같은 거도 들어와요. 언젠가는 빵 공장이 망했는지 빵을 트럭으로 싣고 와서 주고 간 거예요. 빵은 유통기한이 정해져 있잖아요. 120명이 하루에 다섯 개씩 먹는다고 해도 그 많은 양을 무슨 수로 다 소모해요. 그러니 오전 10시쯤 되면 빵을 한 개씩 줘요. 점심 먹고 하나, 저녁에 또 하나 줘요. 몇 번 먹으니까 못 먹겠더라고요. 나 밥 먹여주던 친구는 빵을 좋아해서 그 친구에게 줬더니 고맙다고 실컷 며칠을 먹었어요. 근데 그 친구도 물리는지 나중에는 빵 왔다니까 휙 집어던지더라고요. 한 번은 새우젓이 왔는데 시커메. 상품 가치가 떨어져 못 파는 물건을 준 거죠. 그게 반찬으로 하루에 세 번을 올라와요. 사람들이 다 안 먹죠. 그러면 반찬을 너무 많이 주니까 안 먹는다는 거야. 먹지 못할 걸 주고 남기지 말라고 하면 이게 말이 됩니까? 자기가 그렇게 삼시 세끼 먹어보라지(웃음).

30명 죽어나가는 게 몇 년 안 걸렸어요. 오죽하면 시설 2층에 휴게실이라는 데다가 향을 피워놓고 시체실을 하는 거지. 한 명이 죽어서 시체실에 들어가 있는데 또 하나 죽으면 시신을 쌍으로 놓을 순 없잖아요. 그러면은 한 구는 석암재단 '대꽃'이란 곳으로 보내요. 그 사람들은 병원에 갈 수가 없는 형편이었던 거예요. 무연고자는 하루만 놔두고 그다음 날 바로 화장터로 가버려요. 보호자가 있는 사람들은 병원 안치실로 가거나 보호자들이 시체실 와서 향 피워주고 사흘 지나면 화장터로 가는 거죠. 죽어나가는 거는 팔자니까 보는 것도 만성이 돼요. 그런데 열받는 건 한 명이 죽어나가잖아요? 그러면 또 거주인 한 명이 들어와요. 빈자리는 계속 메꿔져요.

탈시설을 앞둔 마음

새벽 4시 반에서 5시 사이에 일어나면 심호흡부터 해요. 팔이랑 어깨 풀리라고 운동도 하죠. 텔레비전 켜고선 전기면도

기로 면도를 해요. 손목까지만 힘이 들어가거든요. 손가락을 전혀 쓸 수 없으니까 면도기를 잡을 수 없어요. 대신 끈을 달아서 손목을 끼워 쓸 수 있게 만들었어요. 혼자서 할 수 있는 데까지는 하는 거예요. 텔레비전 시청하다가 8시 돼서 밥 주면 밥 먹어요. 밥 먹고 나면 세수하고 목욕을 하거나 관장을 해요. 비나 눈 오거나 춥지 않으면 한 시간 정도 전동휠체어 타고 산책도 해요. 그때 안 나가면 24시간 그냥 텔레비전하고 씨름하는 거예요. 그게 일과죠. 뭐 특별한 게 있겠습니까?

선생님들은 필요할 때 부르면 와서 도와줘요. 보통 3시에 간식을 주고 가요. 밥 먹을 때쯤에는 물을 떠다 주고 약 먹는 사람은 약도 챙겨주고. 요즘은 나흘에 한 번씩 관장하는데 애로사항이 많죠. 저는 다른 사람들처럼 약이나 넣어주고서 치워주면 되는 게 아니고 좀 힘든 케이스예요. 하도 장시간 누워 있으니까 장운동이 활발하지 못해서죠. 남들한테 시켜서 해야 하니까 창피하고 자존심 상하지만 뭐 어쩔 수 없죠.

향유의집이 없어진다니까 어디로 가든 가야 되잖아요. 그럼 지원주택으로 가서 부딪쳐보자는 생각을 하게 됐어요. 체험홈이라는 데도 있어요. 그런데 체험홈은 서비스가 향유의집보다는 없더라고요. 그래서 지원주택으로 가요.

지원주택에 가면 식성대로 먹어봐야죠. 원래 고향이 아랫녘이라 조금 싱겁고 단맛이 나게 먹잖아요. 시설에서는 내 입에는 안 맞아요. 제일로 먹고 싶은 건 시답잖은 거예요. 오징엇국 한번 끓여 먹고 싶어요. 어렸을 때 산골에 살아가지고 물오징어라는 걸 구경을 못 해봤어요. 그러다가 전주에 아는 사람이 오징엇국을 끓여줬는데 그게 그렇게 맛이 있더라고.

물오징어 사다가 무를 연필 깎듯이 해서 지져서 끓이고 고춧가루 좀 넣어서 먹으면 끝이에요. 돈도 별로 많이 안 들어가고 별것도 아니에요. 시설에서는 먹고 싶은 것 해달라고 하는 것도 눈치 봐야 되거든. 직원들이 눈치를 준다는 게 아니라 내 마음이 그래요. 그래서 필요한 걸 스스로 할 방법을 생각해내요. 요쪽엔 라디오, 핸드폰, 그다음엔 휴지, 이쑤시개, 비타민 C, 유산균. 물통은 침대 벽면 선반을 만들어서 놔뒀어요. 근데 놔두기만 하면 그림의 떡이잖아요. 먹을 때마다 직원을 불러야 돼서 물통에 손잡이를 만들었어요. 선풍기도 줄을 묶어놓고 댕겼다 놨다 해요.

신혼 때 살던 은평구에 있는 지원주택으로 가게 됐어요. 은평구는 원래 논바닥이었는데 제가 살던 무렵에 사람들이 밭으로 바꿔가지고 상가를 짓기 시작했어요. 한 골목에 2층 상가가 열몇 개 있었는데 집주인 할아버지가 사거리 코너에서 '4989복덕방'을 했어요. 그 옆에 제가 서른 초반에 양복점을 열었었죠. 골목에서 막내였어요. 홍제동 들어오기 전에 있는 큰 길로 계속 가면 기자촌이랑 일산이 나오잖아요. 오른쪽으로 나가면 서대문, 홍제동 쪽으로 홍은동 지나 사직터널이 있고요. 그 옆이 처갓집이었거든요. 원래는 탈시설한 친구들이 있는 장안동으로 가고 싶었는데 장안동은 지원주택 입주 인원이 다 차버렸대요. 지금 은평구에는 아는 사람이 하나도 없어요.

그동안 지역사회에서 생활해본 적이 없잖아요. 다른 사람 손발을 움직여가면서 살아야 하니 사람 쓰는 게 제일 애로 사항이 많겠죠. 실질적으로 중요한 건 관장하고 목욕하는 것, 병원 가는 거죠. 아파서 병원 입원이라도 하면 간병인도 있어야 하고요. 마음의 준비는 했지만 준비한다고 끝납니까? 진심으로 도와줄 수 있는 사람을 만날 수 있을까 걱정이죠. 그렇지만 어차피 나가서 부딪쳐야 할 일이에요. 죽이 되든 밥이 되든 어찌 되겠죠.

적응 기간이 필요한 자립생활

양남연은 2021년 3월 3일 향유의집을 나왔다. 그리고 40여 년 전 신혼살림을 차렸던 지역으로 돌아와 지원주택에 입주했다. 거실 겸 주방에 방이 두 칸인 그의 집은 이사 당일 사람들로 꽉 차 있었다. 먼저 탈시설한 친구들도 찾아와 지원주택 센터장에게 당부의 말을 전하기도 했다.

양남연은 영화관, 은행, 주민센터, 추억의 장소 등을 찾아보기 시작했다. 따릉이를 탄 활동지원사와 함께 벚꽃 날리는 4월의 불광천변을 다녔다. 그사이 코로나19는 또다시 심해졌다. 밀접 접촉자가 된 기록자는 자가격리에 들어갔다. 감염 우려로 탈시설 후 자립생활에 대한 이야기는 전화로 나누어야 했다.

"여보세요."

"여보세요. 안녕하세요."

"추석 건강히 잘 보내고 계세요?"

"네. 야구 보고 있습니다. 작가님은 명절 잘 지내셨어요?"

"저는 자가격리 중이라 그냥 똑같아요."

"맛있는 것 좀 해 잡숫죠?"

"네, 안 그래도 국수 말아 먹었어요."

"아이고 추석날부터 국수를……"

"추석이라고 특별할 게 없더라고요. 아침에는 송편 먹긴 했는데. 뭐 맛있는 것 좀 드셨어요?"

"그냥 도라지나물에, 꽃게무침 조금하고 김치하고 찌개하고……"

해 먹고 싶었던 오징엇국을 두 번 해 먹어봤어요. 여름이라 무가 맛이 없을 때였는데, 옛날 맛은 안 나더라고요(웃음). 가을 무 나오면 한두 번 더 해 먹으려고요. 지금이 9월이니까 탈시설한 지 벌써 6개월이 지났네요. 생활은 안정이 됐죠.

이사 온 날은 걱정 반 기대 반이었어요. 첫날 잠이 안 와가지고 밤을 새웠는데 시설에서는 5시면 일어났으니 다시 못 잤죠. 일찍 일어나는 게 습관이 되어서 요즘도 그 시간에 일어나요. 깊은 잠을 못 잔 지는 오래됐어요. 요양원에서는 조금만 시끄러워도 깨버리니까 늦게까지 자보려 해도 잠이 안 와요.

복잡한 꿈을 꿔요. 머릿속에는 이 동네가 30년 전에 머물러 있어요. 그러니 현실을 빨리 따라갈 수가 없는 거예요. 6개월 동안 생활은 안정이 된 것 같은데 마음은 안정이 안 되었잖아요. 지원주택은 직원이 일대일로 지원해주긴 해도 모르는 사람이고 낯선 곳이잖아요. 그사이 활동지원사도 교체했어요. 평일 닷새 중 낮 12시부터 저녁 8시까지 제일 많은 시간을 지원해주시는 분이 바뀌었죠.

향유의집에서 같이 탈시설하고 지원주택에서 저희 집 맞은편에 살던 사람이 있어요. 김 씨라고. 나온 지 서너 달 만에 세상을 떠나셨어요. 활동지원사가 배치되기 전에 입원해서 간병인을 쓴 것 같아요. 욕창에 바이러스가 들어왔대요. 개고생하다가 저세상 갔다는 생각에 마음이 불편했어요.

반반의 마음 사이

탈시설한 것 같기도 하고, 시설에서 살 때랑 큰 변화를 모르겠는 것 같기도 해요. 반반이에요. 지원주택 와서 좋게 변한 건, 하고 싶은 거 해도 뭐라고 하는 사람이 없다는 거. 향유의집에서는 사무실이 옆에 있으니 눈치를 봤잖아요. 그런데 여기서는 뭐라고 할 사람이 없고, 간섭 안 하니까요. 단점은 시설에 있을 때는 누구네 방 가고 싶다고 하면 그냥 가면 되는데 여기는 꼭 초인종 누르고 승낙 맡아야 들어가잖아요. 상대방을 못 만나면 못 들어가는 거지.

매월 쓸 수 있는 활동지원 시간은 현재로선 괜찮아요. 문제는 입원했을 때예요. 사람 손이 더 필요하잖아요. 공동 간병실은 혼자서 다 할 수 있는 사람만 들어간대요. 그러니 저는 1인실만 들어가야 한다네요. 1인실이 하루에 비용이 얼맙니까? 그럴 돈이 어딨어. 공동 간병실 가려면 24시간 활동지원사가 붙어야 되는데 그게 가능합니까? 제가 쓸 수 있는 한 달 활동지원 시간이 320시간인데, 열흘 입원하면 240시간이 날아가는 거예요. 활동지원 320시간을 병원에서 다 쓰고 나와버리면 나머지 시간 동안은 누가 돌봐줍니까?

활동지원 시간을 적게 주는 대신 지원주택 야근자들이 우리를 돌봐줘요. 지원주택 사무실에 있는 코디 선생님들이나 야근자로 24시간 지원받을 수 있다고는 하지만, 밤에는 이용단가가 1.5배나 붙어요. 쉽게 얘기하면 택시 할증료처럼 1.5배가 붙어버리니 제대로 된 하루 24시간 활동지원이 필요해요. 우리같이 65세 넘은 사람들, 어차피 줄 거면 다 지원받을 수 있게 줘야죠. 24시간 활동지원사가 일대일로 봐준다면 시설에서 완전히 떨어져 나왔구나 싶을 것 같아요.

또 다른 문제는 장애인콜택시예요. 친구들이 놀러 가서 장콜을 타려고 네 시간 반을 기다렸답니다. 우리나라는 정부가 장애인 교통수단 운영 책임을 지자체에 떠넘기고 있지 않습니까. 그래서 지역마다 운영이 제각각이니 택시를 타고 다른 지역으로 넘어가기가 어려운데 거기가 경기도와 서울시의 경계에 있었대요. 저는 내일 병원에 검사 결과를 들으러 가야 하는

데 교통이 그러니 지원주택 직원에게 결과만 듣고 오라고 하려고요. 장콜 기다리는 게 아주 징그러워서.

그래도 어떻게든 다녀보려고 휠체어에 거는 발걸이를 새로 신청했어요. 직접 가서 교체해 왔는데 첫날은 괜찮더라고요. 근데 도로가 울퉁불퉁하니까 10분쯤 지나면 자꾸 아래로 처지는 거야. 발이 빠지는 거죠. 그래서 지나가던 사람한테 발걸이를 올려달라 했어요. 그러다 '에이 안 되겠다, 들어가자' 하고 들어왔어요. 엘리베이터도 문제예요. 타려면 직원이 비밀번호를 눌러줘야 하고 좁아요. 나처럼 누워서 타는 특수 휠체어는 등받이도 세우고 발판은 내려서 최대한 작게 줄여 대각선으로 엘리베이터를 타야 해. 그러다보니 혼자서 외출한다는 건 상상도 못 해요.

하지만 갇혀 사는 건 아니긴 하죠. 그래서 반반인 거죠. 시설에서 살 때보다 확실히 조금 더 자유롭죠. 지역사회로 나왔다는 느낌이 들어요. 적응의 정도가 정해져 있는 건 아니잖아요. 사람마다 다르니까. 시설도 사람 사는 데고 꼭 나와야 좋은 건 아니지만, 나와서 나쁠 것도 없어요. 도리어 젊은 사람들은 나와서 사는 게 득이 많을 거예요. 사람 사는 재미도 있고 시야도 넓어지고요. 어차피 이 세상은 더불어 살아가야 되잖아요. 시설에서 살면 아무래도 삶의 영역이 좁죠. 사람과 사람이 대화를 해야지, 텔레비전은 아무리 떠들어봐야 외롭기만 하죠.

장콜도 그렇고 활동지원 시간도 그렇고 나라에 얘기해야죠. 한 사람보단 두 사람이 같이 이야기하는 게 더 낫죠. 옛말에도 보채는 사람 더 준다고 안 합니까. 가만히 있으면서 감나무 감 떨어질 때 받을 수 없잖아요. 흔들던지, 두들기든지 해야 떨어지든 말든 하겠지. 항의서도 한 사람보다 몇 사람이 더 낫잖아요. 여기저기 사는 사람들이 민원을 내면 나라에서도 조금 더 신경 쓰지 않겠습니까.

아무래도 거기 있을 때가 더 좋았지

: 탈시설을 반대했던 거주인 이정자

박희정 글

이정자와의 첫 번째 인터뷰는 2021년 1월 13일 향유의집에 있는 그의 방에서 이루어졌다. 별관 2층의 유리로 된 출입문을 지나면 가장 먼저 보이는 방이다. 이정자는 잔머리 한 가닥 없이 반듯하게 빗어 올린 머리와 깨끗이 손질된 얼굴로 하루를 보내는 사람이다. 벽에는 사진이 여러 장이 걸려 있다. 젊은 시절 직장 동료들과 찍은 빛바랜 단체 사진부터 가족들과 함께한 팔순잔치 사진까지, 삶의 빛나는 순간들을 늘 보이는 곳에 두고 있었다. 그는 휠체어에 앉아서 말하다 때로 손잡이를 지지대 삼아 일어서곤 했다.

좋았던 시절

서울 신설동에서 태어났어. 미아리 길음지서(파출소) 있는 데서 컸지. 우리 아버지가 사업을 했어. 구두 공장. 예전에 애기들 낳으면 구두를 해줬거든. 그게 그렇게 비쌌어요. 우리 집에 공장을 차려놓았는데, 거기 일하는 사람이 40~50명 됐으니까 대식구지. 한 달에 두 번씩 백화점 가서 수금해다가 엄마 가져다주는 게 내 일이었어. 엄마가 직원들 봉급 세어서 주고 그랬지.

서울서 자랐어도 나는 어릴 때부터 나무 그늘이 좋았어. 친구들이랑 수놓고 그럴 때도 나는 시골로 시집갈 거라고 맨날 그랬다고. 연애도 못 하고 스물한 살에 중매로 양평으로 시집

갔어. 우리 동네에서도 어떤 집 하나를 소개해줬는데 부모님이 안 된다고 했어. 숟가락 하나라도 더 놓으면 고생하니까 식구 적은 집으로 가라고 하셨어. 결국 시어머니하고 신랑만 있는 집으로 가서 큰 지장 없이 살았어요. 우리 집이 이장도 보고 방앗간도 하고 그랬거든. 거기 부락이 전체 일가친척이야. 시골은 이렇게 다 일가친척이잖아. 귀염 받고 살았지.

내가 아들이 하나 있어요. 시집가서 두 달 만에 임신해서 우리 아들을 낳았어. 스물두 살 동짓달에 낳았지. 남편이 3대 독자 유복자야. 그런 집에 가서 아들을 낳았으니 더 귀염 받았지. 시어머님이 친정엄마보다 잘해주셨어. 말이 시어머니지 신랑보다 시어머니가 나한테 더 잘했어. 신랑은 자기 몸하고 엄마만 챙길 줄 알지.

아들 하나 낳고는 애가 더 안 들어서더라고. 우리 아들 여섯 살 되던 해에 서울로 왔어. 시누님이 서울에 계셨어. 어디로 왔냐 하면 구의동. 애도 컸고 놀면 뭐 하겠어. 배운 게 있으니까 직장생활을 했지. 뭐 했냐 하면 봉제. 워커힐호텔 후문 쪽에 말표 고무 공장이 있었거든. 우리 회사가 거기 고무 공장 옆이었어. 가죽잠바 같은 거 만드는 거야. 잠바 우라(안감) 같은 것도 거기서 다 짜서 했기 때문에 엄청나게 컸어요. 소창 짜는 데, 가죽 물들이는 데, 재단하는 데 뭐 이런 데가 다 모이면 2000명이 넘는 회사였어.

직장에서는 모범상 많이 탔지. 1년 동안 조퇴랑 결근 안 하면 모범상을 주거든. 옷감이며 쌀이며 금도 서 돈짜리를 주고 그랬어. 나는 누가 시켜서 일하는 사람이 아니거든. 내가 할 일을 찾아다니면서 했어. 손도 빠르니까 새로 들어온 아가씨들도 가르쳐서 내놓고. 칭찬 많이 받았지. 딴 사람들은 노조 들어가 데모하는데 나는 남들이 그러거나 말거나 내 할 일만 했거든. 그러니까 사장님이나 윗사람들은 좋아하지.

어떤 사람들은 나더러 겉보기에 술도 잘 먹고 놀기 좋아할 거 같다고 그러는데 난 그런 거 절대 싫어. 원래부터 놀러 댕기는 거 싫어했어. 집 꾸미는 거 좋아하고 그랬지. 직장에서 일할 때도 작업복 하나도 그냥 안 입었어. (벽에 붙어 있는 옛날 사진 중 하나를 가리키며) 거기 어디 단체 사진 하나 있지? 그 시절에 나만 한복 아니고 가다마이(양복 정장) 입었잖아요. 멋쟁이였지. 아들 교복도 주름을 딱 세워서 보냈어. 선생님이 우리 아들을 불러내서 교복을 누가 이렇게 다려줬냐고 물어봤다더라고(웃음).

아들 옷은 떳떳하게 다릴 수 있지만 내 옷을 내놓고 다릴 수는 없잖아. 시어머니 계시는데. 그러니까 옷을 빨아서 촉촉하게 해가지고 따뜻한 요 밑에다가 넣어두는 거야. 두꺼운 천으로 된 옷은 레직기(기계로 잡은 주름)가 잘 안 없어져. 아침에 요 밑에서 꺼내면 레직기가 딱 서요. 어른이 계시면 뭐든지 다 이중으로 캄프라치(위장) 해야 돼. 신랑이랑도 둘이만 못 나가지. 워커힐 후문 있는 데가 우리 집이었잖아. 저녁에 시간 있으면 신랑더러 몇 시까지 워커힐 후문 앞으로 오라고 해. 나도 시간 맞춰 그리 나가는 거지(웃음). 지금은 못 들어가게 막아놨지만 그전에는 그냥 막 들어가고 그랬어. 애기 어렸을 때 많이 들어가 놀았지. 김밥 싸서 잔디밭에서 놀고…… 아이, 그때 그 시절이 좋았지. 옛날 일 다 생각나. 마음은 아직도 애기 같아.

기차 사고를 당하다

우리 신랑은 혈압으로 일찍 죽었어. 애 데리고 먹고살아야 하니까 조그맣게 사업을 시작했어. 직장에서 배운 기술로 봉제 공장을 하나 차렸는데 조금 살 만해지니까 내가 다친 거야. 아들 대학교 입학시켜놓고 교통사고가 났어. 4월에.

재단하면서 나오는 가윗밥 같은 거 줍는 아줌마들 있잖아요. 천 쪼가리가 크다 작다 분별하는 사람. 그런 사람을 뒀는데, 그 사람 신랑이 디스크를 앓는다고 그래. 디스크가 그때는 큰 병인 줄 알았잖아. 그래가지고 치료비에 보태라고 40만 원 들고 문병 갔다가 다친 거지. 봉사하러 가다가 그런 거야. 그때 40만 원이면 큰돈이거든. 그 돈을 들고 기차를 탔는데, 바퀴가 떨어져서 다른 기차랑 충돌을 했대. 가다가 다쳤는지 오다가 다쳤는지도 모르겠어.

철도병원 중환자실에서 석 달 만에 깨어난 거야. 정신이 들고 궁둥이를 들어보려고 하니까 무거운 거야. 안 움직여. 이렇게 눈을 떠보니까 피가 주렁주렁 한 대여섯 개를 매달아놓았더라고. 몸이 산산조각이야. 머리를 25바늘 꿰맸는데, 뇌만 안 다쳤지 말도 못 했어. 식구들한테 전화 걸어봐라, 그러면 엉뚱한 데 걸고 그랬대. 그러니까 보호자를 찾을 수가 없잖아. 철도병원에서 암만해도 안 되니까 중대부속병원으로 보냈어. 거기서 어떻게 해서 아들을 찾았지.

시누님하고 우리 아들하고 둘이 와서 그저 목숨만 살려달라고 빌었어. 병원에선 내가 식물인간 된다고 그랬어. 치료할데가 너무 많으니까. 이 상처 저 상처, 아주 상처 치료라는 소리만 나면 막 소름이 끼쳤어. 2년 동안 옷도 못 입고 살았어.

잘나갔었는데 이렇게 다쳐서 집안이 죄 허물어졌지 뭐. 아들 살 만하게 만들어놓은 재산을 나 치료하는 데 다 써버린 거야. 그래 아들도 어디 가서 살 데가 없잖아? 아빠도 없으니 고아나 마찬가지지. 아유 지금도 생각하면은 말도 못 하지. 내가 중대부속병원에 있을 때 걔가 관리를 다 해줬거든. 나는 병원에 누워 살만 찌고 있고. 내 아들이라고 끼고 살면 걔도 못 살고 나도 못 살겠어. 내가 거기 있으면 아들만 고생이지. 신세 지기싫어서 아들 몰래 요양원으로 가겠다고 했어. 원무과에 얘기했더니 참 현명한 생각이시라고 해. 시청 직원 통해서 부녀보호소로 들어갔지. 거기서 베데스다요양원으로 왔어. 중환자는 여기가 최고다 그래가지고.

마흔넷에 다쳤으니까 마흔여섯 여름에 여기 온 거지. 밤아홉 시에 어두운 길을 가는데 혹시 어디 팔려가는 건 아닌가싶어 운전사한테 이거 어디로 가는 거냐고 물었어.

"벽제(화장터) 가죠."

"아유, 벽제 가는 거면 노자나 좀 달랠걸."

"아줌니 우스운 소리 잘하시네요. 돈은 왜요?"

"죽게 되면은 노잣돈이라도 놔야죠."

그랬더니 깔깔 웃어. 한참 가더니 차를 세우고는 그래.

"저기가 베데스다요양원인데, 벽제보다 훨 낫죠."

무섭지는 않았어. 이판사판이다. 죽기 아니면 까무러치기
다 그랬어. 들어오니까 2층짜리 본관만 있더라고. 거기 사는 사
람이 135명이야. 가운데 통로가 있고 한쪽 줄은 여자 방이고 다
른 쪽 줄은 남자 방인데, 거기선 여자 남자라는 걸 모르고 살았
어. 처음 들어와서는 나까지 셋이서 한방을 썼어. 하나는 걷는
애고, 또 하나는 뇌성마비.

모르는 사람은 나더러 멀쩡해 보인다고 그래. 거죽만 보면
나는 그나마 멀쩡해 보이니까. 근데 이 속은 모르잖아. 이 손도
보기에는 멀쩡하지? 밤이나 낮이나 죄 땡기고 아파. 대소변도
제대로 못 보고 얼마나 힘든데. 그래도 그날 저녁에 하루 잠 못
자고 다음 날은 또 잊어버리고 살아야지 어떡해요. 우리 같은
사람이 거기 나갈 거라고 생각이나 했나.

천국과 천사

그래도 이부일이가 있을 때는 너무 좋았지. 회장님 인품이
좋아서 들어오는 것도 많았어요. 아침에 정문에 가보면 보따리

보따리 먹을 게 지천이었어요. 닭도 막 열 박스씩 튀겨서 보내고. 멸치, 오징어도 박스로 오고. 여기 들어와서 나는 호강했어. 내가 받아서 죄 노나주고 밥들 먹이고 그랬지. 롯데백화점, 신신백화점 이런 데서 관광버스로 두 대씩 해서 봉사 오고 그랬어. 옷도 신삥으로 많이 들어오고. 기자들이 와서 사진도 찍고. 백화점에서도 나를 제일 좋아했어. 진-짜 행복했어요.

미군 피엑스에서도 물건이 왔어. 외국 라면 먹은 사람은 나밖에 없을 거예요. 회장님이 들어온 거 나눠줄 때면 "우리 저 노른아가씨 두 몫 줘라" 그랬다고. 내가 아침마다 요양원 안에 중환자실로 출근해서 일을 했거든. 중환자실에 보면 침대를 뺑 둘러서 사람들이 누워 있어. 손이 많이 가야 되는데 직원도 얼마 없지. 간호원 혼자 못해. 그러니 내가 휠체어 타고 다니면서 약도 먹이고 소변줄도 끼워주고 그랬어. 반 간호원 노릇을 했다니까. 사지를 못 쓰는 사람들은 힘이 없어요. 소변줄 끼우려면 힘들어. 살이 연하니까 반창고도 잘 붙여야지.

마비된 사람은 변을 봐도 모르지. 그러면 엎드려놓고 물을 적셔서 닦아주고. 그러고 돌아오면 밤에는 아파 죽지. 근데 일할 때는 아픈 걸 몰라. 그때는 한쪽 손밖에 못 썼었어. 척추에도 쇠가 들어가 있어요. 다리가 뻣뻣하니까 휠체어에 앉혀놓으면 쭉 미끄러져서 펄썩 주저앉고 그랬다고. 그때는 이런 거(전동휠체어)나 있나. 내 몸 아픈 걸 참고 했어. 누가 하라고 해서 한 게 아니라, 그 사람들이 내 눈엔 다 불쌍한 거야.

이 몸 가지고도 열심히 하려고 드니까 회장님 원장님도 잘해주신 거지. 회장님이 나더러 '우리 집 천사'라고 그랬어. 우리 요양원에 복덩어리 들어왔다고 얼마나 좋아하셨는지. 그래서 내가 이만치 좋아졌는지도 몰라. 여기 와서 자꾸 움직이려고 했으니까. 이 아래가 딱딱하게 완전 쇠꼬챙이 같았어. 생리도 없었어. 들어와서 한 2년 사니까 생리가 쪼끔 나오더라고. 그러고 나니까 관장 안 해도 대소변이 저절로 흘러나오더라고.

여기에 사람이 그렇게 많이 있었어도 나한테는 독방을 줬어. 잘해줬지. 일하려고 들었잖아. 남자 선생 하나, 여자 선생 하나 두고 일했어. 나를 직원으로 등록해서 내 앞으로 나오는 월급을 심부름하는 남자 선생에게 줬어. 장애인인데 말은 못하지만 말귀는 알아들어. 내 이름을 요양원에서 많이 썼어. 여기서 노인요양시설 낼 때도 사무실 전화번호 내 앞으로 해놓고. 회장님 말씀이 그래. 야, 이담에 65세 넘으면 거기에도 가서 링게르 맞고 여기에서도 맞고 자네 맘대로 하면 돼.

돈 같은 건 생각 안 했어. 나는 돈을 모르고 살았다니까. 그냥 여기가 내 집이려니 하고 살았어. 욕심부리면 뭘 해. 그때는 커피도 먹을 줄 몰랐어. 밥도 식판에다 먹고 예배도 자주 보고 그랬잖아. 일이 많으니까 다른 거 할 시간이 없어. 설거지도 식당에서 안 할 때니까. 각 층에서 다 했다고. 식당에 일하는 아줌마들이 별로 없었어. 그릇 같은 거 같이 닦을 수 있는 사람도 여기 장애인 중에는 별로 없었어. 요양원은 중환자실이다, 그랬으니까.

나는 그렇게 일하면서도 짜증 안 내고 있었는데, 그 돈(장애수당) 타고 나서부턴 식구들이 아주 야박해지고 다 나갔어요. 처음에는 식구들이 부드럽고 그랬는데, 그 돈 나오고 나서부터 애들이 건방져지고 이상하더라고. 무서워. 장애자라도 너무 삭막해.

회장님이 이 요양원 안 해놨으면 우리는 어디서 살았겠어. 그렇잖아요? 난 식물인간 된다고 그랬는데 여기 들어와서 여기저기 쫓아다니고 사람들 밥도 먹이겠다고 매달려서 이만큼이나 나아진 거니까. 항상 감사하죠.

비리 같은 거는 그 형제들끼리 서로 그런 거지. 뭐 우리가 쓴 거 아니고, 그런 거 나는 모르지. 내가 사무 안 봤으니까. 밥 주면 밥 먹고, 내 방만 깨끗이 하고, 운동하려고 노력했어. 나는 그것만 알지. 살아가기 100프로 좋은 데가 있어? 인간 사는 게. 거친 게 있어도 다 살지. 정부에서 뭐 물어보러 와도 아유 학대받은 적 없다고, 우리는 잘해줘서 잘 산다고 그랬어. 음식도 잘해줬죠. 삼시 세끼 반찬 네 가지씩 딱딱, 국까지 해서 다섯 가지. 여기 같은 요양원은 없을 거야.

요양원이 그전에는 크게 연못도 있고 아주 좋았어. 들어온 길에는 양회(시멘트) 공구리로 길을 해다가 버스 하나 댕기게 해놓고, 가생이에는 벼가 노오~랗게 나자빠져 있고. 난 그런 게 좋더라고. 지하실 가서 운동하면은 또 도와주는 분들이 계시잖아요. 맘대로 허고 살았지. 왔다- 갔다- 재밌었는데 이렇게 자꾸 망가지니……

잊지 못할 이름

내가 여기서 애기들도 키웠잖아요. 어느 날 백일도 안 된 애가 들어왔어. 주영이라고. 집에서 돈 주고 맡긴 거겠지. 그 집 안이 다 의사예요. 외국에 가 살아. 애가 자꾸 울고 혈압이 높아지니까 병원에 갔는데 일주일만 있으면 죽는다는 거야. 우리 회장님이 내가 너무 할 일이 많으니까 나 말고 내가 데리고 있던 여자한테 가져다줬어. 얘 일주일만 봐주라. 병원에서도 못 받는단다. 일주일 있다 죽는댄다. 그래서 내가 그랬어. 저를 주시라고.

직원들은 걔를 어떻게 먹일지도 몰라. 나는 밥을 찧어서 요구르트랑 국물을 넣어가지고 죽을 만들어 먹여서 키웠어요. 병원에서 걔는 성장하지 않는다고 했어. 내가 낮에 일할 때는 침대에 갖다 누이고, 퇴근하고 오면 밥을 찧어서 먹이면서 16년을 키웠어. 애가 처음에는 말도 못하고 아무것도 못했는데 키우다보니 날 알아보더라고. 딴 사람한테 가는 걸 싫어해. 얼굴이 아주 예뻤어.

걔가 간질이 있어요. 어느 날 간질을 심하게 하더라고. 그래서 병원으로 데려갔어. 여기 최 영감이라고 있는데 나더러 "아줌니, 울지 않으면 내가 모시고 가서 보여줄게" 그래서, 안 울겠다고 하고 약속하고 애를 보러 갔어. 보니까 애가 침대로 하나야. 그렇게 컸어. 열여섯 살이면 다 컸지. 팔다리 이런 데 시커멓게 털이 나고 얼굴도 얼마나 잘생겼는지 몰라. 눈 한 짝을 막아놨는데 다른 쪽 눈을 까맣게 뜨고 나를 보는 거야. 정말 미치겠더라고. 아휴, 내가 걔 때문에 얼마나 운 줄 알아?

병원에서는 애를 어떻게 먹여야 되는지 모르잖아. 애가 못 먹으니까 의사가 목을 째고 줄을 꽂아놨는데 그걸 보니 얼마나 기가 막혀요. 아주 까무러치겠어. 그거 빼고 먹이면 살 텐데. 죽 쒀서 넣어줘야 되는데. 눈물이 나와가지고는 입을 막고 나왔어.

그 아이 부모 집에 연락해서 내가 그랬어. 살려놓으라고. 1년에 한두 번만 왔어도 애가 이렇게 안 됐을 텐데 보호자가 있으면서 어쩜 그렇게 한 번도 안 오느냐고. 그래가지고 그 애 엄마가 왔는데, 안 큰다는 애가 저렇게 컸다니까 이상한 거야. 애만 보고는 모르겠다, 나를 만나야 한다고 왔더라고. 즈이네는 벌써 손 놨지. 죽는다는 걸 아니까. 같이 울었지. 걔 때문에 가정도 안 좋고 그랬나봐. 병원비가 하루에 그때 돈 80만 원인가 100만 원이 나온대. 우리가 그 돈 낼 형편이 안 되는데 어떡하냐고 나한테 물어보더라고. 아휴, 그래 어떡해. 산 사람이 살아야지.

아휴, 지금도 생각하면 불쌍해 죽겠어. 걔 때문에 많이 울었지 뭐. 엄청 예뻐. 아주 잘생겼어. 그거 미운 정 고운 정 다 들었는데. 백일도 여기서 와서 하고, 돌도 여기서 지냈죠. 걔가 아무것도 모르는 것 같아도 이렇게 만져주면 알아요. 말만 못했다뿐이지 다 느끼고 알아. 내 손길을 다 알아. 이제 할머니가 못한다고 병원에 가야 된다고 그랬는데 가서 죽었어. 그래서 무서워. 무서워서 아무 데나 가기가 싫어. 누굴 믿고 가.

두렵게 느껴지는 탈시설

우리 아들을 18년 만에 다시 만났어. 걔를 위해서 내가 모른 척하고 산다고 여기 들어왔는데…… 내 팔자가 이렇구나 하고 살았어도 얼마나 괴롭겠어요. 내가 밖으로 댕기는 것도 아니니 아들이 어디 있는지 몰랐어. 어떻게 하다 애 작은고모한테 전화를 했더니 고모부가 받더라고. 나한테는 시누 남편이지. 내가 그랬어. 고모부도 그렇게 가 있으면 자식이 안 보고 싶우? 내가 병신이라고 그렇게 하면 되겠냐 그랬더니 어느 날 아들이 찾아왔지. 그래서 그냥 또 만나게 되더라고. 우리 아들이 참 착한 거지.

아유, 다시 만난 날은 서로 울고불고 난리 났지. 나는 저기서 걔 오는 거 보고 막 울고 걔도 엎드려 절하며 통곡을 하고. 아들한테 항상 미안하지. 아들이 나더러 그러더라고. 어떤 사람이 나더러 엄마가 낳은 아들이 아니라고 이상한 소리 했다고. 엄마를 그리워할까봐 그랬겠지. 못 만날 줄 알고.

우리 아들이 결혼해서 아들이 하나 있어. 그 손주가 남매를 낳았어. 명절이면 다 같이 와서 나한테 세배를 한다니까. (가족사진을 가리키며) 이게 우리 며느리야. 애가 좋아. 잘 만났어. 생일날이면 이렇게 큰 케이크에다가 꽃다발 해서 가져다주고.

우리 아들 순하지. 날 안 닮았어. 내가 부모 노릇을 못해가지고 미안하지…… 여즉 한 번도 아들 사는 데 못 가봤어요. 사돈들이 옆에 살잖아. 이런 엄마가 나타나면 뭐 하겠어. 그래서 안 가지. 저희들은 같이 가보자고 해도…… 그런 게 있지.

어휴. 나 이제 좀 일어서야 되겠다. 아이고, 오래 앉아 있어가지고…… (아랫배를 손으로 문지르다 주먹으로 두드린다) 수시로 이렇게 해. 수시로. 내 병을 내가 고치는 거지. 이렇게 배를 문지르고 소변이 안 나오면 두들겨서 빼는 거야. 어휴. 그렇게 살아요. 나가 산다니 걱정이야. 무서워…… 무섭지. 첫째로 사람이 무섭잖아요. 또 차도 무섭지. 기차에 다쳤으니까. 요양원에서 놀러 나가면 나는 한 번도 안 따라갔어. 차 소리가 나면 소름이 막 끼치니까. 겨우 여기 양곡시장이나 은행이나 잠깐 갔다 오지.

나는 여기 죽으러 왔는데, 이게 없어진다니까 속상하지. 여기서 죽으려고 뭉개고 있다가 끄트머리에 이러니까. 내가 여기서 산 지 한 40년 돼요. 이제 나가가지고 뭐 해? 나가서 죽을까봐 그런 게 아니라 지금보다 사는 게 더 못해질까봐 그러지. 내가 여기에 있으니 그나마 이렇게 움직여지는데, 혼자 있다보면 나태해져서 더 안 좋아지는 게 아닌가 그런 생각도 들고.

아래가 마비니까 항문이 벌어지고, 그러면 대변도 나올 수 있잖아요. 그래서 밤에는 요런 얇은 이불을 세 조각으로 잘라가지고 두 장을 깔고 드러눕지. 머리 써서 그나마 내가 오래 사는 거야. 대변 나오면 잘라서 버리고 소변은 빨아서 다시 써. 그래서 세탁기를 매일 조금씩 돌려야 돼. 남들은 냄새난다고 그러지. 기저귀도 이게 일자 기다란 건데, 낮에는 열다섯 개씩 써요. 나는 이런 돈이 많이 들어가. 그래 여즉까지 내 돈으로 내가 맘대로 뭘 사 먹어본 적이 없어. 나가면 받는 돈이 한 달에 한 100만 원 되나? 그게 90만 원이 좀 넘는데 5만 원이 올라서 100만 원꼴이 된다 해. 나처럼 돈 들어갈 데 없는 사람은 돈 모으겠지.

먹는 것도 여기서야 해주니까 이것저것 많이 먹지만 나가서 먹게 되면 나 혼자니까 한 가지 놓고 먹고 먹기 싫으면 말고 그러겠지?

믿을 수 있는 사람들

그래서 안 나가려고 뭉개고 있었더니 좋은 원장님이 오셔 가지고(웃음). 정재원 원장님은 얌전하니 사람이 참 좋아. 그분이 여기 3년을 계셨거든. 나는 여기가 내 집이잖아. 내 집에 일 해주러 오셨는데 잘 안 되고 고통받는 거 보면 너무 안됐지. 그 고통 가운데서도 되바라지지 않게 일을 잘하시더라고. 그래서 가끔 내가 뭐도 사다 드리고 그러지.

원장님이 처음 왔을 때부터 그랬어. 어르신은 아드님도 쉬었다 가시게 자립하는 데로 가시자고. 나는 그게 귀에 안 들어왔지. 죽어도 여기 산다 그랬어. 그런데 사람들은 자꾸 나가지.

누굴 믿고 가. 가만히 보니까 원장님이 인자하고 따르고 싶었어. 그 이사님(김정하)도 착해. 젊은 분이 이렇게 갇혀 있는 사람들 집도 좋은 거 해서 내보내려고 하니까 얼마나 고마워. 세월이 좋아서 젊은 분들이 배운 게 있으니까 저렇게 오셨구나. 언제고 다 없어지려니 했지.

사람들이 1차, 2차로 나가고 인제 3차 나갈 때가 됐잖아. 며칠 전에 다들 집 보러 간다고들 그러데. 그래서 따라갔지. 따라가서 보니까 집은 좋은데…… 아휴, 사람 무섭지, 차 왕왕 댕기지. 자꾸 나가야 된다고는 하지. 정말 미치겠더라고. 요번같이 운 건 누가 모를 거야. 남한테 찍찍찍 우는 것도 치사한 거고. 그런데 원장님이 자길 믿고 나가자고 해. 어르신 나가신다면 내가 얼마든지 다 해줄 수 있다. 자신 있으니까 갑시다. 나한테 양 무릎 꿇고는 어르신 내가 모실 테니까 걱정 마시라고(웃음). 내가 그랬지. "나는 아무것도 없어. 숟가락 하나 없어. 난 사지도 않을 거고 돈도 없어." 그랬더니 원장님이 "걱정하지 마세요, 어르신. 다 우리가 해드려요." 그런 선물이 어디 더 있겠어요. 아니, 제일 높은 자리 앉은 분이 데려간다는데 얼마나 좋니! 가서 어르신 필요한 건 다 맞춰드린다고 하는데 얼마나 좋아. 이렇게 깨끗하게 집 지어주는데 우리를 잘 안 봐주겠어?

양씨 아저씨(양남연)라고 있어. 누워 계신 분. 내가 자주 같이 생활을 해서 그 사람 성격을 알아. 뭐라도 생기면 그 방에 자주 들고 가고 그러는데, 그 아저씨도 그래. "아주머니 나 큰일 났어요." 그 사람은 오래 봤어도 반말을 안 해. "다 나가려고 그러는데 난 어떡해요?" 그래서 내가 그랬지. "걱정 말아, 아저씨. 나랑 같이 가! 가야지 뭐. 다 가는 데 우리라고 여기 있으면 쓰겄소? 갑시다. 따라가야지. 나하고 가면 끄떡 없어." 그래가지고 그 아저씨도 요번에 나가.

노조(탈시설을 반대하는 직원들)에서 나더러 그래. 어르신만 여기 남아 있어도 절대로 문 못 닫는다고. 근데 사람이 돼서 그렇게 무식하게 할 필요 없잖아. 좋게 해야지. 원장님도 그렇고 또 여기 정 팀장(사회재활교사 정영미), 강 팀장(사무국장 강민정) 다 좋은 분들인데. 다들 우리한테 잘해주려고 하는 건데.

편안함과 아쉬움 사이

2021년 3월 9일, 이정자를 비롯해 향유의집에 거주하던 거주인들이 모두 이사를 마쳤다. 이정자는 서울시 은평구에 있는 장애인 지원주택으로 이주했다. 자립생활을 시작한 지 다섯 달가량 흐른 8월 27일, 이정자의 집에서 두 번째 만남이 이루어졌다. 도어락 비밀번호 누르는 소리가 무음으로 설정되어 있고, 낮에는 대체로 문을 활짝 열어둔다. 바쁘게 돌아가는 TV 위로는 김부겸 국무총리와 함께 찍은 사진이 걸려 있다. 7월 26일 그가 공식적으로 이곳을 방문했을 때 찍은 것이다. 이날 김 총리는 장애인 탈시설 정책 현장의 목소리를 듣겠다며 은평구의 지원주택 현장을 찾았다.

(김부겸 국무총리가 방문한 날) 사람들이 차 두 대로 왔었을 거야. 남자들이 엄청 왔어. 여기 다 못 들어와서 저기 문가에 서 있고 그랬지. 미안하고 고맙지. 여기서 살면서 뭐가 부족한 것 같냐고 묻더라고. 어디 나가려고 해도 나가 놀 공간이 없고, 은행도 못 가요. 차 많아서 못 가. 이렇게 골목 가면 여기서 저기서 차가 막 나와. 아이고 무서워. 옆에 차 지나가면 막 현기증 나지. 가뜩이나 내가 차에 다친 거라. 그런 얘기를 했더니 옥상을 좀 잘 꾸며가지고 사람들이 모여서 놀 데를 만들어주신대. 5층에서 엘리베이터를 한 층 더 올리면 된다고.

여기 몇 달 살아보니까 뭐…… 다 사람 사는 데니까 좋지 뭐. 좋은데, 아무래도 그 요양원에 있을 때가 좋았지. 거기는 사람들이 왔다 갔다 이야기도 하고 그러잖아. 여기는 사람 구경을 못 하니까 적적하지. 서로 왕래도 잘 못 하지. 이 현관문 딱 닫고 사니까. 닫을 때마다 철커덕하는 소리에 소름이 끼친다고. 빵깐(교도소)에 문 닫는 소리같이 얼마나 섬찟해요. 내가 차에 다쳤잖아. 이런 소리만 나도 무서워.

사무실에서는 자주 오셔. 잘해줘. 센터장님이랑 다 와서 같이 대화 나누고. 활동지원서비스 시간도 (한 달에) 300시간 넘게 받으니까 사람이 자주 왔다 갔다 하지. 하루에 12시간 올 때도 있고. 근데 직원들이 잘해주고 안 해주고 간에 일단은 뭐 밤에 혼자 사니까. 밥도 요양원에서는 여럿이 먹다가 여기서 혼자 먹으니 입맛이 없지.

집이 좋든지 나쁘든지 식구들(향유의집에서 함께 살던 이들)

이 온다니까 나도 같이 왔지. 이렇게 같이 온다는 게 좋지. 아무것도 모르는 데로 가면 어떡해. 지금 여기에 10명 있어. 원래는 11명 사는 건데 하나가 죽었어. 알지? 김, 김, 뭐야, 빨간 모자 아저씨. 알지? 세상에, 제대로 살아보지도 못하고 아까워 죽겠어. 내가 김치도 버무려주고 그랬는데 살 만하니까 가니 속상하지. 그 사람이 살아야 내가 뭘 해준 보람이 나는데. 그냥 가서 세상 미안하지. 아는 놈이 가버렸으니까. 나 깜짝 놀랐어. 7월 며칠날 온다고 그랬는데 죽었다고 하니까. 그 손만 조금 성하지 딴 거는 다 못 쓰니 살면서 얼마나 고생했겠냐고. 이 장애자 심정은 자기가 닥쳐봐야 알지, 아닌 사람은 전혀 몰라.

나는 가스도 못 써. 4층에 사니까 불도 무섭잖아요. 우리는 불이 나면 오도 가도 못해. 그러니까 불안해. 요양원에서는 내가 몸이 부자유하니까 아래층에 살았지. 무슨 일이 있을 때를 대비해서 나를 들어서 옮기는 것도 만들어놨었어. 뭐 4층에 있으니까 좋은 것도 있어. 벌레 같은 게 잘 안 들어오잖아. 거기서는 벌레가 엄청 들어왔거든. 또 밤이면 불을 넣어. 마비된 몸이니까 뜨뜻한데 누워 있으면 피부에 물집이 잽혀요. 여기저기 가렵고 막 죽겠더라고. 약도 먹고 그랬는데 여기서는 안 먹지. 여기 사니까 불 안 넣고 좋아.

가구는 오니까 다 해놓으셨더라고. 저 장롱도 내가 서랍 달린 걸 싫어하니까 따로 맞춰 왔잖아. 대우해줬으니까 감사하지. 이 집이 사글세 31만 원이에요. 비싸요, 비싸. 옛날에 사글세는 집주인이 다 해주는 거잖아. 근데 여기는 우리가 다 해야 돼. 못 하나 박아도 안 좋아. 나중에 나갈 때는 제 위치로 해놓고 가야 해. 죽는 사람이 어떻게 제 위치로 해놓고 가? 그러면 보호자더러 해놓으라고 그러겠지?

여기가 원래 장애자 살라고 만든 공간이 아니야. 지금 베란다도요, 거기 턱이 없어야 돼. 이 변소도요, 세면대가 붙어 있으면 휠체어가 못 들어가. 세면대 떼는 데도 5만 원 들었어. 그래도 휠체어 타고 목간하러 들어가려면 양변기가 바퀴에 차이지. 이 집이 보기만 좋지 사실 쓰는 데는 힘들어.

적적하기도 하고 좋기도 하고 그렇지 뭐. 아들이 오기도 편하고. 이 집으로 나와가지고 아들한테 전화하니까 깜짝 놀라지. 아들 내외, 손주 내외, 증손주들까지 죄 왔었지. 모두 좋아했어. 다들 막 웃고. 아들이 가끔 반찬 해오고 그래. 코로나 때문에 자주는 못 오고. 신경 쓰게 하는 것 같아 미안하지. 여기 집문서를 나를 줬는데, 내가 이런 데 저런 데 넣다가 어디 뒀는지 잊어버릴까봐 아들을 줘버렸어. 아들더러 관리하라고. 왜냐고? 내가 늙었는데 언제 어떻게 될 줄 알아.

온전히 열 수 없는 마음의 문

아유 나는 좀 서야 되겠어. 난 자꾸 서야 돼. 소변이 나올 때 되면 거기서 열이 나니까 막 아파. 그래서 이렇게 매달리고 서서 손으로 배를 뚜드려서 누는 거야. 이 손이라도 있으니까 다행이지. 이 손도 다 부러져서 수술하고 쳐들지도 못했는데, 이제 안 다친 손보다 더 많이 올라가. 기저귀 넣었다 뺐다 하면서 운동이 되니까. 대소변은 내가 치울 수 있는 건 내가 치우고 못하면 선생(활동지원사) 불러.

몸은 이래도 깔끔해야 살잖아. 내가 생각하기에는 교육도 잘 받은 사람이 와야 되는데 환자에 대해 잘 알지도 못하고 오는 사람들이 있어. 우리 같은 사람은 살림도 했었고 또 나는 혼자 많이 했잖아요. 수십 년을. 그러니까 안 맞는 게 있지. 사람을 여기 와서 서너 번 바꿨나. 경우 없이 하니까 바꾸는 거지. 요양원 노인 대하는 식으로 그렇게 하니까 억울한 거지.

어떤 활동지원사는 들어오면 다리 쭉 뻗고 앉아. 그런 사람은 이제 다리도 아프고 허리도 아픈 거야. 우리는 장애를 보면 딱 알지. 내가 손님 오면 앉으라고 여기다 요를 덮어놓았거든. 근데 그 사람이 묻지도 않고 그걸 확 제치고 털썩 자빠지는 거야. 그러면 되겠어요? 첫날에. 바꿔달라고 얘기하지. 내가 나쁜 것 같지만 아니에요. 그 사람도 배워야 돼. 뭐 이런 말을 합디다. 어디 가서 마흔 몇 살 먹은 하반신 마비된 사람을 자기가 봤대. 그렇게 묻지도 않은 소리를 하니까 기분 나쁘지. 나도 하반신 마비돼서 있는데. 그래도 그냥 말을 받아줬지. 그러니까 그 하반신 마비된 사람이 너무 까다로워서 어쩌고저쩌고, 꼭 내 말 하듯이 하더라니까. 돌려 말하는 건지 뭔지 기분 나빠서 같이 대화하기 그렇지.

어떤 사람은 아침에 출근하면서 핸드폰을 안 갖고 왔나봐.

오자마자 내 핸드폰을 탁 집어 들더니 자기 핸드폰을 가져오라고 즈이 서방한테 전화하는 거야. 그래 그것까지는 좋아. 그걸 또 들고 나갔어. 그건 아니지. 사람 무시하는 거지. 너무 황당한데 거기서 뭐 싸움을 할 수도 없고. 나는 요양원에서 살았어도 내 물건은 선생님들이 절대로 터치 안 했어요. 더군다나 이 핸드폰 같은 거는 자식도 신랑도 같이 안 보는 건데.

이게 그런 게 있어. 사회 사람으로 인정을 안 하고 요양원에서 나왔다고 무시하는 느낌. 그렇게 느끼는 게 많다고. 우리는 여러 사람을 겪어서 알잖아요. 그게 싫으니까 차단하는 거지. 물론 그 사람들도 하루에 열두 시간을 여기 있으려면 괴로운 것도 있겠지.

나와서 나도 변한 게 있어. 변했으니까 이만큼 살지. 변화가 없으면, 요양원식으로 하면 못 살지. 요양원에서는 우리가 밥을 못 해 먹잖아. 해 먹고 싶어도 해주는 거 먹어야지. 여기서는 아침도 내가 해 먹잖아. (활동지원사가) 7시 반에 오는 게 싫더라고. 나도 내 공간이 있어야지. 그런 게 싫어서 8시에 오라고 했어. 일어나면 내가 밥 챙겨 먹고 세탁기 다 돌리고 그러지. 아침부터 둘이 왔다 갔다 하면 뭐 하겠어. 정신없고 트러블만 생겨. 아침에는 청소밖에 할 거 없어. 반찬도 안 해. 반찬은 일주일에 두 번씩 배달 오고, 아들이 또 해오고. 국 없으면 그냥 물하고 먹는 거지 뭐. 불이 무서워서 못 끓이니까. 요양원에서는 정말 잘 먹었죠. 어른이라고 백숙 하면 뒷다리 하나라도 더 갖다주고 그랬는데.

집만 좋았다뿐이지 사실 저거한 게 많지. 집만 좋으면 뭐 하니(웃음). 집만 준다고 되는 게 아니라 사람 사는 재미가 있어야지. 집만 크면 뭘 해. 문 닫아버리면 그냥 차단인데. 서로 얼굴을 볼 수가 있나 철컥철컥 빵간이나 똑같지 뭐. 아무리 집이 좋다고 해도 혼자서 좋으면 뭐 얼마나 좋겠어. 대화도 없고. 안 그래요? 선생님 혼자 살라면 살겠어? 바깥에 사회 사람하고 만난다는 것도…… 아직까지 마음의 문이 안 열리지. 우리가 '멀쩡한 사람들'이랑 같이 살려고 나왔지만 그 축에 끼지도 못해. 벌써 보는 눈이 다른데. 나가면 자존심이 상하는 거지.

나는 뭐 이렇게 살다 가야지 어떡해. 가는 길이 하나밖에 더 있어? 다만 좀 젊은 애들, 자라는 애들 위해서 노는 공간이나 좀 있으면 좋겠어. 그래도 이런 큰 공간이 있으면 그런 데 나가서 바람이라도 좀 쐬잖아. 지금 앞으로 뻗어나가는 젊은 애들이 얼마나 많아. 앞으로 자라는 애들은 공간이 좀 있어야지.

거주인이 말하다

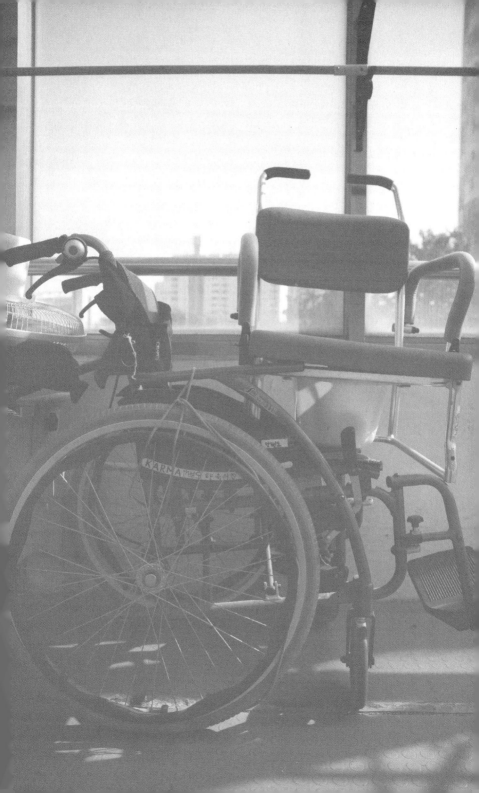

부록

연혁

1981년	사회복지법인 석암재단 설립(서울 양천구).
1982년	석암재활원(성인지적장애인 거주시설) 설립.
1985년	경기 김포에 석암베데스다요양원(중증장애인 거주시설) 설립.
1987년	석암재활원 김포 이전.
1996년	석암베데스다아동요양원(장애아동 거주시설) 설립.
1999년	재암마을(장애인 보호작업장) 설립.
2002년	수산나노인전문요양원(노인요양시설) 설립.
2003년	김포수산나의집(노인요양시설) 설립.
2007년 4월	베데스다요양원 거주인·직원, 재단비리·인권침해를 장애와인권발바닥행동에 공익제보.
2007년 5월	서울시 특별감사로 석암재단 산하 시설 세 곳의 행정조치 40건, 재정상 조치 17건(82억), 시설관계자 신분상 조치 15명, 현지 시정 조치 9건 등 적발.
2007년 12월	석암재단 직원 조직 '민주노총 공공운수연맹 공공노조 사회복지지부 석암재단지회'(석암 노조) 출범.

2008년 1월	거주 당사자 조직 '석암재단 거주인 인권쟁취를 위한 비상대책위원회'(석암 비대위)와 문제해결을 위한 시민사회 연대조직 '석암재단 비리척결과 인권확보를 위한 공동대책위원회'(석암 공대위) 출범. 석암재단 운영진 고발. 이부일 전 이사장 구속 및 관련자 기소. 석암 비대위·공대위, 양천구청 엄중처벌 및 이사 전원 교체 촉구 기자회견.
2008년 3월	(이부일 이사장 사위) 제복만 이사장 취임 후 비리 행위로 형사처벌. 제복만 이사장 사임 후 임시이사 13명 확대 구성. 법인 정상화를 위한 서울시 관선이사(임시이사) 선임 운영(~2013). 산하 시설 중 수산나노인전문요양원 폐지.
2008년 12월	석암 비대위 소속 거주 당사자 한규선이 시설 최초로 탈시설-자립.
2009년 6월	향유의집에서 탈시설한 마로니에 8인의 탈시설 권리 투쟁 시작.
2009년 8월	사회복지법인 프리웰로 대대적인 조직 개편 후 각 산하 시설 명칭 변경(석암재단 → 사회복지법인 프리웰, 석암재활원 → 누림홈, 석암베데스다요양원 → 향유의집, 석암베데스다아동요양원 → 해맑은마음터, 재암마을 → 샘장애인보호작업장). 마로니에 8인의 투쟁으로 서울시 탈시설 정책 최초 수립.
2011년	임시이사진, 비리에 연루된 일부 이사진의 책임을 촉구하며 전원 사임.

2013년 7월	인권·복지·자립생활 전문가로 구성된 법인 정이사 7인(이사장 박숙경) 선임. 서울시 장애인 거주시설 탈시설화 추진 1차 계획 수립.
2014년 2월	프리웰 산하 거주시설 인권증진 및 탈시설-자립 실천 로드맵 연수.
2014년 5월	탈시설·자립생활 실천 TFT 구성(학계, 현장, 활동가 등).
2014년 7월	장애인의 인권·복지·자립생활 실천을 위해 법인 정관 변경.
2014년 10월	산하 시설 중 김포수산나의집 폐지.
2014년 11월	사회복지공동모금회 기획 복지현안 우선지원사업 '개인별 욕구와 참여에 기반한 협력적 탈시설-자립지원' 출범.
2016년	사회복지공동모금회 사업으로 장애인 지원주택 모델화사업 추진(~2017).
2018년	프리웰 이사회에서 탈시설 추진계획 의결.
2019년	서울시 장애인 지원주택 제도를 통해 총 76명 자립(~2021, 1차 32명, 2차 25명, 3차 19명).
2021년	향유의집 자진 폐지(4월 30일).

향유의집 폐지, 그 이후

기록자들이 임직원 개인 인터뷰를 마친 시점에 강민정 사무국장이 퇴사한 직원과의 집단 인터뷰를 제안했다. 2021년 6월 22일 모든 거주인이 퇴소한 텅 빈 향유의집에서 강민정, 김선민, 박종순, 최윤숙, 김정하가 만났다. 강민정과 김정하는 시설이 폐지된 이후에도 탈시설한 거주인들의 자립지원 업무와 남은 행정 업무를 도맡아 하고 있었다. 박종순은 2021년 1월까지 향유의집에서 근무하다 정년퇴직했고, 최윤숙은 2019년 퇴직해 현재 노인요양센터에서 일하고 있다. 김선민은 2009년 퇴직해 대구에서 직장생활을 하고 있다고 전했다.

김정하: 석암재단 투쟁 원년 멤버들을 모시고 이야기하는 자리를 마련했습니다. 향유의집(전 석암베데스다요양원)은 운영 주체가 자발적으로 폐지한 최초의 장애인 거주시설입니다. 한국사회 최초의 시설 폐지 사례이기에 기록을 잘 남겨두자는 취지에서 작업을 하고 있습니다. 김선민씨와 최윤숙씨는 향유의집에 오

랜만에 오셨죠?

김선민: 저는 퇴사하고 12년 만에 왔어요.

최윤숙: 전 2019년 7월에 퇴직했으니까 2년 만이네요. (그는 시설 비리 투쟁에 적극 가담했던 노조 8인방 중 한 명이다.)

김정하: 오랜만에 뵐 수 있어서 반갑습니다. 강민정 사무국장님이 이 자리를 제안하신 걸로 알고 있는데 그 마음이 궁금해요.

강민정: 제가 2002년에 입사해서 시설 폐지까지 진행하다보니 그동안의 역사를 기록해야 한다는 생각이 있었어요. 김정하 이사장님이 시설 폐지 과정을 기록한다고 하셨을 때 반가웠어요. 개별 인터뷰에서 각자 가진 기억이나 경험을 정리하는 것도 좋지만 여럿이 모였을 때 나오는 효과도 있잖아요. 이야기하다보면 잘못 알았던 걸 바로잡을 수도 있고요. 기록으로 남길 거라면 올바른 내용을 담는 게 중요하다고 생각했고 이걸 계기로 한번 모이면 좋겠다는 마음이었어요.

밤마다 일어나는 학대

김정하: 김선민씨는 시설 비리 최초 신고자이시잖아요. 장애와인권발바닥행동(발바닥행동)을 처음 찾아오신 분이시죠.

김선민: 저는 2007년에 대학을 졸업하자마자 김포에 있던 베데스다요양원에 입사했어요. 당시 거주인이 120명이나 있었던 대규모 중증장애인 거주시설이었죠. 막상 들어와보니 환경이 너무나 열악했고 거주인들을 학대하는 일이 많았어요. 학교에서 배웠던 사회복지 현장과 너무 달랐어요.

박종순: 제가 선민이하고 친했거든요. 선민이가 입사하고 얼마 안

됐을 땐데 둘이 한 거주인에 대해 이야기하다가 눈물을 찔끔찔끔 흘렸잖아. 재성씨라고 발달장애인분이 계셨는데 아픈 걸 잘 못 참는 분이셨어요. 이부일 원장은 시설을 운영하면서 발달장애인에게 약을 먹였거든요. 재성씨가 밤에 약을 먹고 잔 날은 다음 날 아침까지 침을 질질 흘리면서 멍했어요. 오후까지 정신을 못 차리더라고. 선민이가 재성씨 담당이었는데 둘이 이야기해서 몰래 약을 줄였죠. 그러다 선민이가 야근인 날에 약을 안 드려봤는데, 다음 날 뵈니 쌩쌩한 거예요. 약 때문에 안 좋았다는 걸 분명히 알게 됐어요. 그러면서 약을 100프로 빼게 된 거예요. 우리한테 발단은 재성씨 약 먹인 일이었어.

김선민: 별관에 할머니 거주인이 계셨는데 치매가 있으셔서 밤마다 네 발로 기어 다니셨어요. 못 돌아다니게 하려고 직원들이 사지를 묶은 일이 있었어요. 30킬로그램도 안 되는 할머니 사지를 밤새 묶어놨어. 팔을 묶고 다리를 묶고 그 둘을 또 묶는데 딱 돼지 묶어놓은 것 같았어요. 어떤 직원은 거주인이 말을 안 듣는다고 화장실에 가둬놓고 거기서 밥 주고 그랬어요. 한겨울에 찬물로 퍼붓기도 하고요.

박종순: 학대는 거의 밤에 일어나요. 옷에 집착하던 민수씨라는 분이 계셨는데 출근해서 보면 밤새 무슨 일이 있었는지 몸 여기저기 멍이 다 들어 있더라고. 정미씨도 그래요. 그분은 침을 흘리시는 거 말고는 문제가 하나도 없는 분이거든. 침을 흘리고 그걸 좀 만진다고 야간근무자가 정미씨 몸에 아대를 채워놓은 거예요. 50개가 넘는 나무젓가락을 양 팔꿈치에 삥 둘러서 못 굽히게 만들어놓고는 밤새 그대로 둔 거지. 아침에 왔는데 정미씨가 강시처럼 손을 뻗고 있어요. 나를 보자마자 우는 거야. 정미씨가

자기 팔을 가리키면서 아프다고 하길래 바로 치워버렸어요. 내가 간호사한테 쫓아가서 누가 이런 거 채웠냐고 소리를 질렀어요. 병원에 빨리 데려가야 된다고 고집부려서 일부러 병원에 데리고 갔어요.

우리는 사람이 아니었다

강민정: 향유의집 입사해서 첫 기억 중 하나는 식당 뒤에 늘 있던 큰 고무 대야예요. 김치가 물에 담겨 있었는데 어떤 날 보면 허연 게 잔뜩 떠 있어요. 그걸 물에 빨아서 볶아갖고는 반찬으로 주는 거예요.

박종순: 상한 야채 얻어온 걸 삶아서 냉동실에 쟁여놓고 무쳐서 내보내는 건 예사였지. 삶아서 얼려놓은 거라 나물에 얼음이 더덕더덕 한 거야. 내가 생전 그런 나물을 먹어본 적이 없어.

강민정: 반찬으로 늘 오징어젓갈, 마늘종무침, 깻잎장아찌 이런 게 나왔어요. 지금 생각해보면 이가 약하거나 없는 거주인분들이 그걸 어떻게 먹었을까 싶어요. 우리도 혼자서 젓가락으로 깻잎 떼기 힘들잖아요. 한 장씩 떼어놓으면 거주인분들도 먹을 수 있는데 그렇지 않으면 받은 뭉치 그대로 그 짠 걸 한 숟가락에 먹는 거예요. 부원장이 그랬다니까요. 시골이라 천지에 깔린 게 먹을 건데 왜 돈을 쓰냐고요. 생각해보면 그런 소소한 것들이 우리를 무시한 거였죠.

최윤숙: 반찬도 딱 손가락 두 마디만큼 줬잖아. 반찬이 적다고 하면 원장이 그랬어요. 맛있는 건 조금씩 나눠 먹어야 좋은 거라면서. 고추장도 많이 푸면 혼나고, 누구는 갈치 한 토막 더 먹으려

고 앞치마에 숨겨 나온 적도 있었지. 고기 반찬은 잘 안 나오니까 어쩌다 한 번씩 먹으면 가족들 설사하고 그랬어.

김선민: 간식도 단팥빵 하나 갖고 네 명이서 나눠 먹으라 그랬어요. 칼로 잘라서 나눠드렸잖아.

박종순: 처음엔 뭣도 모르고 왜 이런 반찬을 주나 했어요. 같은 두부라도 한 번은 부쳐주고 한 번은 데쳐주면 좋잖아요. 생선도 한 번은 튀겨주고 한 번은 구워달라고 제가 회의 때마다 이야기를 하니까 덕지덕지 미움이 붙었어요. 시설에서 일한 게 처음이라 아무것도 몰랐던 거죠. 국을 끓일 때 멸치를 충분히 넣으면 우러나는 게 다르잖아. 훨씬 맛있잖아. 멸치도 쬐금만 넣는 거야. 국도 한 드럼통씩 끓여놓잖아. 국이 식어서 데워달라니까 한 직원이 나한테 "종순아, 니는 언제 요양원 철들래?" 그랬지. 처음에는 무슨 말인지도 몰랐어. "네가 국을 데워달라고 그랬다며? 하이고 언제 철이 들까?" 이러더라고.

김선민: 그런 일들이 많았어요. 무언가 잘못된 것 같은데 어떻게 해야 할지를 몰랐어요. 어디엔가 알려야 한다고 생각했어요. 혼자서는 할 수 없으니까 친했던 선생님들한테 먼저 이야기를 해보려고 했지만 오래 근무하셨던 선생님들은 시설 문화에 젖어 계시는 것처럼 보였거든요. 박종순 선생님한테 이야기했는데 "그게 될까?"라고 반응하시더라고요.
저는 대구에서 대학을 다녔거든요. 대구에 B재단이라고 여기와 비슷한 문제로 직원들이 시위하고 있었어요. B재단에 있는 선배한테 조언을 구했어요. 시설에 거주인 학대 정황이 있는데 어떻게 해야 할지 답답다고 토로했더니 장애인권단체 발바닥행동의 김정하 활동가 전화번호를 줬어요. 김정하라는 이름만 듣고 무

작정 서울역으로 갔어요. 그때(2007년 3월) 장애인권단체가 서울역에서 천막농성을 하고 있었거든요. 제가 가서 하려는 말은 딱 하나였어요. '살려주세요. 도와주세요.' 그때 김정하 활동가가 우선 함께할 사람을 모으고 증거를 수집해야 한다고 말씀해주셨어요. 그 말이 정말 하늘에서 내려준 계시 같았어요.

덜덜 떨면서 증거를 찾다

박종순: 나는 보기보다 간이 작은데 젊은것들이 하자고 결정해버린 거예요. 나는 쉽게 결정 내리기 어려웠어. 근데 규선씨가 부탁을 하더라고. "선생님 한 번만 도와줘요." 다른 사람도 아니고 규선씨가 그러는데 어떻게 안 나서겠어. 막 덜덜덜덜 떨면서 서류를 찾았지.

김선민: 제가 제보하겠다고 마음을 굳힌 건 한규선씨를 담당하고 있을 때였어요. 규선씨 방에서 야간근무하면서 이야기를 많이 나눴거든요. 규선씨가 눈물을 흘리면서 자기는 이렇게 살다가 여기서 죽느니 차라리 길 위에서 싸우다 죽겠다고 했어요. 규선씨도 울고 저도 울었어요.

박종순: 저는 당시에 진수 아저씨, 숙자씨 같은 와상 거주인분들을 맡았는데 굉장히 친했어요. 하루는 숙자씨 방에 진수 아저씨가 놀러 오셔서 하는 말이 뭔 죄를 많이 지었는지 서류를 숨기고 난리가 났대요. "서류를 어디다 숨겼는교?" 하니까 직원 차에 숨겼다는 거예요. 그러다 권영자 선생님이랑 이야기를 하는데 의무실에도 서류를 숨겨놨다고 그래요. 의무실에 있는 그 서류가 중요했어요. 야근일 때 만순이하고 몇몇이서 그 서류를 입수했어

요. 하이고 얼마나 떨려요? 관리자가 다른 층에 있는 틈에 두 사람이 의무실에 들어가서 하나는 망보고 하나는 서류를 들고 나왔어요. 밤 1시에 슬리퍼 소리가 나면 안 되니까 맨발로 살살 걸어 나왔어요. 둘이서 얼마나 무서웠겠어. 달달달달 떨었지.

김선민: (양팔을 크게 벌리며) 그 새벽에 이렇게 큰 분홍색 보자기를 안고 영등포에 있는 민주노총 사무실까지 간 거예요. 다시 복원했을 때 티가 나면 안 되니까 조심스럽게 서류 하나하나를 풀어서 복사하고는 다시 묶어서 원래 있던 곳에 갖다 놨어요.

김정하: 이분들이 모아온 자료들을 대검찰청 내사과에 보내고 그 내사가 한 6개월 정도 진행됐어요. 검찰에서 내사가 끝나서 시설을 고발하겠다고 했을 때 그때서야 조직(거주인 비대위, 직원 노조)을 오픈했어요.

직원 노동조합을 만들다

박종순: 직원 여덟 명이 봉천사거리에 있던 작은 교회에서 처음 모였어요. 민주노총에서 오셔가지고 노동조합에 대해서 강의를 해줬는데, '옴마야. 세상을 바꾸는 사람들은 다 노조원이구나. 이렇게 세상을 바꾸어왔구나' 싶었어. 그때 김정하 활동가가 우리한테 해준 말이 참 좋았어요. "인권단체 입장에서는 여러분들이 재단 비리 밝히는 일을 함께해줬으면 좋겠지만 안 해도 괜찮습니다. 아무도 여러분들을 나무라지 않습니다. 안 해도 괜찮습니다." 제일 와닿았던 게 그 말이야. 안 해도 괜찮다는 말. 결정을 우리한테 하라고 한 게 좋았어요.

김정하: 전에 A재단이라고 석암재단보다 큰 장애인 거주시설 법

인이 있었는데 거기는 투쟁 시작하자마자 직원들이 노조를 결성하고 민주노총 금속노조 산하 경기북부 지역노조에 들어갔어요. 직원 노조 가입률이 90프로가 될 정도로 열심히 싸우셨는데 활동이 길어지면서 점점 힘들어하셨어요. 얼마나 힘들게 싸우셨는지 봤기 때문에 이분들한테 그런 말씀을 드렸던 거예요. 이 일은 자기 선택이 아니면 후회할 수밖에 없으니 스스로 결심이 서는 게 중요하다고요. 저 같은 NGO 활동가들은 투쟁으로 일자리 잃을 걱정은 안 해도 되는데 이분들은 일자리를 잃게 되실 수도 있잖아요. 그만큼 쉽지 않은 일이기 때문에 선택은 여러분들이 스스로 하셔야 된다는 취지로 말씀드렸고 결심이 서면 노조를 결성하시라고 권유해드렸어요.

박종순: 그래서 우리는 직원 노조(민주노총 공공운수연맹 공공노조 사회복지지부 석암지회)를 만들고 거주인들은 비대위(석암재단 거주인 인권쟁취를 위한 비상대책위원회)를 결성했어요.

김선민: 그거 기억나요? 우리 존재(직원 노조)를 공식적으로 발표하기에 앞서 권영자 선생님 집에서 대자보를 썼잖아요.

박종순: 선생님이 시설 앞에 있는 아파트에 사셨거든요. 시설 간호조무사이셨는데 거주인들한테 무슨 문제가 생겼다 그러면 밤낮 할 것 없이 뛰어왔어요. 우리가 권영자 샘도 꼬셨어요. 그 샘이 자기도 시설에서 인권침해 하는 걸 많이 봐왔는데 쉽게 나서지를 못했다고 하면서 같이하겠다고 했어요. 와, 진짜 너무 좋았어. 대자보 쓰라고 자기 집도 내줬어요. 샘 집에서 대자보를 써제끼는데 페인트 냄새 때문에 눈도 맵고 코도 매워서 막 울면서 썼다니까. "비리 재단은 물러나라!" "비리 재단은 1원까지 토해내라!"

김선민: 석암재단에 베데스다요양원 말고도 장애아동 거주시설, 재활원, 노인요양시설 등이 더 있었어요. '베데스다요양원에서 장애수당을 횡령했고, 거주인을 학대하는 일이 있었다. 우리는 이 일을 외부에 알리고 싸울 것이다'라고 대자보에 써서 알린 거죠. 다른 직원들이 출근하기 전에 뿌려야 하니까 새벽에 몰래 가서 다른 시설들에도 다 붙였어요. 아침에 왔더니 직원들이 이게 웬 날벼락이냐고 하는데 우리는 하나가 되어야 한다고 외치면서 마당으로 나갔잖아요.

삶을 걸고 싸우다

박종순: 석암재단 비리가 알려지고 서울시에서 재단 산하 시설을 특별감사 하겠다고 했어요. 특별감사 한다는 소식이 전해지면서 재단은 서류 숨기기 바빴어요. 우리도 감사에 불려갔어요. 선민이하고 규선씨가 먼저 불려가 조사를 받았어요. 둘이 이야기를 흘렸는데 다 무마가 됐어요. 규선씨가 그러더라고요. "조사원들도 다 한통속이에요. 아무 말도 하지 마세요." 저도 불려갔는데 그냥 "예예. 괜찮아요" 그럴 수밖에 없었어요. 서울시에서 감사를 한다니까 곧 해결될 줄 알았는데……(한숨) 그때 감사가 잘되길 바라면서 노조원들이 돌아가면서 금식기도도 했잖아.

강민정: 금식기도 하고 정시기도도 하고 그랬죠. 서울시청 앞에서 거주인 분들이 삭발농성도 하고 그랬어요.

박종순: 직원들도 도시락 싸갖고 가족들(거주인들) 따라다녔지.

김선민: 가족들이 용기를 내줬으니까 우리는 무라도 썰자 하는 마음이었지, 우리가 큰 그림을 그리고 한 건 아니에요. 거주인들이

불이익을 받는 것만 고쳐지면 좋겠다는 거였어요. 고발해서 비리 저지른 사람들 모가지 자르는 건 바라지도 않았어요. 단지 학대, 횡령 이런 일이 없어지면 좋겠다 정도의 마음이었어요.

박종순: 식구들이 우리보다 용기가 있었어. 규선씨, 인현씨, 현수씨, 진수 아저씨 이런 분들이 우리보다 훨씬 용기가 있었어요.

최윤숙: 시설 편에 선 직원들이 석살협(석암살리기협회)이라는 단체를 만들었는데 노조랑 사이가 안 좋았어요. 그 사람들도 대자보를 붙여가지고 우리는 석암재단 살리기를 할 거라고 선언하고. 우리는 그 사람들 보면서 생각 없다고 하고요.

강민정: 그때 우리 다 핸드폰에 비밀번호 걸었잖아요. 회의 들어갈 때 녹음하겠다 밝히고 녹음도 하고요.

박종순: 비리 세력들이 우리를 해코지할 수 있다는 이야기도 했었잖아. 그때 김정하 활동가가 이야기하시더만. "지킬 게 있는 사람은 절대 해코지를 안 해요." 내가 그 말에 마음을 팍 놓은 거야. 이부일 원장이 지킬 게 얼마나 많아요.

최윤숙: 분위기가 좀 무서웠지.

박종순: 그때는 그 일도 일인데 각자 집안도 일이 많았어요. 노조원들 대부분이 30대, 40대니까 애들이 한창 중·고등학교 다닐 때잖아. 하루 이틀도 아니고 쉬는 날까지 번갈아 가며 거주인들이 집회 갈 때 따라다니니까 너무 힘들었어요. 기간도 굉장히 길었거든요. 그러다 비리 원장 등 13명이 판결받고 이제 끝났구나 했어요. 우리는 노조 활동만 하겠다 했어요. 이 정도면 됐다고 생각했거든요. 그런데 김정하 활동가가 계속 설득했어요. 끝까지 해야 한다고. 비리 재단을 몰아내지 않으면 같은 일이 다시 반복된다고요(한숨). 나는 못 한다고 그랬죠. 그러니까 저한테

는 "선생님, 가만히 뒤에만이라도 있어주세요"라고 하더라고요.

김정하: 당사자분들은 계속 활동하시고 노동조합은 대외활동을 줄이게 되셨죠.

강민정: 그때 이부일 원장이 구속되고 이부일 사위였던 제복만 원장이 왔어요. 박경석 대표님이 제복만 원장에 대한 노조의 입장을 정하라고 했고 우리는 제복만 원장에 대해서는 사람은 괜찮다고 생각했어요. 노조에서 제복만 탄원서까지 써줬잖아요. 나중에 탄원서 보니까 우리가 사람에 대한 미련을 끝까지 갖고 있었다는 생각이 들더라고요. 이후에 제복만 원장도 비리가 드러나서 집행유예를 받고 원장 자격이 상실됐어요.

탈시설 찬성파·반대파로 나뉜 직원들

김정하: 지금처럼 공익신고가 쉬웠던 시절이 아니었잖아요. 여러분들은 그런 시절에 용기를 내주신 분들이시죠. 이후에 이사회도 여러 번 바뀌고 원장도 많이 바뀌었죠.

강민정: 20년 동안 원장이 12명 바뀌었어요. 직원들 입장에서는 정말 일하기 힘든 공간이었어요. 오랜 시간 혼란 속에 있었기 때문에 직원분들이 눈치 빠르게 판단해서 살아남아야 하는 분위기가 조성되어 있었을 거예요. 원장이 계속 교체되는 걸 보면서 직원들이 살얼음판 위를 걷는 기분으로 직장생활을 하셨겠다는 생각을 많이 했어요.

김정하: 비리 투쟁 이후에 이사진도 바뀌고 원장도 여러 번 바뀌면서 직원들 사이에 갈등이 많았어요.

박종순: 투쟁할 때는 전 직원이 민주노총 소속 노조에 가입했어요.

그러다가 탈시설을 찬성하는 직원과 반대하는 직원 파가 갈렸어요. 직원들 사이에 거주인들이 탈시설하면 시설을 폐지해야 하니까 자기들 일자리가 없어진다고 주장하는 사람들이 생겨났어요. 탈시설 반대 세력 쪽으로 직원들 의견이 쏠렸어요. 노조 8인방 중에도 반대 세력 쪽으로 간 사람이 있었어요. 저를 포함한 몇 명은 그때부터 노조 회의 때 안 들어갔어요. 정족수가 안 되면 아무것도 못 하니까요. 어느 날 자기들끼리 한국노총 소속 노조를 따로 만들어서 넘어갔더라고요. 기존에 있던 노조 돈으로 물건을 사길래 제가 카톡에 올렸어요. '우리는 민주노총 노조에 남을 것이다. 우리 돈은 그대로 남겨둬라.' 그러면서 한 시설에 노조가 두 개가 된 거예요.

최윤숙: 제가 육아휴직을 끝내고 돌아온 게 2017년 5월이었는데 와서 보니 같이 싸웠던 사람들이 다 등을 돌렸더라고요. 되게 속상했어요. 패가 갈려가지고 골이 너무 깊은 거예요. 저는 당시 시설 본원이 아니라 체험홈에 있었어요. 안 되겠다 싶어서 선생님들한테 전화를 돌렸어요. "탈시설이 잘못된 게 아니에요. 이때까지 해온 걸 보면 우리가 맞잖아요?" 그러면 "그래 알지" 그래놓고 다시 똑같이 행동하는 거예요. 너무 화가 나는 거야. 다들 "그래요. 하지만 전 아닌 것 같아요"라고 이야기하길래, "뭐가 아닌데요?" 물으면 대답을 못 해요. 설명을 해줘도 안 되고 되게 답답하더라고. 그때 민주노총 노조원이 몇 명 안 남았을 때였어요. 그래서 우린 아예 노조하지 말자고 이야기했어요. 한 시설에 노조가 두 개 있다는 걸 외부에서 안 좋게 볼 테니까요.

박종순: 그러고는 반대 세력에 있던 직원 한 사람이 김정하 이사장과 강민정 사무국장을 고발해대는 거예요. 아이고(한숨) 두 분

이 고생 많이 했어요. 지금도 계속 고생하고 있고요.

최윤숙: 되게 서글펐던 건 거주인들을 위해서 싸웠던 사람들이 자기네 밥그릇 챙기려고 가족들 자립을 반대하는 걸 보는 거였어요. 제가 체험홈에 가서 보니까 시설에서 체험홈으로 나간 것조차도 거주인들이 너무너무 행복해하셨어요. 거주인들도 그런 행복을 느껴봤으면 좋겠는데 왜 반대하지? 이해가 안 되는 거예요. 한국노총 소속 노조원분들은 반대 세력 말에 휘둘려서 되려 우리가 비리 집단이고, 그래서 자기들이 시설을 지키는 거라면서 마치 영웅이라도 된 것처럼 말하는 거예요. 그걸 보는 게 너무 안타까웠어요. 우리가 어쩌다 이렇게 됐을까?

강민정: 10년도 넘게 같이 일한 직원들끼리 갈등하고 싸우고.

박종순: 그때는 정말 한 사람 한 사람 붙잡고 엄청나게 이야기를 많이 했어요. 이건 잘못됐다고요. 내 앞에서는 "그래, 선생님 말이 맞아" 이래놓고는 반대 세력 말만 믿는 거예요. 한국노총 소속 노조 직원들이 서울시에 가서 탈시설 반대 기자회견을 한 적이 있었어요. 내가 그 사람들한테 퍼부었어요. 탈시설한 거주인들이랑 노조랑 재단이랑 힘을 합해서 서울시를 압박해가지고 가족들이 자립할 수 있게 해야지 어떻게 가족들 반대편에 설 수 있냐? 내가 아주 퍼부어버렸어요. 그쪽에서 대거리를 해야 싸울 텐데 아무도 대꾸를 안 해요.

쓸모없는 인간에서 일깨우는 존재로

박종순: 2009년에 석암재단이 사회복지법인 프리웰로 바뀌었어요. 투쟁 이후 직원들 사이에도 갈등이 많아졌지만 시민단체와

도 좀 안 좋았어요.

김선민: 가족들이 시민단체에 너무 빠져 있는 것처럼 보였거든요. 시위를 많이 하다보니까 본질이 흐려져서 시민단체가 언론 플레이에 가족들을 너무 이용하는 게 아닌가 하는 생각이 들더라고요. 가족들을 혹사시키는 거 같았어요.

김정하: 그런 소리 많이 들었어요.

김선민: 시민단체는 변함없이 장애인의 자립을 이야기했어요. 지금이야 활동보조도 24시간 되고 장애인 콜택시도 많아지고 김포장애인자립생활센터도 생겼지만 당시에는 이렇게까지 장애인이 사회에 나가서 살 수 있는 여건이 될 거라고는 생각하지 못했어요. 저희도 가족들이 그렇게까지 자립을 할 수 있을 줄은 생각을 못 했어요. 이런 생각에 미치지 못하니까 시민단체가 가족들을 이용하는 걸로 봤던 거죠. 석암재단의 장애인이 나서서 싸운 게 최초였으니까 타이틀 내세우기 좋잖아요. 비리 세력들이 구속되고 나서는 시민단체에서 가족들을 그만 힘들게 하면 좋겠다는 마음이 컸어요.

박종순: 장애인자립생활센터도 동료상담을 여기(향유의집)로만 오는 거예요. 내가 그랬지. "우리는 잘하고 있는데 왜 여기만 와요? 아직 이런 프로그램이 없는 시설로 가세요." 거주인이었던 동림씨가 자립하고 나서 우리 시설로 동료상담을 나왔거든요. 내가 동림씨한테도 다른 데 가서 하라고 그랬어요.

김선민: 처음엔 가족들한테 영웅심리가 있는 건가 했어요. 그런데 가족들 입장에선 자신이 시설에선 창살 없는 감옥에 사는 쓸모 없는 인간이었는데 나가서 보니 무척 쓸모 있는 사람이란 걸 깨달았던 거죠. 전에는 이용당하는 불쌍한 존재였다가 다른 장애

인들을 일깨워주는 역할을 하게 되면서 엄청 보람을 느끼시더라고요. 가족들이 행복해하는 게 서서히 제 눈에도 보였어요. 나중에 한규선씨가 그러더라고요. 동료상담 하면서 자기들이 일깨워지기도 했지만, 자기들로 인해 누군가가 일깨워지는 걸 보면서 되게 뿌듯했다고요. 가족들이 행복해하니까 어느 순간부터는 우리도 자연스럽게 탈시설 쪽으로 마음이 움직인 거죠.

하고 싶은 걸 할 수 있는 삶

박종순: 우리도 가족들 자립에 대해 걱정을 안 한 건 아니에요. 특히 발달장애가 있는 분들은 자립을 한들 과연 좋아질 수 있을까 의문이었어요. 우리가 시설에서 (충분히) 잘해드리고 있다는 생각도 솔직히 있었고요. 제가 이번에 프리웰 산하 중증장애인 거주시설 해맑은마음터에 가봤거든요. 김정하 이사장님이 우리 시설에 처음 왔을 때 이런 마음이었겠구나 싶더라고요. 제대로 지원받았으면 정말 다 잘 지내실 분들이라는 생각이 들었어요. 자립하신 분들이 자주 연락해요. 창민씨는 한 번씩 동영상을 보내요. 영서도 맨날 전화 와요. 우리 딸하고도 잘 알거든요. 우리 딸이 시집가서 애를 낳았다고 내가 사진도 보내주고 이래요.

김정하: 선생님들께 자부심을 가지셔도 된다고 말씀드리고 싶어요. 지원주택 현장에서 당사자분들이 얼마나 바뀌고 있는지 이야기를 듣게 되면 놀라실 거예요. 시설에 계실 때 맨날 시설 문 앞에 나와 계셨던 창민씨 있잖아요. 추우나 더우나 밖에 계셔서 얼굴이 새카맣게 타셨잖아요. '오지 않는 누군가를 기다리시나?' 자립하시고도 밖에 맨날 나와 계시면 어쩌나 싶었어요. 지역에

서 신고 들어갈까봐 걱정을 좀 했거든요. 지금은 집에서 아주 잘 지내신대요. 집도 잘 꾸미고 활동지원사도 잘 챙기고 굉장히 잘 지내세요. 우리 은석씨 걱정도 많이 했잖아요.

김선민: 은석씨 소식이 가장 놀라웠어요. 얼마 전에 생각이 나서 은석씨 어떻게 지내냐고 물어봤는데 잘 지낸다고 그래서 놀랐잖아요. 시설에 계실 때 화나시면 옷 벗고 뛰어다니시고 그래서 경찰서에 신고 들어가고 그랬던 분이신데, 자립해서 잘 지내고 계신다니 상상이 잘 안 돼요.

박종순: 그분이 자기 물건에 집착이 있어서 시설에 있을 때 자기 방에 휴지랑 수건을 가득 쟁여놓곤 했잖아요. 그게 다 시설에 사느라 그랬던 거였어요. 시설에선 먼저 챙겨놓지 않으면 다른 사람이 가져가버리니까 집착이 심했던 거예요. 나랑도 많이 싸웠어요. 수건이나 휴지를 하나 달라고 하면 홀딱 벗고 난리가 나니까요. 집착이 없어졌다니 은석씨는 진짜 너무 자립을 잘했어요.

최윤숙: 그분이 잘 걸어 다니시잖아요. 길을 잃어버리셔서 난리가 난 적도 있고요. 어디까지 걸으시나 여쭤봤더니 은평대로에서 대학로까지 걸어가신대요. 돌아올 때 같은 길로 오시는 게 아니라 돌아서 가기도 하고 다른 길로 해서 본인 집을 찾아오시는 거예요.

강민정: 태형씨는 화장실을 가려면 밥을 먹어야 한다면서 활동지원사한테 새벽 3시에 밥을 차려달라고 한대요. 시설에서는 있을 수 없는 일이잖아요. 달라고 해도 누가 차려주겠어요? 활동지원사가 이 시간은 밥을 먹는 시간이 아니라고 누차 설명을 했는데도 본인이 계속 요구를 해서 6개월 동안 그렇게 했다는 거예요. 나중에는 서로 합의가 돼가지고 시간을 조정하긴 했지만 다소

과한 요구라 할지라도 나의 요구가 받아들여지는 상황이 된다
는 게 바로 자립이라고 저는 생각하거든요.

생활재활교사에서 활동지원사로

박종순: 시설이 폐지됐어도 직원들 고용 승계가 거의 다 됐어요.
세 명 빼고는 다 고용이 됐어요. 이사장님이 많이 애쓰셨지. 직
원들이 고맙다는 이야기도 많이 했어요. 내가 계속 그랬잖아. 생
활교사들은 어디든 일자리는 있다고.

강민정: 그렇지. 돌봄 종사자는 갈 곳이 있지.

박종순: 고용 연계가 어려운 직원들이 문제였던 거지. 그러니까 거
기에 이용당하지 말라고 계속 이야기를 했어요.

강민정: 프리웰 산하 다른 시설에서도 탈시설을 추진하다보면 제2
의 그런 인물들이 나오고 또다시 갈등이 반복될 수 있지 않을까
요?(웃음) 우리는 경험이 있으니 다시 헤쳐나가야지.

최윤숙: 경험을 바탕으로 또 하면 되죠.

김정하: 생활재활교사분들은 일자리가 있을 거라고 해도 실제로
그 모델을 보지 않았으니 불안해할 수밖에 없을 것 같아요. 이런
모델들이 계속 만들어지면 인식이 달라지겠죠.

강민정: 교사분들이 나이가 드시니 점차 정년퇴직으로 한 명씩 두
명씩 나가게 되셨어요. 구청하고는 자연 감소로 간다고 이야기
해놓은 상태라 정년퇴직으로 자리가 비어도 사람을 새로 뽑지
않았어요. 퇴직한 교사분들은 자립한 거주인들의 활동지원사로
일하시는 경우가 많아졌어요. 이런 선순환이 되니까 현직 교사
들은 먼저 나간 분들한테 퇴직해도 활동지원사 일을 할 수 있다

는 정보도 얻을 수 있고요.

박종순: 어려운 말 써가면서 장애인복지법 이야기하니까 직원들 끼리 소통이 더 안 됐던 것도 있었어요. 나이가 많은 직원들이 있으니까 직원들과 소통할 때는 어려운 말 쓰지 말고 간단명료하게 쉬운 말로 이야기해줬으면 좋겠어요.

최윤숙: 저는 지금 재가복지센터를 운영해요. 저희 이용인 어르신들도 은평구 지원주택에 거주하셔서 일주일에 한 번씩 가요. 거기 가면 향유의집에서 일하다가 퇴사한 뒤 개인 활동지원사로 일하시는 분들이 많아요. 향유의집에서 일할 땐 탈시설에 부정적이던 분도 직접 보고 경험하시더니 달라지셨어요. 어떤 분은 향유의집 거주인들이 자립을 못할 줄 알았대요. 그런데 이렇게 나와서 일대일 서비스 받으며 사는 거 보니까 너무 좋대요.

장애인에게 맞춘 집

최윤숙: 희진씨도 자립하시고 일대일 케어를 받고 계세요. 만약에 시설에 계속 계셨다면 일대일 케어가 됐을까 싶어요. 지금은 활동지원사가 옆에서 계속 팔 주물러주면서 얘기도 나누고 그러시거든요. 저는 이분들을 매주 보니까 계속 비교를 하게 되는 거죠. 창민씨가 차를 타고 아침에 나가서 저녁때 오신다는 말 듣고 '어머 세상에, 그게 가능해?' 이랬어요. 정말 놀랐거든요. 그런 걸 보면서 이분들이 나가길 정말 잘했다 싶었어요. 설사 이분들이 자기 집 안에서 머무는 시간이 길다 하더라도 자기 집이니까 불안해할 필요가 없잖아요. 그런 것들 보면서 우리의 선택이 잘 못되지 않았다는 생각이 들어요.

김정하: 해맑은마음터는 장애아동 수가 많은 중증장애인 거주시
설이에요. 대다수의 아동이 이제 다 성년이에요. 지원주택 신청
자격은 되는데 중증이 많잖아요. 그런데 그 중증의 성향이 향유
의집 거주인들의 그것과 달라서 집은 그분들이 가진 장애에 맞
게 설계되어야 되고 활동지원 시간도 더 많아야 할 거예요. 주거
환경도, 목욕탕 문이 좁고 이러면 안 돼요.

최윤숙: 제가 계속 가서 보잖아요. 장애인분들이 들어갈 것 같으면
처음부터 장애인이 살기 좋게 설계해야겠더라고요. 재성씨는
원룸에 들어가셨거든요. 화장실이 좁아서 휠체어가 들어가기도
어렵고 목욕하기도 힘들어요. 또 아쉬웠던 점은 장애인 지원주
택을 한 곳에 몰아놓은 거예요. 은평구도 그렇고 목동도 빌라 한
동에 다 계시잖아요. 어떻게 보면 지원주택 안에서 또 다른 고립
이 생길 수 있겠더라고요. 문 열면 다 내가 아는 사람이라 좋을
수도 있겠지만 새로운 사람 만날 기회가 많지 않아요.

김정하: 채광 좋은 집을 몇 동 몇 호까지 선별해서 SH공사에 (지원
주택으로) 신청했어요. 처음엔 우리가 원하는 대로 해줬는데 두
번째 나가는 분들부터는 그렇게 안 해주더라고요. 전동휠체어
로 스르륵 다니면 아래층에서 들린다거나 장애인분들 중에 틱
장애나 이런 거 있으신 분들이 소리 내는 것 때문에 민원이 발생
할 거라고 생각하는 거죠.

마무리하는 마음

김정하: 시설 폐지하는 날 어떠셨어요?

강민정: 거주인분들이 드디어 나가는 날이 오는구나. 우리의 순간

순간이 헛되지 않았구나 하는 생각을 했고요. 지역으로 바로 자립하는 거주인도 있었지만 지원주택의 형태로 자립하시는 분도 계시잖아요. 지원주택은 안전망이 있는 거잖아요. 서비스가 끊어지지 않고 관리되는 체제로 가는 거라 안심이 돼요.

박종순: 아이고 강민정은 정말 고생 많았잖아.

강민정: 거주인들 다 나가시고 많은 일을 겪으면서 정리는 내 손으로 해야겠다 생각했어요. 그러다보니 오늘까지 있게 됐던 것 같아요. "사무국장님은 여기 정리하고 나면 어디로 가세요?" 하고 많이 물어보세요. 아직은 계획이 없어요.

생활재활교사분들은 여기서 일을 하면서 가정도 일구시고 자식도 키우셨어요. 장애인들하고 같이 살면서 본인 스스로 변화한 부분도 많고요. 서로가 고마운 게 참 많아요. 자립하신 장애인분들 뵈면 같은 사람인데 시설에 계실 때랑 지역에 나가서 지내는 지금이랑 너무 달라져서 놀라요. 사람이 좀 커진다고 해야 하나? 그거는 제가 확실히 본 거라서 진짜 말할 수 있어요.

최윤숙: 시설에서는 내가 선택하는 게 아니고 선택할 수밖에 없게끔 만들잖아요. 누구는 그러겠죠. "저것 봐. 탈시설해서 술 많이 드셔가지고 오래 못 사셨잖아. 탈시설은 잘못된 거야." 그분이 술을 드시는 동안 행복했다면 그것도 그분에게 좋은 거 아닌가요? 누군가에 의해 사는 것보다 본인이 원하는 것을 하면서 재밌게 사는 것, 그것도 그 사람 인생이니까 존중해주는 게 맞지 않나 그런 생각이 드는 거죠.

박종순: 처음에 우리도 그랬잖아요. 우리는 술을 드리면 안 된다고 했는데 시민연대에서 본인이 즐거우면 된다고, 내가 그때는 그걸 이해를 못 했어.

김선민: 문화충격이었지.

최윤숙: 우리 시선으로 봤을 때 건강하게 오래 살아야 한다는 건데, 솔직히 말해서 우리 신랑도 담배 못 끊어요. 일을 하다가 어그러지고 사기당해서 돈을 다 잃는다 한들 그것 역시 본인의 선택이고 살면서 겪어낼 수 있는 일이잖아요. 다음엔 당하지 않도록 학습하는 게 중요하겠죠. 그분들이 더 빨리 사회를 경험할 수 있으면 좋지 않을까 하는 생각이 이제는 들어요.

김선민: 사회복지 일을 하고 있는 우리도 장애인은 오로지 보호받아야 한다는 인식을 스스로 많이 갖고 있었어요. 여기서 제가 배운 게 장애인은 오로지 보호받기만 해야 하는 존재가 아니라는 거예요.

강민정: 우리가 이런 끝을 볼 거라고는 누구도 상상을 못 했어요. 거주인들이 탈시설해서 지역에 살게 되고 시설이 스스로 문을 닫았잖아요. 우리 스스로가 자부심을 가졌으면 좋겠어요.

박종순: 마지막 남았던 가족들까지 다 나가는 날 제가 통닭 한 마리하고 맥주 사 들고 규선씨 집에 갔어요. 드디어 시설이 폐지됐다는 사실에 규선씨도 울고 나도 울고 활동지원사 샘도 울었어요. 규선씨 활동지원사 선생님도 향유의집 생활교사 출신이거든요. 그 샘이 콩나물 넣고 라면 끓여줘서 같이 나눠 먹고 밤 10시까지 이야기했다니까요.

강민정: 한규선씨가 자립 나가면서 저한테 한 말이 있어요. "내가 시설에 살면서 한순간도 긴장하지 않은 적이 없다." 우리는 같이 재밌게 살았다고 생각했는데 규선씨는 속으로 긴장하고 불안했던 거죠. 같이 살면서도 참 몰랐던 거예요. 언젠가 규선씨가 삐뚤빼뚤 안전하지 않은 길을 전동휠체어 타고 가는데 그 모습이

참 좋아 보였어요. '잘됐다. 멋있다' 생각했죠. 자기 길을 개척해서 찾아가는 게 너무 멋있었어요. 그 길을 함께할 수 있어서 저희도 좋았습니다. 모두 고맙습니다.

정리: 홍세미

해제

프리웰 사람들이 쏘아올린 탈시설의 지도

전근배
대구장애인차별철폐연대 정책국장

'감옥'과 '사형' 사이

대개 이렇게 시작되고, 끝도 정해져 있다. 장애가 있는 자녀가 태어나면 부모에게는(특히 여성에게는) 돌봄의 종신형이 내려진다. 부모 중 적어도 한 사람은 일손을 놓고 수감생활에 들어간다. 자녀가 학교라도 다닐 때면 시간적으로나마 숨 쉴 틈이 생기지만 그것도 잠시, 졸업과 동시에 갈 곳도 갈 길도 알 수 없는 암흑에 들어선다. 끝을 알 수 없는 불안이 매일 요동친다. 장애인 돌봄은 '가족이 해야 할 일'이라는 가볍고 투명한 논리가 이 세상을 지배한다.

시간이 흐를수록 가세는 기울고 나이는 쌓인다. 부모가 할 수 있는 거의 유일한 노후 준비는 그동안 돌본 자녀의 손을 더 늦기 전에 놓는 것이다. 부모가 더 이상 감당할 수 없을 지경에 이르렀다는 것은 선택지가 몇 개 남지 않았다는 뜻이다. 다른 형제자매에게 '연좌'의 굴레를 씌울 것인가, 다 함께 죽음으로써 형 자체를 소멸시킬 것인가, 그도 아니면 가족을 대신할 보다 공적인 수감소를 찾을 것인가. 대개 끝은 그렇다. 복잡하고 다양한, 그럴싸한 제도가 있는 것 같지만, 한국의 장애인 정책은 늘 두 가지 큰 전제 위에서 작동한다. '장애인의 돌봄은 가족이 책임진다'는 전제와 '가족이 더 이상 책임질 수 없을 땐 시설에 수용하여 관리한다'는 전제가 바로 그것이다. 장애인의 삶은 언제나 가족의 책임 또는 특정 시설의 관리하에 놓여 있었다.

돌봄이 형벌이 된 사회에서 장애는 죄가 되었다. 시설은 '감옥'이지만 탈시설은 '사형'이 되는 사회*는 누군가의 불안과 죄책감을 연료로 삼았다. 죄인이 되어버린 부모는 평생을 돌봄으로 속죄하다 끝내 자신을 대신해 형벌을 받을 사람을 찾아 헤맸다. 죄스러운 존재가 된 장애인은 그저 돌봄 제공자의 의사에 본인의 운명을 맡겼다. 생존에 필수적인 보살핌에 감사하며 그 과정에서 겪는 온갖

---

* 최혜정 기자는 2003년 장애우권익문제연구소, 인권운동사랑방, 한나라당 관계자 등과 함께 방문한 미신고 시설 은혜사랑의집을 취재한 기사(〈은혜와 사랑이 처절하게 그립다〉, 《한겨레》, 2003. 11. 19)에서 입소자들의 증언을 빌려 시설이 "형기 없는 사설 감옥"과 같다고 지적했다. 이후 시설 폐지와 탈시설을 원하는 장애 당사자들에게 장애인 거주시설은 '감옥'으로 상징화되었으며, 2021년 탈시설 장애인 조상지는 "시설은 죽음이 보여도 빠져나올 수 없는 감옥이며 산 채로 죽어 묻혀야 하는 장애인들의 무덤"(〈"시설은 빠져나올 수 없는 감옥이며 산 채로 죽어 묻혀야 하는 무덤이었다"〉, 《마인드포스트》, 2021. 3. 17)이라고 증언했다. 반면 2021년 정부의 탈시설 추진 정책이 발표된 직후 중증의 발달장애를 지닌 30대 자녀를 둔 한 여성의 글이 청와대 국민청원 게시판에 올라 폭발적인 공감을 얻으며 탈시설을 부정적으로 보는 여론이 일었다. 해당 글의 제목은 "시설 퇴소는 우리에게 사형선고다"이다(〈"대책 없는 장애인 탈시설은 인권침해" 발달장애인 가족의 호소〉, 《여성신문》, 2021. 7. 20).

고통(가령 멸시, 모욕, 격리, 감금, 분리, 배제, 통제, 착취, 구속, 교정)을 돌봄의 대가로 감수했다.* 보건복지부의 조사에 의하면 2010년 전국 452개소였던 장애인거주시설은 2020년 1539개소로 3배 이상 늘어났으며, 수용 인원 역시 2만 4000명에서 2만 9000명으로 증가했다.** 그러나 10명 중 7명은 본인의 의사와는 무관하게 시설로 보내졌다. 대부분의 거주인들이 시설에 살게 된 이유로 '가족들이 나를 돌볼 수 있는 여력이 없다'는 점을 꼽았다.***

정죄淨罪의 돌봄은 사회적 정화淨化로 이어졌다. 오랜 기간 우리 사회는 장애인(굳이 '장애인'이라 지칭되지 않더라도 더 이상 생산적 활동을 할 수 없다고 판단되는 이들)이 특정 병원이나 시설에서 살아가는 것을 자연스러운 일로 여겼다. 그것이 공동체의 이익에 부합할 뿐 아니라 심지어는 개인에게도 더 나은 선택이라고 믿게 되

---

* "시설에서의 인권침해 유형은 불법구금, 폭행 및 성폭행, 동의 없는 불임시술, 강제삭발 및 투약 등 신체의 자유 침해, 외부와의 편지·전화·면회 검열과 제한, 핸드폰 소지 제한 등 통신의 자유 침해, 종교 강요, 종교 제한, 종교 집회 강제동원, 강제안수 및 금식기도 등 종교의 자유 침해, 도청, 감시카메라, 강제결혼, 개인 소지품 제한 등 사생활 자유 침해, 열악한 의식주, 의료서비스 부재, 징벌 목적으로 음식물 제공 제한 또는 금지, 살인, 암매장 등 생존권의 침해, 수급액·장애수당·장례비 등 갈취, 입소금 갈취, 신용도용에 의한 신용불량자로의 전락 등의 재산권 침해, 강제노동·노동에 대한 대가 미지불 또는 소액 지불 등 노동권 침해, 입퇴소 결정권 제한, 일상에서의 자율제한 등의 자기결정권 침해가 심각해 왔다." 〈장애인 탈시설 로드맵 마련을 위한 정책권고〉, 국가인권위원회, 2019.
** 〈장애인복지시설 일람표〉, 보건복지부, 2011, 2021.
*** 조한진 외, 〈중증·정신장애인시설 생활인에 대한 실태조사〉, 국가인권위원회, 2017.

었다. 그 결과 오늘날 우리는 약한 사람들에게 취해지는 분리·억압·통제와 같은 차별화 조치가 '그들'을 위한 것인지, 그들에 속해 있지 않은 '우리'를 위한 것인지 파악조차 하지 못하는 처지에 이르렀다. 심지어 우리는 우리 자신이 '그들'에 속하지 않기를 두려움에 떨며 간절히 바란다. 2005년 국내 최초로 시설 거주인들과의 직접 면담 방식으로 진행되었던 국가인권위원회의 시설 인권 실태조사 보고서는 다음과 같이 쓰고 있다.

시설이 인권침해의 온상이었음에도 유지될 수 있었던 것은 정부, 시설 운영자, 장애인의 가족, 국민 등 4자 간의 침묵의 카르텔 때문이었다. 정부는 거액의 예산을 들이거나 제도의 미비점을 보완하지 않고서도 장애인들의 문제를 해결할 수 있었기 때문에 시설의 인권침해 문제를 외면한 채 침묵하였다. 일반 국민은 손쉽게 별다른 부담도 없이 장애인들을 우리 주변으로부터 격리할 수 있기 때문에 침묵하였다. 시설 운영자는 사회적으로 아무런 관심과 지원이 없는 어려운 상태에서 그나마 장애인들을 위해 봉사해왔다는 동정론에 기대며, 장애인들을 영리의 수단으로 활용해왔다. 장애인의 가족은 국가의 지원이나 보조가 없는 상태에서 저렴한 비용으로 장애인 가족을 눈에 띄지 않는 곳에 수용할 수 있기 때문에 침묵하였다. …… 이 침묵은 …… 그 사람들은 시설에 있는 것이 당연하다고 생각하는 데서 출발했다. 따라서 시설이 존재하는 것에 대해 아무도 의심하지 않고, 오히려 '침묵의 카르텔'을 공고히 해온 것이다.*

프리웰, '권리의 시대'를 열어젖히다

탈시설(화)은 기본적으로 '가족이냐, 시설이냐'는 돌봄의 전제를
무너뜨리는 일이다. '내 눈에 흙이 들어가기 전에는 시설에서 나올
수 없다'거나 '단 하루를 살아도 밖에서 살다 죽겠다'는 말은 사실
발원지가 하나다. 장애인은 시설을 감옥이라 말하지만, 부모에게
는 애초 지역사회가 감옥이다. 부모는 탈시설을 사형이라 말하지
만, 장애인에게는 시설에서의 삶은 곧 죽음을 뜻한다. 결국 탈시설
운동은 한 곳을 향한다. '감옥 같은 지역사회'가 만든 '무덤 같은 시
설'을 벗어나는 사회.

탈시설이란 곧 국가와 민간에 의해 조장되어온 '침묵의 카르
텔'을 깨뜨리는 일이다. 한국의 사회복지는 첨예한 계급투쟁과 갈
등 속에서 쟁취된 것이 아니라, 한국전쟁 이후 국가의 방임 아래
외국의 원조를 받은 종교계와 민간의 사적인 자선활동을 중심으
로 시작되었다. 효율적인 구호를 위해 마련된 일종의 거점은 수용
시설의 형태로 이루어졌다. 구호시설은 외원 단체가 철수한 이후
에도 사라지지 않고 국가의 재정 지원을 통해 공식적으로 확대되
었다. 이 지원의 근거를 명문화한 법률이 1970년에 제정된 사회복

---

*   남구현 외, 〈장애인생활시설 생활인 인권상황 실태조사: 양성화된 조건
     부신고복지시설을 중심으로〉, 《인권상황 실태조사 연구용역보고서》,
     국가인권위원회, 2005.

지사업법이었다. 국가는 한 걸음 물러서서 사회보장의 주체가 아닌 지원의 역할만을 담당했다. 시설 중심의 민간법인은 그 역할을 대행하며 기이한 운영구조를 채택했고, 시설 확장을 통해 스스로를 '재벌화'했다.** 이런 역사적 배경에서 '시설'은 우리나라 사회복지의 출발지이자 지역사회에서 살아가기 어렵다고 판단된 이들을 수용하는 손쉬운 종착지가 되었다. '장애인은 먹여주고 재워주는 시설에서 살아가는 것이 당연하다'는 인식이 담긴 조선구호령(1944) 수준의 인식이 팽배해졌으며, 국가와 공급자의 이해(의무 주체)가 당사자의 이해(권리 주체)를 압도하는 구조가 자연스럽게 자리 잡았다.

그러나 현실에서 탈시설을 주장하는 일은 쉽지 않다. 당사자와 부모를 비롯해 시설 운영자와 법인, 노동자, 정치인, 관료에 이르기까지 수많은 주체들이 얽혀 있다. 시설 운영자와 법인은 '시설이 필요한 장애인도 있다'거나 '중증장애인은 탈시설이 어렵다'고 주장하며 시설이 더 많은 역할을 할 수 있도록 더 많은 지원을 해달라고 주장한다. 장애인을 돌보는 노동자는 장애인의 미래와 자신의 미래에 불안감을 감추지 못한다. 시설의 장애인보다 장애인을 입소시킨 사회의 구성원이 더 큰 여론 창구이기에 정치인은 눈치 보기 급급하며, 정부는 '사회적 합의'라는 구호 뒤에 숨어 악순환의 원인을 없애는 법이나 지침을 마련하지 않는다. 무엇보다 단 하루

** 대형 수용시설을 확장하며 스스로를 '재벌화'한 민간법인은 실제로 '재벌'과 유사하게 기이한 운영구조와 문화를 채택했다. 비민주적인 족벌·세습경영, 이사회, 재정관리자 등의 요직을 친인척으로 구성하는 폐쇄적 운영, 각종 비리와 공금횡령, 거주인에 대한 인권침해와 노동자 통제 등 온갖 불법행위를 통해 어느새 자신들만의 왕국을 만들었다.

도 시설에서 살아보지 않은 이들에게, 그런 삶을 상상할 필요조차 없는 이들에게 장애인들이 시설이 아니라 지역사회에서 살아가야 한다고 설명하는 일은 그저 '좋은 말'에 그칠 뿐이다.

이런 면에서 프리웰 사람들의 실천은 한국 장애인 탈시설 역사의 새로운 지평을 열었다. 프리웰은 시설에서 도망치듯 나오는 것이 탈시설의 전부였던 '탈출의 시대', 손을 들고 '저 시설에서 나가고 싶어요'라고 말해야만 그나마 퇴소 자격이 주어졌던 '욕구(기능)의 시대'를 넘어 '권리의 시대'를 열어젖혔다. 중증장애인거주시설 향유의집을 폐지하고 거주인 전원을 다른 시설이 아닌 지역사회로 나갈 수 있도록 지원하는 일을 멋있게 해냈다. 프리웰은 탈출해야 할 제도가 되어버린 시설을 폐지한다는 입장을 분명히 했고, 탈시설을 그 대안으로 삼았다. 누구도 배제하지 않는다는 원칙을 '개인의 욕구'에만 내맡기지 않는 지원 방식으로 실천했다. 하루하루 똑같은 시설생활에서 개인의 욕구를 찾는 것이 아니라, '평범한' 환경을 제공하며 지역사회에서 한 사람 한 사람의 욕구를 확인하고 키워나갔다. 프리웰 사람들이 보여준 장애 당사자 권리 중심의 시설 폐지는 국가 차원의 탈시설 정책이 기존의 시설을 어떻게 다루고 거주인을 어떻게 지원해야 하는지 그 출발점을 제시한 것이기도 하다.

이런 원리는 장애인에게 탈시설의 자격을 묻지 않았기에 가능했다. 우리 사회는 탈시설을 희망하는 장애인에게 혼자서 무엇을 할 수 있는지, 이렇게나 살기 힘든데 지역사회에서 잘 견딜 수 있는지, 가족들은 지원할 준비가 되어 있는지 등을 물어왔다. 장애 당사자와 그 가족에게만 종용해온 셈이다. 언제 끝날지 알 수 없는 '훈련'과 '교육'에 당사자들은 시달렸고, 가정에 복귀할지도 모른다는 두려움에 가족들은 곤두섰다. 하지만 프리웰 사람들은 역으로 질문했다. 지역사회는 향유의집에 살던 시민들을 맞을 준비가 되어 있는가, 당신들은 어떤 채비를 하고 있는가. 당사자는 인간답게 살기 위해 이런 것들이 필요하다고 지역사회에 요구하고 질문했다. 프리웰 사람들은 장애인을 둘러싼 환경에 함께 속해 있는 모든 이들에게 자신들의 희망 사항을 전달했다. 시설로 보내진 이들이 아니라 이들을 시설로 보낸 이들, 시설을 유지해온 이들이 먼저 변할 때 탈시설은 가능하다.

그리하여 정부와 서울시 공무원뿐만 아니라 시설 운영진, 노동자, 노동조합, 가족들이 차례로 질문을 받았다. 그 질문의 과정은 지류를 따라 올라가 하나의 발원지를 찾고 새로운 물길을 내는 일이었으리라. 처음 닥친 질문에 사회는 긴장했고, 때론 화를 냈고, 때론 갈등했다. 처음부터 정확한 설계도를 갖고 건물을 짓는 식으로 시작할 수 있는 탈시설은 없다. 탈시설은 필연적으로 시설이라는 조건에서 시도될 수밖에 없으며, 따라서 '전환'은 생각보다 어렵고 더디다. 이 기록에는 암담한 절망도 막연한 희망도 없다. 제대로 살고자 하는 개인들의 욕망만 있을 뿐이다. 덕분에 우리 사회는 탈시설로 향하는 더욱 또렷한 지도를 갖게 되었다. 말끔히 해결되지 못한 채 지나간 재단의 과거사에서 직원들의 노동 문제, 가족의 반대, 탈시설 이후에 불거진 갖은 문제까지, 향유의집 거주인들이 직접 부딪치며 넘어간 골짜기들에는 여전히 메아리가 울린다. 이 소리 하나하나가 탈시설을 위한 지침이 될 것이다.

한국 최초로 시설 운영 법인이 자발적으로 추진한 이 탈시설운동은 장애인에 대한 깊은 불신을 구체적으로 해소했다. 프리웰 사람들 앞에서 '장애인은 시설에서 나가 살아갈 수 없다'거나 '중증·

발달장애인은 시설이 더 안전하다'는 말은 힘을 잃는다. 도저히 시설을 떠나 살아갈 수 없을 것 같던 이들이 시설을 떠나서야 활기를 찾았고, 곧 안정을 찾았다. 이러한 실천은 장애 당사자와 가족들이 겪은 오랜 절망과 재난에 가까운 돌봄을 함께 끊어낼 수 있다는 실증적인 근거가 되기도 했다. '가족이냐 시설이냐'의 기로에서 '국가가 권리로서 탈시설을 보장해야 한다'는 선택지를 택한 사람들은 전혀 다른 세계를 만들었다. 집단수용시설이 아닌 본인 명의의 주택에서, 입소자가 아닌 자기 이름을 가진 시민으로 서비스를 누리는 일상. 무엇보다 이 실천은 현실의 벽 앞에 좌절한 모든 탈시설주의자들에게 확신을 불어넣어주었다. 프리웰의 이런 경험을 발전시켜간다면, 그리고 지치지 않는다면, 모든 장애인이 지역사회에서 살아갈 수 있다는 믿음이 생겨날 것이다.

프리웰 너머, 시설사회 밖으로

국내에는 별다른 사례가 없는 관계로, 프리웰 실천의 향후 과제를 논의하기 위해서는 국제적 논의를 살펴야 한다. 탈시설에 관해 가장 보편적으로 통용되는 규범은 유엔 장애인권리협약CRPD이다. 모든 장애인은 적절한 지원이 있다면 지역사회에서 자립생활을 할 수 있다고 이 협약은 전제한다. 협약 제19조는 자립생활과 지역사회 통합에 관해 다루며, 2017년 유엔 장애인권리위원회가 19조의 구체적인 이행을 돕기 위해 발표한 '일반논평General Comment' 5호는 탈시설에 관해 직접적인 방향을 제시하고 있다. 2014년 유엔 장애인권리위원회는 한국 정부에 국내에 만연한 시설 정책에 대한 우려를 표명했으며, 권리에 기반한 탈시설 정책을 추진할 것을 주문했다. 이는 2019년 국가인권위원회의 탈시설 로드맵 마련 권고, 2020년 12월 국내 최초의 장애인탈시설지원법안 발의, 2021년 8월 중앙정부의 탈시설 로드맵 발표로 이어졌다. '일반논평' 5호는 다음과 같이 시작한다.

역사적으로 장애인은 삶의 모든 영역에 걸쳐 개인의 선택과 통제의 권리를 부정당해왔다. 많은 장애인이 스스로 선택한 지역사회에서 자립적으로 살 수 없는 것으로 여겨져왔다. 지원 제도는 이용할 수 없거나 특정 거주 조건에 묶여 있고, 지역사회 인프라는 보편적으로 설계되지 않는다. 자원은 장애인이 지역사회에서 자립적으로 생활할 수 있는 가능성의 개발이 아니라 시설에 투자된다. 이는 유기, 가족에의 의존, 시설화, 고립, 분리로 이어졌다.

장애인권리협약은 100명이 살아가는 시설이든, 5명이 살아가는 그룹홈이든, 심지어 시설 외부의 개인주택이든 간에 시설화의 결정적인 요소를 지닌다면 모두 자립생활로 볼 수 없다고 판단한다. 동시에 모든 장애인이 집단시설 또는 시설화된 장소가 아닌 지역사회에서 자율적으로 살아갈 권리가 있음을 분명히 한다. 시설은 단지 일정 규모의 건물과 물리적 공간에 국한되지 않는다. 시설은 특정 양식의 삶을 강요함으로써 개인의 선택과 자율성을 앗아가는 장소 전반을 포괄적으로 지칭한다. 즉 탈시설화란 시설institution과 시설화institutionalization 모두에서 장애인이 자유로워지는 것이며, 시설 폐쇄는 물론 그 이상의 구조적 개혁을 필요로 한다.

이는 향유의집 거주인들의 실천이 궁극적으로 자립생활운동으로 나아가야 함을 의미한다. '시설 퇴소가 곧 탈시설'이라는 물리적 차원의 접근을 넘어 '시설에서의 퇴소가 반드시 탈-시설화로 이어지는가'라는 문제를 누구보다 먼저 제기해야 한다. 이 두 차원을 분리해서 접근하거나, 전자에만 치우친다면 탈시설 전략은 시설의 본질적 속성을 그대로 답습하거나 오히려 강화하는 부정적인 결과로 이어질 수 있다. 시설주의가 만연한 사회에서는 '탈-시설'이 이루어졌다 하더라도 그것이 결국 장애인을 다시 더욱 교묘하게 분리·통제·억압하는 형태의 일환일 수 있기 때문이다.* 따라서 '시설'에 집중되어 있던 문제의식을 '지역사회'로 확장하고, 장애 당사자의 경험에 기반한 지역사회 공간과 서비스를 창출해나가야 한다.

다른 한편으로는 프리웰 사람들의 실천을 일반화할 수 있는 조건을 만들어야 한다. 현재 한국은 시설을 지원하는 법률은 있지만 탈시설을 지원하는 법률은 없는 상황이다. 향유의집 사례에 대한 가장 간편한 반박은 '그런 시설/법인은 더 이상 없다'는 것이다. 그런 논리라면, 향유의집에 거주했던 장애 당사자들만이 '선물'처럼 탈시설을 부여받은 꼴이 된다. 따라서 제2, 제3의 향유의집이 나타날 수 있도록 지원하고, 탈시설이 또 다른 형태의 시설화로 이

---

*   대표적으로 한국 정부가 장애인권리협약 비준 13년이 지나 발표한 '탈시설 장애인 지역사회 자립지원 로드맵'을 들 수 있다. 2041년까지 연간 740여 명의 장애인을 지역사회로 전환한다는 정부의 계획은 기존 시설 거주 장애인의 70퍼센트 이상을 공동생활가정과 같은 공동형 주거시설이나 기존과 같은 전문 주거시설로 '이름만 바꿔' 재배치하는 데 초점을 두고 있기 때문이다.

어지지 않도록 법률과 지침(가령 법인 자산의 공공화, 발달장애 국가책임제, 탈시설 국가책임제, 돌봄노동의 정의로운 전환, 탈원화 정책 등)으로 규정해야 한다. 이것이 곧 장애인권리협약의 구체적인 이행 방안일 것이다.

마지막으로 단지 장애인만이 아니라 모두를 위해 '시설 없는 사회'를 상상해볼 필요가 있다. 유엔 장애인권리협약을 비롯해 돌봄을 이유로 시설이나 병원에 수용하는 시스템을 '인권적'이라고 말하는 조약은 그 어디에도 없다. 약하거나 약해진 누군가를 특정 공간에 수용하고, 오로지 그 안에서만 연명할 수 있도록 설계된 시스템 자체가 비극을 발생시킨다. 이런 사회에서 몸에 손상이 있다는 것은 곧 누군가에게 짐이 되어 '죽는 것보다 못한 일'이 되며, 그럴수록 이러한 상태의 인간을 특정 방식으로 관리할 수 있는 분리된 공간(그런 일에 '전문화'된 시설)이 필요하다는 한 가지 결론에 도달할 수밖에 없다.

우리는 '시설'이라는 국가장치를 해체한 프리웰 사람들의 실천을 통해 비로소 돌봄의 의미를 재구성할 수 있게 되었다. 이는 전통적인 복지국가가 아닌 새로운 복지국가를 상상하는 일이다. '좋은 시설'이 즐비하게 늘어선 복지국가가 아니라, 시민이 지역사회에서 어떤 운명에 놓이더라도 불안함 없이 계속 살아갈 수 있도록 재원을 분배하는 사회, 돌봄 제공자나 기관에 의해 시민으로서의 권리가 박탈되지 않는 당사자가 평등한 권력을 지닌 사회 말이다. 물론 갈등은 여전히 존재할 것이다. 이 일은 시설사회를 지탱해온 모든 지식, 신념, 행위, 양식들과 필연적으로 충돌할 것이며, 장애의 재인식, 정의로운 돌봄으로의 전환, 가족구성권 등을 촉구하고, 편협한 경제주의, 가부장주의, 연령주의, 능력주의 따위와 대결하게 될 것이다.

프리웰 사람들이 던진 질문이 이윽고 우리에게 도착했다. 그들이 건넨 이 지도는 참 낯설다. 어떻게 이것이 가능하단 말인가. 어느 인권운동가의 말처럼, 말과 글은 넘쳐나지만 행동이 과소해진 시대에 우리는 과연 그들의 손을 잡고 '시설사회 밖으로' 여정을 떠날 수 있을까. 한규선처럼 용기 내고, 김동림처럼 결단하며, 황인현처럼 끝까지 포기하지 않을 수 있을까. 김선민처럼 느끼고, 박종순처럼 생각하며, 강민정처럼 실천하고, 김만순처럼 미래를 확신할 수 있을까. 여기 프리웰 사람들이 남긴 진솔한 탈시설의 초고 앞에서 2002년의 김정하와 같이 나는 뜨끔뜨끔 가슴을 찔린다. 이제 퇴고는 독자의 몫이다.

집으로 이사가던 날

ⓒ 장애와인권발바닥행동

© 장애와인권발바닥행동

© 장애와인권발바닥행동

집으로 가는, 길

초판 1쇄 펴낸날	2022년 4월 20일
초판 2쇄 펴낸날	2022년 12월 6일
기획·기록	장애와인권발바닥행동×인권기록센터 사이
글	홍은전·홍세미·이호연·이정하·박희정·강곤
사진	정택용
펴낸이	박재영
편집	이정신·임세현·한의영
마케팅	신연경
디자인	조하늘
제작	제이오
펴낸곳	도서출판 오월의봄
주소	경기도 파주시 회동길 363-15 201호
등록	제406-2010-000111호
전화	070-7704-5240
팩스	0505-300-0518
이메일	maybook05@naver.com
트위터	@oohbom
블로그	blog.naver.com/maybook05
페이스북	facebook.com/maybook05
인스타그램	instagram.com/maybooks_05
ISBN	979-11-6873-012-0 03300

만든 사람들

책임편집	임세현
디자인	김선미
일러스트	조재석